战场决胜者
007

重骑兵千年战史(下)

公元8世纪到19世纪

龙语者 著

指文烽火工作室 编

吉林文史出版社
JILINWENSHICHUBANSHE

图书在版编目（CIP）数据

战场决胜者.007，重骑兵千年战史.下/王勇著
. -- 长春：吉林文史出版社，2017.7
ISBN 978-7-5472-5272-7

Ⅰ.①战… Ⅱ.①王… Ⅲ.①战争史－世界－通俗读
物②骑兵－战争史－世界－通俗读物 Ⅳ.①E19-49
②E151-49

中国版本图书馆CIP数据核字(2018)第163127号

ZHANCHANG JUESHENG ZHE 007: ZHONGQIBING QIANNIAN ZHANSHI（XIA）

战场决胜者007：重骑兵千年战史（下）

著/龙语者
责任编辑/吴枫　特约编辑/张雪
装帧设计/舒正序
策划制作/指文图书　出版发行/吉林文史出版社
地址/长春市人民大街 4646 号　邮编/130021
电话/0431-86037503　传真/0431-86037589
印刷/重庆共创印务有限公司
版次/2018 年 8 月第 1 版　2018 年 8 月第 1 次印刷
开本/787mm×1092mm　1/16
印张/15　字数/280 千
书号/ISBN 978-7-5472-5272-7
定价/79.80 元

前言

PREFACE

　　龙语者（王勇）的又一本新作问世了，令人在高兴庆贺之余感到惊讶赞叹。
龙语者长期痴迷于外国古代文明的求索，将自己的全部业余精力都投入其中，
并不断结出硕果，丰富了我国人民精神享乐的百花园。他的这种追求和热情对
我们这些专业工作者是巨大的鼓舞和鞭策，也始终感动着我。

　　写史书难，写外国史书更难，写外国古代史书难上加难，这不仅因为我们
与他们之间存在语言的隔阂，还因为我们远离那个陌生的环境，但书中涉及的细
节又需要合情合理。我认为这部新作十分优秀，作者很好地克服了这些困难，引
领读者穿越时空隧道，进入那个重骑兵们纵横驰骋的历史世界。

　　我衷心祝愿龙语者的成功，希望他在研究之路上继续大步前行。

陈志强

　　陈志强：天津南开大学历史学院院长，世界史学系主任，南开大学欧洲问题研究中心副主任，东欧拜占
廷研究中心主任，中国世界中世纪史研究会理事、副理事长，国务院学科评议组（历史学）成员，天津市历
史学学会理事长。

作者序

PREFACE

　　这部花费大量准备工作的书籍，创意最早来源于一本儿童绘本《骑士城堡》的激发，我记得绘本是瑞士人和德国人联合创作的，讲述的是歌德剧内容：中世纪晚期骑士冯·伯利辛根的历史改编故事。

　　孩子对这些身穿重铠甲，勇敢无畏，行侠仗义的骑士们非常喜欢（当然，因为是儿童绘本也对他们进行了美化）。有时候她会问我，我们中国有没有这样的骑士，我几乎要说没有，但很快意识到她感兴趣的是这些酷酷骑兵的兵种与造型，而不是成年人才关心的西欧社会结构，于是很坚定的告诉她"有"，并拿出我收集的南北朝、隋唐、宋金时代中国同样豪华的、浑身披甲的重装骑兵图样给她看。

　　说到重骑兵，很多读者第一反应的视觉形象都是西欧15世纪之后或者16世纪人马披挂全装板甲的骑士。而这种观念容易扩大，错误延伸成为"只有欧洲才拥有重骑兵部队"。这样认为的话，亚洲骑兵，包括中国骑兵二千年间都成了装备简陋的轻骑兵，殊不知历史上真正的重骑兵发源地正是西亚与中亚，该地区长期以来也代表着全世界重骑兵的最高水平。而东亚特别是中国地区在很长一段时间内也拥有非常强大的重骑兵部队。一些非常重要的技术进步——比如标准意义上的军用马镫，还是中国重骑兵先普及的。在7世纪之前，反而是西欧的重骑兵还处于萌芽状态，未真正发展起来。

　　网络上的资料既是丰富的，也是混乱的，一时间"中国没有重骑兵"甚至"中国不需要重骑兵，所以很快淘汰了重骑兵"的论点都浮出水面。再扩大，甚至会出现"重骑兵是昙花一现的兵种"这种荒谬的结论。却不知在火药武器已经非常普及和重要的17世纪，或者拿破仑战争时期的18世纪，身穿重甲的骑兵依然在猛烈冲锋，是突击的重要利器。一直到第一次世界大战，火药武器技术发展至一个非常高的时期，重骑兵才真正被淘汰。

　　因此，让读者了解真实情况是很必要的，即重骑兵作为欧亚大陆上长久以来的重量级军种，数千年来为各文明所重视。该兵种逐步成熟之后，甚至在很长一段时间里，重骑兵实力就是世界上各主流文明陆军实力的标志。同时，在中国自汉朝后近二千年的军事史中，重骑兵也一直非常受重视，发展迅速。两晋南北朝时期，中国还率先发明了标准意义的马镫，大大减少了骑兵的训练成本与时间，让他们更不易在战斗中从马背上跌落，而且能更为充分地利用马匹冲锋所产生的巨大动能，带动骑兵武器特别是骑矛来发动冲击。结合其他中国骑兵的装备，这个时代至之后的隋唐时代，中国重骑兵达到了世界一流水准。之后的辽、金、宋时代也是非常重视重装骑兵的。因此，不但要写中国的重骑兵，而且要将其放入整个世界重骑兵历史中讲述，以便进行同时代装备技术对比，用详细的史料来让事实说话，展现二千年世界重骑兵的辉煌战史。

这个颇具"野心"的课题得到了指文图书主编的大力支持，在此期间，指文还专门建成工作组群，与作为作者的我一起讨论成书的样式及运行方式等内容，让我深感指文图书对本书的重视程度，也让我可以一直坚持写下去。因为这个课题在时间与空间上的跨度就意味着要查阅、翻译海量的权威资料，意味着花费大量的时间融会贯通所有中外资料的内容，度过许多不眠之夜。

本书的上下册都有"千年帝国"东罗马帝国（拜占庭帝国）的重骑兵部分，作为罗马历史的延续，该帝国地处欧亚板块相交之处，军事交流广泛，马匹资源优良，重骑兵传统深厚，长期以来影响着欧洲与亚洲的重骑兵战术装备走向。对此，我专门请教了为本书作序的陈志强老师，他对东罗马帝国的部分做了指导。陈志强老师是天津南开大学历史学院院长，也是我国拜占庭学研究的泰斗级人物，他的支持，对拜占庭骑兵部分的高度严谨性有很大帮助。

本人长期爱好研究、翻译世界军事史。本书整体脉络、思路已经长期在脑中徘徊，一部分资料也在平时翻译与整理中完成，但对于成书还远远不够，因为了解是一回事，将大量了解的材料细化、系统化地叙述分析，又是另一回事了。因此这本书的准备工作，实际上在《重骑兵千年战史（上）》出版的三年前 2014年就开始了。为了这本书，笔者实际上翻译的外文著作，包括哈佛、牛津、剑桥的权威研究资料不下几十部（当然是与此主题相关的部分）。工作是繁重的，但乐趣也是巨大的，当作品逐步完善的时候，其成就感也是让人愉悦的。我的生活模式已经完全长期复制着白天工作，夜间写作到深夜，适当地锻炼恢复身体这样的模式，而当作品完成之际可以休息的时候，我甚至都有种从另一个时空归来的感觉。

《重骑兵千年战史（上）》已经在 2017 年 6 月份出版，得到广大读者的大力支持，好评颇丰。能得到读者与市场的认可，也让对于这部书投入极大精力与热情的我，放下了心中的担子。现在《重骑兵千年战史（下）》也将圆满完成出版，我在此感谢指文图书所有项目组的兄弟姐妹，以及支持重骑兵战史的朋友与读者。同时虽然已尽心竭力查漏补缺，但因本书信息量巨大，成书难免有遗漏之处，还请读者包涵，再次感谢大家。

目录
CONTENTS

第一章

封建时代的早期骑士

法兰克重骑兵的崛起及拜占庭重骑兵的复兴

查理大帝的军事体制为封建制度和中世纪骑士制度的建立与发展奠定了基础，运作的典型例证是他采用伦巴第的重骑兵。

——T. N. 杜普伊，美国现代军事历史学家

4世纪开始的民族大迁徙，在欧洲直接造成了西罗马帝国的毁灭，而东罗马帝国在阿拉伯大扩张时代（从广义上说也属于大迁徙时代）也遭到了沉重打击。

之后，在西罗马帝国的残骸上，各日耳曼民族建立了一个又一个王国，当然不是所有的王国都是胜利者。大迁徙民族中的"先行者"阿勒曼尼人、汪达尔人与哥特人，与罗马军队、东罗马军队进行了无数次惨烈的战斗。至6世纪的查士丁尼一世时代，阿勒曼尼人已经元气大伤，而汪达尔人、东哥特人则在战争中被拜占庭帝国消灭。

此时，法兰克人逐渐开始崛起。

在3世纪左右，法兰克人部落联盟只是较小的日耳曼部落联盟，居住在莱茵河的东部与北部。因此他们的扩张并不像阿勒曼尼人、哥特人或汪达尔人那样大张旗鼓地离开故居发动远征，而是尽量不放弃故土，进行缓慢而稳定的扩张。他们在4世纪中期之后在高卢地区建立了永久居住点，然后在5世纪西罗马走入崩溃时，逐步消灭了西罗马军队在高卢的残余分裂势力。大约486年，著名的克洛维一世建立了法兰克王国，法兰克人的墨洛温王朝开始了。

非常重要的是，在克洛维的影响下，法兰克王国皈依天主教，这得到了当地大量罗马人与高卢人的支持。之后克洛维相继战胜了阿勒曼尼人、勃艮第人、西哥特人，法兰克王国随即顺利向东与南扩展。

这种明智的战略逐步在6世纪展现出明

上图：大迁徙民族中的"先行者"哥特人在与罗马人激战

显的优势——优秀的地缘位置使他们在大迁徙中拥有较良好的时机，往往不需像同时代的东哥特人或汪达尔人那样，直接面对东罗马帝国主力军队。当法兰克人加入战争时，之前因战争消耗的双方往往都希望得到法兰克人的支持，这样前者就可以伺机而动。历史学家普罗科比的《战记》中对此多有表述。他的记载，也让我们对早期墨洛温王朝的骑兵有了一定的概念。

6 世纪的法兰克军队因征服了许多其他民族的土地并掠夺了大量人口，而拥有较为庞大的兵力，但绝大多数都是持剑、盾、手斧的步兵，偏好用非凡的勇气发动狂乱的冲锋，连使用长矛与弓箭的步兵都很少。有限的骑兵只围绕在他们的领袖身边，不过这些骑兵是使用骑矛的冲击型骑兵。

之后，由于法兰克人稳定地控制了这些原先属于西罗马帝国的土地，并征服了许多其他大迁徙民族，吸收了他们的兵源，王国逐步有了真正的重型骑兵。有趣的是，克洛维之后建立的精锐骑兵卫队机构几乎全是按罗马式来建立的——对于当时还未真正完全脱离蛮族的法兰克王国来说，这是符合逻辑的。如国王的私人卫队斯科拉，与罗马帝国曾经由君士坦丁一世建立的皇帝私人卫队斯科拉瑞几乎是同一种模式。斯科拉也被排除在正规部队建制之外，只为国王本人效力。这支特殊军队保持对国王的忠诚，同时也领导其他那些不太可靠的战士。他们在密西官员（直译为国王的使者，相当于法兰克国王的特使）统辖下，作为一支卓越的部队出动时，会排列密集阵型作为近战骑兵战斗。

不过，法兰克王国的整体基础军事结构与罗马人还是有很大区别的，也与早期日耳

曼部落不同。其既非依赖军事官僚机构来组织军队，也非建立在旧的氏族和部落系统上。事实上，他们是由 3—5 世纪大迁徙时代的日耳曼军事贵族体制发展起来的。当时，年轻的战士通常为了追求财富，会四面八方加入一个成功的军事贵族所建立与组织的战团。而当一个领导者名望下跌，这些战士就很自然地加入更成功的战团中去。

战争对这些法兰克战士来说，是财富积累和提升威望的主要途径，也是不同领导者与他们追随者组成集团的竞争。在战士准则中，这些追随者必须保卫他们的军事首领，并为他战斗到底。之前左右这种关系的是掠夺来的财物，而当法兰克人扩张并建立王国之后，最主要左右这种关系的就是土地。法兰克国王克洛维一世成为最大的地主，通过将他的土地赠送给其他贵族来收买人心，而大贵族再将土地分封给小贵族，每一层都要为上层贵族效忠并提供兵役服务。这种结构

逐步演变为法兰克封建王国，而领导者与追随的贵族成为国王与骑士。这也是法兰克王国成为封建"采邑制"王国的开始。

对于还没有货币贸易的早期时代，采邑制易于管理的优势非常明显。国王将他的领地有限期地租给手下的人，这样他既解决了管理巨大财产的问题，又不需要供养庞大的军队。但正因为法兰克人的军队不是由国家政府通过军事行政机构训练与征集的，因此法兰克王国的军队虽然人数庞大，但分散在各封臣手中。只有在特定时期、特定地区，针对某一专门的任务——"召集我们的封臣！"这样的庞大集结才会出现。哪怕是8世纪末—9世纪初的查理大帝时代也是如此。法兰克社会任何阶层的人都只会因为自身的战争需要而参战，想让他们义无反顾、毫不

上图： 1. 加斯科涅轻骑兵；2. 斯科拉乘马步兵；3. 伦巴第"封臣"骑兵

上图： 日耳曼军事首领赐予亲兵武器，亲兵逐步成为骑士，而成功的首领成为领主或国王

犹豫地参军服役，加入国家的战争依然比较困难。

虽然国王直属的精英部队，诸如斯科拉等都是士气高涨、勇猛且能够迅速集结的军队。但地方上的征兵，不稳定因素是较大的。国王根本没多少有效办法去监督评判他的这些部下们是否切实履行了他们应尽的义务和责任。因此，在法兰克王国每一次对外的战争中，都往往只动用了他们武装力量较小的一部分。

作为战场上当之无愧的主力，法兰克人的贵族部队大部分是由重骑兵组成的。但与罗马人不同，哪怕到了8世纪的墨洛温王朝晚期或加洛林帝国早期，法兰克人的重骑兵也不像同时代7—9世纪的拜占庭帝国的骑兵那样，惯于集群冲击或者回旋作战。当然，他们中有一些人可以使用骑矛冲刺作战，但他们更像他们的对手阿拉伯人那样，常常下马作战。即使下马作战，他们的装备与训练也较封建农民组成的军队强得多。所以，来了多少骑士，当时的人就能评定出军队的战斗力。就如《重骑兵千年战史（上）》所述，这情况与专业化军队，特别是专业化步兵的缺失是相关的。这些常担任重装骑兵作战的法兰克骑士是"多用途"的，性质与6世纪的拜占庭骑兵相仿。因此英国军事家利德尔哈特认为不考虑军事制度，仅从军事效能说，当时的东罗马重骑兵就是一些装备更好，训练更完善的封建骑士而已。

不过，法兰克人除了王室直属的斯科拉重骑兵，依旧在一些地区拥有他们的专业冲击型重骑兵。这是因为法兰克王国征服了欧洲许多地区，从而将这些地区性骑兵与马匹资源纳入王国。这其中，就有我们久违的，从公元前6世纪就在重骑兵历史上拥有诸多

上图： 加洛林骑士的装备

贡献的开拓者——斯基泰人及其后裔们。

中世纪早期，由于匈人入侵等因素，斯基泰人的后裔们在建立王国方面并不成功，但他们骑兵技术的影响力却遍布整个欧洲甚至小亚细亚。我们前面提到过的萨尔玛提亚人，他们的技术引入让东哥特王国甚至成为一个重骑兵强国。另一支斯基泰人后裔——阿兰人，则进入了高卢地区和加泰罗尼亚地区。

因此，在法国西北部的阿莫里卡，就有一批擅长骑兵冲击作战的强大阿兰骑兵——其中有一部分还是人马披甲的具装骑兵。法兰克人称其为"阿莫尼卡重骑兵"。他们在罗马帝国晚期到达这里，之后融入了法兰克人中。他们既是法兰克王国早期精锐的重骑兵部队，也对法兰克本土重骑兵产生影响。当时，阿兰人的势力在中世纪较为分散，但

也是因为如此，他们对欧洲中世纪骑兵的影响长达4个世纪之久，早期最重要的影响就是骑乘冲击的技艺。法兰克人非常重视阿兰人的骑矛及用法，甚至将其传播给同时代的拜占庭骑兵："身体向前倾，用盾牌保护着他们自己的头和战马脖子的一部分，高举他们的骑枪平齐于肩膀。"当然，对于骑矛，当时的拜占庭重骑兵更中意阿瓦尔式的骑矛。

778年，查理曼征讨占据了西班牙的摩尔人，尽管这次军事行动不成功，但著名的"罗兰之歌"得以广为传颂。这个罗兰伯爵，据称是布列塔尼地区的总督，而布列塔尼的重骑兵，则是当时法兰克王国的非法兰克人中最有效的军事力量，他们的作战方式与阿莫尼卡重骑兵非常类似。另外，布列塔尼人此后一直为法兰克王国服务，直至10至12世纪都是如此。甚

至在15世纪，他们都是英法百年战争中法军骑兵的重要力量，当然那个时代的布列塔尼骑兵形制已经完全不同了，我们后面的章节还会提到。

8世纪的布列塔尼重骑兵相比阿莫尼卡重骑兵，也使用密集阵型作战，拥有较高的机动性，其盔甲略逊色，但也算是拥有重型装甲。他们使用重型冲击骑矛，轻型标枪以及剑。由于他们不擅长使用弓箭于是以标枪代替，因此他们更愿意贴近敌人来作战。

法兰克王国中还有一支外族力量的重骑兵是绝不可忽视的，就是曾经在大迁徙后期征服意大利的伦巴第人。伦巴第人在此之前就与法兰克人一样建立了"封臣"封建制度，他们的封臣被称为"加斯迪尼"。在8世纪后期，他们被法兰克人征服，就将非常相似的封建军事体系纳入法兰克王国的军队中。伦巴第所有的自由人都有义务根据自己的财富状况，提供自己的装备加入军队。且在伦巴第军队中，马匹甚至比法兰克军队的还要重要，许多战斗都是以骑兵为主要力量。他们中的重骑兵，很可能是西欧装备最好的，拥有精良的骑兵武器、头盔、锁子甲以及完善的腿甲。装备上他们受阿瓦尔骑兵影响很大，但不同的是他们的骑兵完全不使用弓箭——在他们看来，使用弓箭纯粹是步兵的事情。

伦巴第重骑兵形成了法兰克王国在意大利地区的核心军事力量。796年，在查理大帝终结阿瓦尔汗国的征服中，许多伦巴第重骑兵都加入了查理曼的入侵部队。但显然，对这个新征服区域，国王并不那么放心——为了控制他们，伦巴第的军事首领在加洛林王朝征服后，必须轮番接受法兰克国王密西特使的控制。伦巴第加斯迪尼私兵的增长也被抑制，以免他们力量过大来反对国王。

从马匹资源上说，早期根据拜占庭史学家的记载，法兰克人有诸多的马匹，本地马匹的价格并不高，仅相当于一柄带剑鞘的剑，或是一头牛，或是一柄矛与盾牌。但同时，该历史学家也记录，这些马匹用来作战并不合适，个头也不如拜占庭帝国的小亚细亚或色雷斯地区的战马，因此本地人大量使用它们来耕种。不过，数量优势也让法兰克拥有大量的"骑马部队"，与同时代唐帝国这点倒是很相似，相对质量不佳的马匹提供给步兵，作为战略载具以提升机动性。不过，唐帝国的"骑马步兵"往往依旧是标准的下马作战。而法兰克的"骑马部队"则是多用途部队，在突袭、伏击或者追击败退敌军时发挥着很大的作用。当然，一旦碰上敌方的坚实阵型，他们立即会展现出原先的步兵本色，下马作战。

法兰克人优等战马数量不足这个缺点，在大量引进原产于摩洛哥至突尼斯地中海沿岸的柏布马之后，得到很大改观。这种马在马的品种培育上占有不容忽视的重要地位。它们最早从北非进入欧洲时，曾被错误地当作"阿拉伯马"。但实际上，真正的阿拉伯马在阿拉伯帝国的也门与阿曼这些地区。柏布马比阿拉伯马强壮，同样拥有良好的耐力，但是不如阿拉伯马动作轻快活泼。这些强壮的战马较之前法兰克地区的本地马种优秀得多，骑士们骑乘这样的马匹可以穿戴更重的铠甲，能够较为顺利地进行骑兵冲击作战，这使得法兰克王国真正出现了成规模的专业化冲击型重骑兵。

境内阿兰人的影响，加上对手或敌人诸如拜占庭帝国、阿拉伯帝国同时代强势骑兵的压力，进入 8 世纪中期之后的加洛林王朝

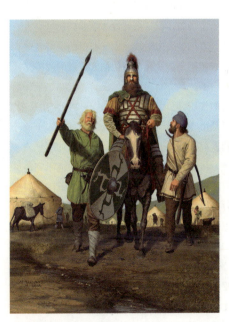

上图： 伦巴第重骑兵及其侍从

上图： 1. 查理大帝；2. 皇家侍从；3. 骑马步兵

时代，法兰克王国重骑兵的重要性越来越高。到了9世纪晚期"秃头查理"时代，甚至所有买得起马的法兰克战士都被要求骑马出征。891年之后，几乎看不到只能步行的法兰克战士了。

尽管法兰克王国的重骑兵已经兴起，但比起当时世界上几个先进的地区，他们的重骑兵装备还是略逊一筹的。这既体现在财力上，也体现在一些骑兵的技术上。最让加洛林帝国骑士们为难的高价装备并非马匹，而是胸甲。胸

甲主要由锁甲或鳞甲两种盔甲组成，另外还有从意大利地区拜占庭帝国那里传来的片甲。当然，对于富有的骑士或贵族来说，完备的胸甲会披挂，并同时保证有头盔、盾、骑矛、剑与弓箭，但部分没有那么富有的法兰克骑士无法在负担战马的同时也负担盔甲，哪怕只是硬皮盔甲的费用。另一种情况，他们要么没有头盔，要么缺少剑。不过这种情况在9世纪之后得到一定的改观，缺少基本装甲的骑士越来越少了。在8世纪末时，王国还只要求骑士一定拥有骑矛、盾和剑，不一定要有护甲，但到了805年之后，如果一位骑士连硬皮甲都没有的话，他就会失去自己的地位。

法兰克王国在大部分时期（除了末期），一直没有引入标准意义的铁质马镫。也就是说，早期法兰克王国的重骑兵是肯定没有马镫的。甚至是8世纪之后，阿瓦尔人被拜占庭帝国击败而西迁，在与法兰克军队的冲突中展示了马镫，一些伦巴第骑兵可能在阿瓦尔人的影响下使用了马镫，但这依然没有影响到法兰克人。甚至查理曼大帝时代，东征西讨的法兰克骑兵也未使用马镫。西部阿拉伯入侵者的皮质马镫曾给了法兰克骑兵一定的压力，起到了承先启后的作用。但真正让法兰克骑兵广泛使用马镫，还是由于9世纪末阿瓦尔人、马扎尔人（匈牙利人前身）与北方维京人的威胁在加剧。

虽然初步崛起的法兰克重骑兵还不完善，但由于王国良好的地缘位置，他们不用面对当时世界上最可怕的入侵力量。占领西班牙的阿拉伯人从南部来说有一定威胁，但驻扎在这里的阿拉伯分遣军显然不是主力——真正的阿拉伯军队的主力还在猛攻拜占庭帝国的小亚细亚，庞大的哈里发舰队还在东地中海横行。因此法兰克王国可以较为顺利地开展对周边地区缓慢而稳定的征服。特别是在查理曼大帝时

代，法兰克王国摇摆于两大强国之间，在阿拉伯——拜占庭——法兰克三者的外交关系中享有一种舒适的主动权。这样来看，一些王国中的小分裂与叛乱就显得微不足道了。但在查理曼大帝死后，王国的征服逐步减缓或停滞了，之前可以转移的各种国内矛盾开始突显，封建制的王国分裂加剧了。

更为致命的是，法兰克王国在这个时代永久分裂了——王国在843年的《凡尔登条约》后，分裂为西法兰克王国、中法兰克王国与东法兰克王国。一般认为这就是现代法国、意大利与德国的前身。虽然过去法兰克王国由于封建分封制度的原因，也较容易分裂，但总会有强大的君主将王国重新统一起来。而现在随着法兰克王国停止扩张，依靠军功来获得地位渐渐在贵族中失去了吸引力。自由但贫穷的人们渐渐无法服役，失去了他们的军事作用，仅靠缴纳赋税来支持一支小的贵族重骑兵部队。法兰克王国的步兵越来越缺乏训练与装备，无法进行有效的地区防御。大部分地区的战士只能保有一根矛与盾牌这样简陋的装备，更不用说系统地训练了。

更具破坏性的是，8世纪后期，令人恐惧的维京入侵开始了。乘坐着著名的龙头战舰，从斯堪的纳维亚南下的北欧人在法兰克王国的海岸北部登陆，法国地区遭受的打击最重，而德国地区相对轻一些。实际上维京人并没有强大的骑兵，装备也未对法兰克王国军队呈压倒优势，人数更是大大少于法兰克人，但法兰克那些未经训练的农民常常被人数少得多，却骁勇善战的维京步兵轻易屠杀。沿着海岸与河流的地区都遭到了残酷的掠夺。有时候，维京人聚集起来还可以攻击大型城市。这个时代，分裂的法兰克王国唯一可以依仗的就是他们的重装骑兵——骑士，他们在这个时代经常下马战斗，因为步兵完全无法依靠。

这个时代，法兰克诸王国的军事状态是较为被动的。维京人始终扮演着劫掠者的角色。阿拉伯帝国的攻击重点虽然不在这个地区——毕竟当时拜占庭海军还在不断牵制着前者，但有的时候，阿拉伯海军也开向意大利南部，造成小型的威胁。而法兰克王国，特别是东法兰克王国真正的威胁，则是代替阿瓦尔人出现在东部匈牙利地区的马扎尔人。

这些人被当作现代匈牙利人的祖先。他们是被南俄草原上的另一支游牧民族——佩切涅格人攻击，败北后转移到这里的。马扎尔人最令他们的法兰克敌人惊慌的，就是他们那惊人的行军速度和劫掠距离，特别是在夏季。扎营时，马扎尔人就利用他们的车辆来组织"车阵"，这与曾经的哥特人倒是如出一辙。

马扎尔骑兵的装备并不好，大部分人仅靠厚毛毡大衣或皮衣提供保护，仅有贵族精英骑兵才拥有金属铠甲。不过这些金属铠甲——主要是札甲——非常优良，显示了拜占庭或是阿拉伯的影响。他们的骑兵无论装甲轻重，都很少使用盾牌。

上图：加洛林骑士反击维京人的入侵

9

马扎尔人作战的方式是典型的草原民族骑兵式，利用马上的箭术，突然攻击或者假撤退。他们很少直接攻击有防御的地区，宁可使用封锁战术。他们的劫掠是恐怖的，在895年至955年间，马扎尔骑兵的劫掠一直深入德国、勃艮第、法国甚至法国西南部的阿基坦地区，但真正造成毁灭性危险的地区则是东部省份，诸如巴伐利亚、图林根和萨克森都几乎被毁灭。所幸，这些省份艰难地幸存了下来。

　　许多地区的法兰克人惊呼，"匈人阿提拉的时代又到来了"。马扎尔人入侵造成的直接结果是这些地区在10世纪初的政治分裂。但这个状态，在加洛林帝国即将结束的10世纪中期发生了变化，一个新的王朝——萨克森王朝，将重新整合东部四分五裂的局面。东法兰克王国将成为德意志王国，且即将转变为神圣罗马帝国。

　　在这个时期，德意志国王奥托一世加强了中央集权。955年，德意志军队与马扎尔人在奥格斯堡进行了决战。此战中，奥托集结了来自东部王国的数支部队，共8000人，其中包括精锐的国王卫队。战斗时，奥托的骑士们惯常会摆出以50名重骑兵为单位的密集队形小队，这种队形已被证明适合对付王国东部的斯拉夫人，他们也这样对付马扎尔人的轻骑兵——通过冲击战术迫使游牧骑兵与他们肉搏。近战当然正中德国人的下怀，奥托一世的

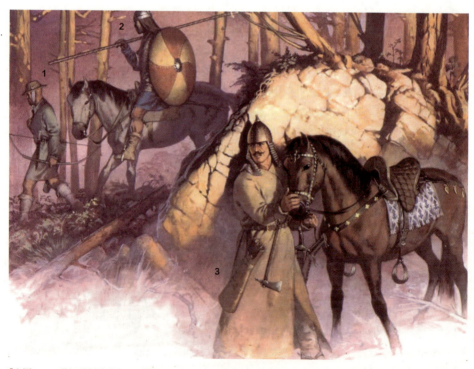

上图: 1. 10世纪德国步兵；2. 10世纪德国骑兵；3. 10世纪马扎尔骑兵

重骑兵就可以发挥自己的优势——优良强壮的战马、较重的盔甲以及骑矛。而且，在德国地区，雨季也常常给马扎尔人依仗的弓箭射击造成困扰。

与德意志军队对阵的马扎尔人大约拥有17000人的游牧轻骑兵。奥托先于8月击败了马扎尔人，然后针对马扎尔人的游击骑兵战术，抢先切断了其撤军路线，他将军队率先布置在莱茵河上游的右岸，阻止了马扎尔人渡河撤退的计划，并在第三天将马扎尔人彻底击溃。溃退的马扎尔人由于战马在数天的战斗中已经极度疲惫，再加上撤退路线中河岸的沙砾地形严重妨碍了战马的机动性，本来高机动性的游牧骑兵被德意志骑士与辅助军队追上，后者展开了一场实实在在的复仇式屠杀。不过，奥托也没有力量将战争延续至匈牙利境内，但这至少阻止了东部的萨克森王朝毁于游牧骑兵之手。

萨克森军队是亨利一世与其子奥托一世得以成功的基础，两位统治者都鼓励更多地繁殖马匹，来扩大他们军队中骑兵的比例。其武器制造方面也得到大幅度提高，最主要的产品就是萨克森剑。不过，权力在萨克森王朝时期，较加洛林王朝时期更加分散，更被各诸侯所控制，而他们的忠诚不是那么能够依靠。其军事的核心和加洛林时代一样，还是那些装备较好的骑士。虽然也有经过训练的农奴骑兵来辅助，但这些轻装骑兵和步兵的重要性依然在急剧下降。自由农民除了作为地位低下的辅助人员，常常被排除在军队之外。城市民兵可能还能多做一点儿事——比如保护城墙。不过也有些例外，诸

上图：德意志骑士击败马扎尔骑兵

封建时代的早期骑士：法兰克重骑兵的崛起及拜占庭重骑兵的复兴

如当时的弗兰德步兵与布拉班特步兵，都可以作为西欧屈指可数、训练有素的长枪步兵。

西法兰克王国的分散状态要更剧烈一些，法国地区的军事力量较东部德国地区更依赖封建骑士。其北部尤其如此，而南部一些省份，比如巴克斯人，可以提供不错的标枪步兵服役。9—10世纪的法国地区，小规模的战争主要集中在法国的封建主之间，特别在维京入侵逐步减缓的情况下。值得一提的是，在这个时代，前文提到过的布列塔尼重骑兵依然被视为优秀的骑兵。在西法兰克王国，除了贵族重骑兵，非贵族骑兵也起到了一定的作用，其中主要是能提供自己装备的雇佣军。有趣的是，法国的这种习惯一直保持至六百年之后的文艺复兴时期，本书的后面还会再次提到这一点。

在意大利地区，中央政府的分裂恐怕是最极端的，这是要到19世纪才会解决的事情。

上图：1. 法国骑兵；2. 法国地方步兵；3. 加洛林贵族

伦巴第过去的加斯迪尼封臣现在享有几乎完全的自治，他们会倾向各方势力并且不断动摇，在各方强大的势力角逐中充当马前卒。意大利南部直接受拜占庭帝国的统治，北部地区则由大部分堡垒中的民兵来守护。与法国及德国地区不同，意大利的贵族相对较为城市化，会解囊提供一支骑兵，而所有的市民都必须服从兵役。虽然和法国与德国一样，这里也是由骑兵主导战场，但是由于城市贸易的富裕，这里的步兵装备及训练更好一些，甚至一部分人拥有超长枪。他们在排成有纪律的密集阵型时，可以击败德国与意大利地区的重骑兵。此时已经是10世纪，这种情况很可能展示了拜占庭帝国黄金时代——马其顿王朝军队对北意大利的影响。

在法兰克人逐渐稳定自己的统治之时，拜占庭帝国也在悄然发展。阿拉伯大征服时期的8世纪后期，离拜占庭帝国10世纪初—11世纪初的黄金时代还很遥远，但稳定的基础是在这个时期建立的。不过，从前面对潮水般无法阻挡的阿拉伯军队，保卫帝国的决定因素并不是帝国陆军的传统重骑兵，而是拜占庭海军令人生畏的秘密武器"希腊火"。这是一种混合燃烧物，非常难以扑灭，在当时配方只有东罗马人了解。它们被装置在战舰上，用带气泵的喷射器从远距离射向敌船。当敌军试图用水扑灭熊熊火焰时，会产生更可怕的燃烧效果，使得整艘战船覆灭。

比如在678年，君士坦丁堡大海战的胜利关系到东罗马帝国的生死存亡。阿拉伯的庞大舰队遭到重大损失，返回叙利亚时又遭到风暴袭击，几乎全军覆没。这次胜利的意义怎么放大都不为过，因为这不但挽救了拜占庭帝国，而且是整个基督势力第一次在决战中，阻挡住大征服时代的阿拉伯主力军。不过，这种依赖

┃上图: *拜占庭海军在与阿拉伯海军激战*

海军特殊武器的优势总是暂时的，阿拉伯人后来也掌握了这种武器。

因此，真正奠定拜占庭国防新基础的，是新的军事制度"军区制"，这个大名鼎鼎的军事制度对7世纪后期的东罗马帝国来说，不仅是军事核心内容，也是经济与政治的核心部分。虽然传统史学家将军区制的创立，归功于7世纪初的拜占庭英雄皇帝希拉克略，但现在历史学家一般认为即使是由他创立的，军区制在希拉克略统治时期对帝国的影响也很小，真正发挥影响是从这次大海战胜利之后的687年开始的。

军区制是拜占庭统治管理机构重新组建的脊柱和军事防御新方法的核心，它对于帝国的社会具有极大的影响。这种制度较为类似中国唐朝前期的"府兵制"，将各军区士兵，也就是农兵安置在土地上。他们被授予不可剥夺的土地权力，条件是世袭，但必须服从军役。

由于军区制社会影响与经济影响不是本书的重点范畴，所以不再详述。仅从军事上说，东罗马帝国自欧洲大迁徙时代结束后一直缺乏兵员，而阿拉伯大入侵更是使得形势更加严峻。帝国遭到入侵，财政非常紧张，但仍有大量的土地需要农民来耕种，也更需要士兵来保卫。军区制较为完善地解决了这些问题。帝国对这些士兵的薪水则是"以田代饷"，让士兵们用他们自己耕种的作物来维持其装备与服役；并且在经营农产的同时仍保持着军事编制与军事训练，听从军区命令集中来作战。当然他们也会从作战得到一部分军饷与补贴。

这种几乎"全民皆兵",至少是"全民供兵"的小军事土地所有制度成为建立一支合格的本土军队的基础。它使得帝国摆脱了征召不可靠的佣兵所必须付出的巨大经济开支。而过去一些传统的外籍精锐部队(如拉丁重骑兵部队 Optimates)以及一些尚武的民族,诸如亚美尼亚人、高加索的小伊比利亚人,以及后来被征服的斯拉夫人等,也被授予土地,与农民一起定居在军区中,形成新军队的组织机构。新罗马的军队被重新建立起来,这是 4 世纪之后罗马人再次以自己的国民为主力组成帝国军队。这些依靠田产的部队必须全副武装,每人都要有自己的战马。当然,这是指拥有骑兵军役地产的农兵,而非所有拥有自己土地的自由小农,军役地产享有许多免税的特权。

这个制度使军役地产得到保护——特别是骑兵军役地产,也使各地方军区的拜占庭重骑兵重新得以建立。在很长一段时间中,拜占庭农兵,特别是富有农兵的财富与稳定状态就几乎等于当时拜占庭骑兵的战斗力。7—9 世纪,

这个制度因为巨大的帝国外部压力,如东方的阿拉伯帝国的压力,以及北方斯拉夫王国——保加利亚王国的逐步强大,和内部动荡的"毁坏圣像危机时代",没有立即体现出脱胎换骨的变化,但已经为 10 世纪拜占庭"地方"重骑兵的辉煌逐步在添砖加瓦。

这个时代拜占庭军队中的最精锐者,是依然保持着不事生产的皇家直属军队。在 8 世纪的君士坦丁五世军事改革中,皇家直属军队进行改组并用莫里斯时代的"大队"来命名,称为"塔马斯",也就是"帝国卫队"。虽然其名称是帝国卫队,实际上规模较卫队大得多,就是一支精锐的皇家军队,且主力作战部队完全由重骑兵组成(不一定全部是全具装重骑兵),成为拜占庭帝国新军队的核心。这支精锐重骑兵的初衷,是因为当时拜占庭帝国进入了国内动荡的"毁坏圣像危机时代",需要他们来防止各省的叛乱,以及忠诚地执行对君士坦丁本人的警卫工作。不同于军区的骑兵部队,帝国卫队作为总预备队使用,有非常稳定的番号,且比军区军队更多机动到各地作战。当然在 8—9 世纪帝国防御阶段,他们最常驻扎的地区还是首都君士坦丁堡、色雷斯地区及

上图: 拜占庭重弓骑兵在练习箭术

上图: 毁坏圣像运动

比提尼亚地区。到 10 世纪之后，他们的规模和攻击性都再次扩大了，甚至长期驻扎在边境。

此外，帝国卫队也是拜占庭军队中年轻军官招募与升迁的基础，成为名副其实的"军官团"。他们在皇家卫队的职业生涯，可能会让他们成为地方行省军区或是中央军队的高级指挥官。卫队里的年轻军官们也容易为皇帝所注意。皇家卫队的高级指挥官一般来自富裕城市的贵族或官吏，也可能出自大军区（诸如东部的安纳托利亚军区）中的土地贵族。他们越来越多地控制着国家的最高军事机构。当然，总体上说，皇家卫队还是提供了一条下层社会向上层流动的台阶。

罗马帝国遗留下来的传统皇家私人卫队

斯科拉瑞骑兵（Scholae 或是 Scholarioi），在 5—6 世纪因为长期担任文职工作，逐步沦为一支礼仪化的军队。到了拜占庭帝国时期，他们也成为身披重甲，以冲击为主的皇家近卫具装骑兵。这个时代的斯科拉瑞可以译为"教导军团"，他们是作战的核心力量，也是帝国卫队中最重要的一支军队，成为拜占庭专业化铁甲具装骑兵复兴的代表。斯科拉瑞骑兵的总指挥地位之高，几乎超越其他一切部队的指挥，自然也提供了最多的基层与高层军官。

皇家卫队中第二重要的就是警卫军团（Excubiti），源自 480 年利奥一世时代的古代番号。当时正如《重骑兵千年战史（上）》所述，处于大迁徙时代的东罗马帝国，为了

上图： 1. 皇家卫队军官；2. 斯科拉瑞中的白衣卫士；3. 斯科拉瑞具装重骑兵；4. 皇家卫戍步兵军团步兵

平衡哥特人在军队中的势力，建立这支主要由伊苏利亚人组成的卫队。在 6 世纪，其获得了超越斯科拉瑞军团的影响力，原因很简单——查士丁尼一世皇帝在即位之前就是警卫军团的

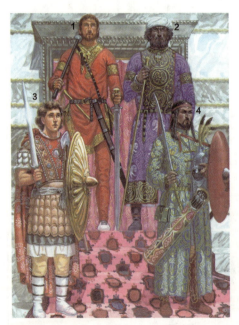

上图: 1. 持棍卫队；2. 皇家侍卫；3. 大扈从卫队；4. 哈扎尔人中扈从卫队

指挥官！他们是真正的君士坦丁堡皇宫卫戍部队，在斯科拉瑞沦落为礼仪军队时，警卫军团一直训练有素保持着战斗力。还有《重骑兵千年战史（上）》第十章提到的莫里斯时代，那位在 586 年索拉孔之战大败波斯萨珊军的菲利皮科斯，也是警卫军团的指挥。

但在 7 世纪后期，牵扯入宫廷政变的警卫军团由于失败而衰落了。到了 8 世纪中期，他们在君士坦丁五世的统治下得到了重新改组的机会，并加入著名的帝国卫队，与斯科拉瑞一起成为重骑兵的核心力量。这个时候的警卫军团显然不是宫廷卫士了。他们平衡各省军区军队力量，并在"毁坏圣像运动"中担任一支皇帝亲率的重要部队。然而在运动尾声，警卫军团的力量再一次被打击了，有 1500 名军人被放逐。之后他们又得到了扩充，担负了与斯科拉瑞类似的作用。

第三支皇家卫队——守夜军团（Vigla）似乎担负了更多的警卫工作，他们的番号很可能来自 4 世纪末。780 年的伊琳妮女皇时代，帝国从军区骑兵抽调力量，扩大了这支皇家卫队的规模。该军团在战争中拥有特别的使命，主要是防卫皇家营地，传达皇帝的命令以及看守战俘。其他皇家卫队在作战的时候，他们也要留下来确保皇帝的安全，而在皇帝亲自出征时，守夜军团特别是要负责夜间的守夜工作。他们还要保护西部城域皇宫区的周边，并留出一支守备队永久守备君士坦丁堡大竞技场。由于任务较为广泛，守夜军团也可以在军团长官不在的情况下战斗，那个时候指挥权就交给斯科拉瑞军团。

此外，还有 9 世纪初建立的"能者军团"（Hikanatoi）。其成立日期是不确定的，历史学家认为可能是 809 年尼基夫鲁斯一世所建，形制也仿效了警卫军团。这四大皇家卫

队军团中的主力作战部队均为重骑兵部队。

帝国有一支使用了古代亚历山大马其顿帝国时期的名称的部队——扈从卫队（Hetaireia）。其中，大扈从卫队由马其顿人组成，而"中"和"小"扈从卫队则主要是由外籍人员组成，比如来自高加索的哈扎尔骑兵或是马扎尔人，以及来自费尔干纳的突厥人。这支卫队大约在813年第一次在记录上出现，主要是担负皇宫及皇帝的安全警卫工作。与四大帝国卫队不同，他们不是全部由重骑兵组成（很可能以轻骑兵为主）。除此以外，帝国还有一支由相貌端正的年轻贵族组成的纯礼仪用途的仪仗队骑兵"阿贡托普莱"，以及一支海军与步兵卫戍部队的皇家军团。

军区制普遍盛行后的拜占庭陆军作战，主要是由皇家卫队与军区部队协同完成。不过在8世纪前期，东罗马人在陆地上仍无法抵御势如潮水的阿拉伯大入侵，就连海军也不得不在哈里发庞大的舰队面前收缩防线。在714年。阿拉伯军队以更大的规模再次攻击拜占庭帝国首都。当时，阿拉伯军队拥有令人生畏的120000大军与2560艘战舰。但在当时著名拜占庭皇帝利奥三世的统帅下，帝国海军再次依靠"希腊火"毁灭了规模更加庞大的阿拉伯海军，同时阿拉伯陆军在小亚细亚也受到了重创。

当时，小亚细亚寒冷的气候让阿拉伯人非常不适应，而让他们的步兵在叙利亚、埃及、北非等沙漠地带享有完全超越对手的战略机动性的重要坐骑单峰驼，也不适应这种寒冷的气候被大批冻死。阿拉伯军队不得已使用了拥有御寒的长毛，脾气更温顺，负载更重但速度也慢得多的双峰驼——当然中亚与西亚的商人会更喜爱这种个性。这种毛绒

绒的慢性子驮兽也宣布阿拉伯军队"骆驼闪电战"的终结。而且，717—718年的冬天格外寒冷，阿拉伯军人大量被冻死。到了夏季，瘟疫（很可能来源是之前死亡的士兵）又肆虐在阿拉伯军队的营地。

于是，第二次企图征服君士坦丁堡的计划也失败了，在此之后，法兰克人查理马特的军队在西班牙与法国的比利牛斯山也抵挡住了阿拉伯军队的分遣军。这三次战役宣布阿拉伯帝国征服者时代即将结束。

现代大部分历史学家认为，倭马亚王朝的灭亡以及阿巴斯的革命与第二次君士坦丁堡之战有直接的关联。惊人的人力与物力的损失使得倭马亚哈里发的统治严重动摇了，而利奥三世接下来率领拜占庭军队在小亚细亚各处反击也加大了这一幕出现的可能。

倭马亚哈里发率领一支庞大的军队，兵分三路从小亚细亚继续入侵。拜占庭皇帝利奥三世亲率军队，在740年的阿克洛伊农战役（Akroinon）中，打垮了哈里发三路大军之中的一路，使得这支拥有20000骑兵的敌军阵亡了13200人，而他们的两名指挥官也被杀死。倭马亚的军事失败让阿拉伯帝国阿巴斯革命接踵而至。拜占庭帝国获得了少有

■上图：717年君士坦丁堡防御战，拜占庭海军再次使用"希腊火"焚烧阿拉伯战舰

的东线平静时期。

之后，强大的阿巴斯王朝依然严重威胁被重创的拜占庭帝国，而帝国由于北方斯拉夫人强国保加利亚帝国的兴起，也总是无法集中力量。不过这个时期的阿拉伯帝国，即使是9世纪初期最辉煌时期的哈伦拉希德时代，其军队对于拜占庭帝国的打击更多的是一种劫掠式的

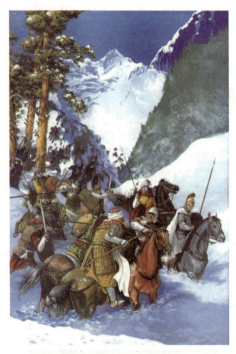

上图： *阿拉伯骑兵突然袭击拜占庭军队。9世纪中期之前仍是阿拉伯的军队占据优势*

上图： *最左边就是拜占庭名将彼得罗纳斯*

攻伐或是政治上的压服，而非直接逐城逐地地占领。拜占庭帝国也常利用阿拉伯帝国政局不稳或者民众暴动等因素小范围收复失地。在这个相持阶段中，东罗马人没有再让阿拉伯军队攻入首都附近。

861年，阿巴斯王朝的哈里发穆塔瓦基勒在死前派遣了一支大军，前往安纳托利亚地区。863年，这支军队处在著名的埃米尔奥马尔的指挥之下。之前的攻击似乎都是顺利的，他与另一名阿拉伯统帅阿里进入拜占庭帝国小亚细亚境内大肆掠夺。后来奥马尔得到阿里掠夺之后返回的消息，但他仍坚持单独进击。他麾下的阿拉伯军队在现代历史学家的估计中，有20000人左右。之前阿拉伯陆军对拜占庭陆军的优势，让他依旧保持着自信心。

但奥马尔并不知道他的对手在做什么。他的对手拜占庭皇帝米哈伊尔三世，缺乏自我约束能力，绰号"酒鬼"。这显然不是一个让人敬仰的称号，但他并非庸才，也不缺乏勇气。他信任的舅舅彼得罗纳斯，则是那个时代拜占庭帝国最优秀的将领，皇帝给予后者以非常充分的支持。彼得罗纳斯则积极地调动各省的军区部队，其高效非常让人吃惊。这时，拜占庭帝国军区制军队的优势充分显露出来——在9世纪还未体现在装备上而是对全国军队的调度上。调度包括了几乎整个东线的主力军：黑海附近的北方四个军区，小亚细亚中部的三个军区，南部两个军区的边疆部队。彼得罗纳斯还带领帝国卫队及西部三个军区的军区加入他们。

这本来是不容易的，《重骑兵千年战史（上）》就描述过，汪达尔国王企图以三路大军包围贝利撒留远征军，却被各个击破的战例。而拜占庭帝国这支庞大的军队拥有50000多人的兵力，甚至同时包括东部与西部的军区军队。

但在彼得罗纳斯成功的调度下，作为防御方的拜占庭军队竟然几乎以所有兵力的状态，在9月2日集中到了拉拉肯尼河附近，并且包围了奥马尔的阿拉伯军队。

这显然让阿拉伯统帅非常吃惊，奥马尔企图在夜间夺取一座山丘——也是能让他的军队逃生的战略要地。但彼得罗纳斯也意识到了这一点，他派遣拜占庭军队努力争夺这个山丘并且获胜了。9月3日，奥马尔命令全军向西孤注一掷地突围。但问题是，那里就是彼得罗纳斯所在地。拜占庭统帅亲率军队挡住阿拉伯人的突围，争取了宝贵的时间，并让其他拜占庭军队两翼包抄过来，攻击阿拉伯军队暴露的后方和侧翼。阿拉伯人的崩溃是彻底的，包括统帅奥马尔在内的大部分人都倒在战场上。侥幸逃脱的人撤向南方拜占庭恰尔西安军区所在地，又被恰尔西安军区指挥抓获了许多人。这支阿拉伯远征军最终在此地几乎全军覆没，拉拉肯尼河战役也成为拜占庭—阿拉伯战争的转折点。

随后在10月或11月，拜占庭军队利用这次胜利攻入阿拉伯控制下的亚美尼亚领土，击败并杀死了那里的阿拉伯埃米尔。这让东罗马人在东线战场上获得了一定的优势。当然，拜占庭帝国还未转入全面反攻，因为在帝国西北方，保加利亚帝国在这个时代开始兴起。

与现代保加利亚不同，当时的保加利亚帝国控制着整个保加利亚、罗马尼亚、希腊北部以及马其顿地区的一部分，有时还控制着塞尔维亚及黑山地区，是强大的帝国。其伟大的统治者西蒙大帝多次带领他强大的骑兵，侵袭拜占庭帝国北部的领土。

中世纪时代的保加利亚帝国拥有强大的骑兵。6—8世纪时，他们的轻骑兵擅长伏击、假撤退与偷袭，可以在撤退时使用"帕提亚箭术"攻击那些追击的敌人，并在敌人追击杂乱无序时掉过头发动反击。他们的重骑兵则是阿瓦尔式的，装备剑或者东方式的马刀，有一支骑矛与一把弓，鞍上还放置着钉锤、圆盾与保加利亚人称之为arkani的套索。他们身披金属铠甲，包括札甲与锁甲，有的马匹也拥有马铠。到了10世纪西蒙大帝时代，保加利亚骑兵中的重骑兵部队显著增多，保加利亚历史学家估计，他在全盛时拥有17000—30000名重骑兵。因此他成为拜占庭帝国10世纪初的大敌。

此外还有来自北欧，沿着第聂伯河南下进入黑海，带有维京—斯拉夫血统的新入侵者——罗斯人，他们也多次侵扰帝国，让帝国不可能以过分积极的状态面对东线战场。帝国经常进行两线作战。拜占庭名将库尔库拉斯经常是刚结束东方与阿拉伯人的战斗，就立即率军返回迎击北方罗斯人。

虽然军队仍在多线作战，但随着10世

上图：西蒙大帝麾下的保加利亚重骑兵正在冲击拜占庭重步兵军阵

19

纪前中期保护军区制度与小土地经营者的一系列法令执行，拜占庭帝国还是在10世纪中期颇为良好地保护了军区制度，这也使得帝国拥有稳固的财力逐步扩充帝国的军队规模并提升装备。各军区的骑兵数量越来越大。同时，身份依旧，但拥有良好装备，积极参与训练和战争，不事生产由其家庭或家族成员供应的"农兵"增多，这使得一些大型军区也开始拥有一定数量的铁甲具装骑兵。他们有时甚至能与帝国卫队的装备比肩。

10世纪这个时代，不仅是骑兵，整个拜占庭帝国的军队都呈现着复兴趋势。专业化、纪律严明的重步兵部队又重新壮大起来，不仅较8—9世纪活跃得多，即使比起7世纪莫里斯时代配合骑兵作战的重步兵，其作战也更加积极。

不仅如此，10世纪步兵军团中也出现了配合普通重步兵作战，双手使用超长矛，被称为"梅纳夫拉托伊"的重长枪步兵，如同意大利地区与弗兰德地区出现的长枪步兵一样，且装备更重，数量也更多。

专业化军队的复兴，预示着专业化重骑兵将重新得到青睐，拜占庭重骑兵的装备，在10世纪后半叶开始，对周边敌人产生一个令人感到恐怖的压倒性优势。这最主要体现在冲击型具装重骑兵，这种几乎可以无惧任何正面冲突的重骑兵，似乎预示了他所代表的拜占庭军队成为那个时代视线范围内最强大军队。而10世纪中期—11世纪时期的拜占庭帝国"征服者时代"重骑兵，就是我们下一章重点介绍的对象。

第二章

碾碎长矛的铁甲具装

拜占庭黄金时代的超重装骑兵

敌军列阵重步兵的长矛将被我们铁甲重骑兵的冲锋压碎，同时由于我们铁甲
重骑兵的装甲，他们的箭矢、标枪也是无效的。
——尼基弗鲁斯二世，拜占庭帝国统军帝王在其著作《论军事》手册中对拜占庭超重装
骑兵的描述

10世纪早期，军区制的繁盛对拜占庭重骑兵的影响还并未特别体现在装备革新，而主要体现在装备数量上。到了10世纪后半叶的"征服者时代"，情况则完全不同了。尤其以三位著名的征服者及统军帝王尼基夫鲁斯二世、约翰一世、以及巴西尔二世时期为最甚。这个时期，拜占庭专业化步兵已经复兴，同样专业化的重骑兵也越来越被重视。由于足够数量与质量的步兵和快速重骑兵"突骑兵"可提供完善的掩护与协同，最重的铁甲具装骑兵就可以被设计得更重，更具备无法抵御的冲击力。

拜占庭军队在这个时代最引人注目的莫过于重装上阵的铁甲具装骑兵。这个时代的拜占庭铁甲装骑兵被一些军史学家称为"超重装骑兵"。他们显然要比7世纪莫里斯时代的东罗马半具装骑兵重得多，甚至装甲防护也超越了拜占庭帝国早期4—5世纪，或是10世纪初的全具装铁甲骑兵。他们的头盔是铁制的，头盔有二至三层的锁甲护面，兜住

上图：只露出双眼的拜占庭超重装骑兵

所有的脸部与嘴，锁甲护颈和护面甚至一直垂到胸膛上方，为身体提供一定的保护，只露出双眼，这样对于头部或颈部的保护确实是超卓的。对比 10 世纪早期的拜占庭斯科拉瑞精锐具装骑兵，可以发现，后者还在使用亚麻等材质的软甲护颈。

二至三层锁甲护颈在实战中最引人注目的例子，就是 978 年一场著名的决斗。号称当时帝国第一勇将的巴达斯·福卡斯用他可怕的钉锤砸中了另一名帝国名将巴达斯·斯科莱鲁的脖子，但后者竟依然能逃走，还趁着夜色清洗了自己脖子上的伤口与血迹，逃向东方阿拉伯白益王朝宫廷。

10 世纪初，拜占庭帝国的精锐部队就经常身穿双层甲——札甲胸甲以及棉甲内衬，但 10 世纪末的超重装骑兵则将此发挥得更甚：骑兵身上最里面一层是链甲（zabai），但并非纯金属链甲，而是将锁甲环片与厚的粗丝和绵缝制在一起，手臂与关节部分保证使用锁甲环片，而胸部很可能是软甲——这样就可以更舒适，又可以减轻重量。在这件锁甲衣以外，是最主要的金属札甲胸甲（klibanion），重叠的大片金属甲片保护了身躯和大腿的主要部分。这还不够，在最外层是由粗丝和绵构成的绵甲（epilorika）。显然三层装甲很注意软甲与硬甲的结合，防止出现过重的情况，且软甲与硬甲结合，对于穿刺或打击的防御效果会更佳。三层复合铠甲再加上头盔那垂至胸部的数层锁甲护面，让人力从正面击穿这些超重装骑兵防御，变成了不可能完成的任务。

事实上，骑手最外层的绵甲（epilorika）较轻，也很容易脱卸，在需要的时候，拜占庭超重装骑兵就身穿两层而非三层甲。一些典礼上，状如棉大衣的棉甲不太美观，也经

上图: 脱卸下最外层棉甲的拜占庭超重装骑兵

常脱卸下来以便露出重骑兵闪闪发光的札甲与锁甲。另外一些时候是为了特殊效果，比如 10 世纪 70 年代，拜占庭皇帝"蓝眼睛"约翰一世麾下的新皇家卫队军团"不朽军"，他们穿着镀金的札甲与锁甲，力图在战场冲锋时向双方表达"对手已经被我方击溃"的强烈信息，以震撼敌军的士气。此外，超重装骑兵也会换乘不披马铠的快速战马，发起灵活的战斗，这点我们之后也会提到。

这些超重装骑兵的手和小腿部的防护，采用板条甲护腕和护胫，并用锁甲防护接缝。此外，他们还使用链甲加强的皮手套，脚上穿金属鞋套。大腿的防护是依靠链甲衣的延长部分。大腿防护形式还有另一种情况，就是第二层甲——金属札甲的长款，一直延伸至大腿。盾牌在各种资料中的款式是有争议的，现在一般认为他们的盾牌仍是尼基弗鲁斯二世《军事学》中记载的，当时拜占庭枪骑兵标配的 0.92 米—1.15 米的圆盾，绑缚在左臂上。

这个时代拜占庭超重装骑兵的马铠，显而易见又是以全具装保护为主了，或是坚硬的熟牛皮，或是铁质札甲覆盖马匹全身，盔甲披挂直至马的膝盖。整匹战马只有眼睛、

鼻孔、膝盖下方的腿以及马底部是暴露的，因为必须让战马的腿移动起来没有阻碍。有的时候，马面甲或胸甲是单独的，并用小片或板状铁保护马匹的颈部和胸部。

冲击作战时，长骑矛或者超长骑矛非常受超重装骑兵重视。他们的骑矛材质与亚历山大大帝时代友伴骑兵的绪斯同长骑矛相似，也是用山茱萸木所制，通常长是3.75米—4.7米，最长可达到6.25米。副武器中最重要的可能就是铁质钉头锤，全铁锤头，必须有尖角。三、四、六棱的尖角或其他种类的钉锤，在这个时代的重要性已经超过了剑。剑仍然是被称为spatha的罗马长剑的延续spathion，但剑刃的长度更长，达到0.85—1.15米。此外，很可能受费尔干纳突厥人或者可萨人的影响，重骑兵们也会装备一种刀刃稍微弯曲的军刀，

上图： 挥舞多棱钉锤的拜占庭超重装骑兵

这种军刀也被称为"帕拉麦恩"（paramerion）曲身剑。超重装骑兵有的装备钉锤，有的装备军刀或剑。如果使用钉锤，就会有另一把备用钉锤，如果使用刀剑，就会有另一把备用刀剑，放置在他们的马鞍与腰带处。

值得注意的是，这个时代具装骑兵射手也出现在拜占庭铁甲骑兵的大楔形冲击阵型中间。他们在冲击时被负责肉搏的超重装骑兵保护起来，很可能是在冲击的同时提供近距离的掩护性射击。根据《军事学》记载，"如果可能的话，他们的战马应该披挂盔甲"。不过，和负责冲击与肉搏身穿三层复合铠甲的铁甲重骑兵不同，他们为了便于发射箭矢，与普通的拜占庭突骑兵一样，身穿一层札甲。他们腿部的防御是厚毡甲（kabadia），这种宽大的盔甲也能覆盖马匹的一部分提供保护。他们也配备剑或者钉锤，拥有很好的近战能力。

这个时代，拜占庭超重装骑兵的大楔形阵是很有特点的阵型。与普通拜占庭重骑兵的阵型不同，一个楔形阵总人数是504人，阵型纵深为12人，那就意味着第一线为20人，以后每条线增加4人，第十二线为64人。还有一种规模更小的模式——第一线为10人的楔形阵，总人数是384人。这个楔形阵（实际上是个梯形）第一线、第二线、第三线、第四线中的骑兵均为肉搏骑兵，而从后方第五线开始放置具装骑射手，并且处于中间的保护位置，如果铁甲重骑兵的总人数是504人，他们就包括150名弓箭手，如果是384人，就包括80名弓箭手。

出人预料的是，与一般我们对冲击重骑兵战术的概念不同，手持4—6米长骑矛的铁甲重骑兵并没有被放置在这个楔形阵的"锥头"上，而是放置在第5—12排的两侧。换句话说，"锥头"中那些很可能装甲最为厚

重的冲击者，是不装备骑矛而装备钉锤的重骑兵。他们不是用骑矛，而是用重甲马铠撕开对方阵型的第一个缺口。

事实上，这是一个精心的设计——当接近敌阵时，楔形队包裹在中间部分的具装弓骑兵将箭矢越过前方骑兵的头顶向敌阵倾泄，第一波打乱敌军的阵脚；楔形队箭头部分的那些装备着重型钉锤的超重装骑兵，将直接穿透敌人挤乱对方阵型，造成第二波破阵；随后，楔形队两翼装备4—6米长矛的骑兵顺势猛烈冲锋，对整个敌军正面造成第三次冲击，长骑矛对于阵型已经被破坏的敌军杀伤力显然更佳。最后，具装枪骑兵也挥舞着悬挂在腰间的钉锤或长剑，在敌群中猛烈砍杀。阵后的具装弓骑兵则伺机而动，或继续近距离射击，或跟随肉搏骑兵使用剑或军刀一起砍杀。

▌上图：拜占庭重型具装弓骑兵

ꓘ　装备钉锤的超重装骑兵

ꓘ　装备骑矛的超重装骑兵（也同时装备剑或钉锤）

ꓤ　重型骑弓手

▌上图：拜占庭超重装骑兵楔形阵图示

真正让这个时代拜占庭铁甲骑兵处于王者地位的，不仅是超重装的装备或精密阵型组织结构，还依靠以大型骑兵阵冲锋但仍保持密集阵型——精确测量的步伐前进冲击的墙式冲锋训练水准，这可以在单位面积上最大地加强杀伤力。当时的人用"马上枪阵"来描述其阵型的齐整。这种战术在当时很少有其他骑兵可以做到，即使是拜占庭帝国，也只有这些精选出来的重骑兵可以做到。有人认为，12世纪时金朝的重具装骑兵"铁浮屠"，也是由于善用同样的冲击方式，而被后世讹传为"连环马"。

总之，这是中世纪或者文艺复兴时期最精锐的骑兵才能做出的冲击方式。在近代则成为西式骑兵的标准化冲击方式，后面的章节会提到这一点。

拜占庭铁甲重骑兵维持楔形阵墙式冲锋，除了训练水准外，大量训练有素的基层军官也是非常重要的。在铁甲重骑兵楔形阵的十二纵深队伍里，无论是在营地还是行军中，每条线都会有一名军官，人数最多的线（也就是第十二线）则拥有两名军官。由于每一支铁甲重骑兵楔形阵，对于整个军队都非常地重要与珍贵，因此他们都在第一长官的统帅下跟随他行军。

超重装、精密的阵型，墙式冲锋，诸如此类条件，让这时代拜占庭铁甲重骑兵具备了一往无前的冲击作战自信。甚至面对敌军"长矛如林"的重步兵密集阵时，他们也毫不在意地从正面直接撕开（当然，这指的是中世纪的重步兵密集阵，不是16世纪文艺复兴时代步兵的超长枪、战戟及火绳枪的组合）。根据征服者时代统军帝王"白色死神"尼基夫鲁斯二世的《军事学》手册，"让铁甲重骑兵楔形阵冲锋，一路保持安静及良好

的秩序。即使敌军的步兵阵线是重装步兵，并且这些步兵在自己的骑兵单位前方列阵，我们的铁甲重骑兵也无须害怕，但应该很冷静地前进，并用楔形阵的箭头瞄准敌军将领所在位置。然后站在敌军骑兵之前的步兵的长矛，将被我们的铁甲重骑兵压碎，同时面对我们铁甲重骑兵的装甲，他们的箭矢、标枪都是无效的。"

铁甲重骑兵大楔形阵也是战场"斩首行动"的常规扮演者。根据《军事学》条例："这是非常必要的，优先于其他一切，检查并观察敌军指挥官在什么地方，以让楔形阵的铁甲重骑兵锁定他……而我们的楔形阵前列必须以正确的阵型、小跑的步伐，粉碎敌人指挥官的所在位置。"

在追击后，《军事学》明确指出铁甲重骑兵或者精锐的重骑兵部队斯科拉瑞不要追击敌人，继续"保持冷静，维持阵型与步伐"。自然有其他骑兵来负责这些事情。

虽然超重装骑兵是拜占庭帝国10世纪后半叶—11世纪上半叶的军事明星，但就像我们在《重骑兵千年战史（上）》提到的，在组

26

成强力的冲击阵型、向前所向披靡的同时，笨重的具装战马在密集阵型中转向不便，比一般的骑兵更需要保护侧翼与后方。这几乎成了当时拜占庭超重装骑兵作战唯一的弱点，如果不算较差的追击能力的话。因此，普通的拜占庭重骑兵突骑兵——多出自于已经建设了近三个世纪的军区骑兵，就必须做超重装骑兵不能完成的事情。虽然超重装骑兵是这个时期的拜占庭军队的象征，但实际上突骑兵的数量要大得多，且在作战中承担非常多的任务。在拜占庭当时标准的军事配置中，一般 504 名铁甲重骑兵配置 5500 名突骑兵。

突骑兵的装备依然是重装的，不过并不太重。他们并非"双重骑兵"，而是以用途被分为"枪骑兵"与"弓骑兵"。枪骑兵有骑矛（很可能短于超重装骑兵的长度，更适合格斗），并装备 0.92 米或者 1.15 米的盾牌。弓骑兵精于射击，他们的副武器是剑或者钉锤，装备札甲与头盔，也可能装备链甲。他们中的每一个人都有一匹额外的坐骑。突骑兵组成的基本单位与 7 世纪的莫里斯时代又有了变化，基本单位是"旗队"（bandon），拥有 50 名骑兵，10 个旗队组成一个 500 人的战斗单位，500 人中有 110 人至 120 人是弓骑兵，剩下是枪骑兵。他们也可能以 300 人组成战斗单位，那么弓骑兵就是 60 名。

突骑兵的灵活是显而易见的。与 7 世纪莫里斯时代一样，他们都有自己明确的位置，诸如包抄者、侧翼防卫者等。特别是其中一支 500 或 300 人，被称为"奔行者"（prokoursatores）的骑兵尤为重要，他们既不同于防卫者，也不同于侧卫，位置很类似足球比赛里中场的"自由人"。当看见敌军前进，就需要他们以伏击与假动作拦截敌

上图： 拜占庭突骑兵中的枪骑兵

人，给他们造成混乱。这种方式与本书上册第十二章提到的虎牢关之战很类似，唐军统帅李世民命令将领宇文士及带三百骑兵，经过窦建德军阵西边，然后向南奔驰，并告诫他："敌人如果不动，你就带兵返回，如果动了，就领兵东进。"

一般来说，当"奔行者"发现敌军阵型并非无序而是有序，且阵型严整地前进时，他们就返回本阵中，分成两个单位，穿过铁甲重骑兵（楔形阵）两边的间隔，并在超重装骑兵背后列阵来保护侧后翼。当铁甲重骑兵发动决定性攻击的时候，"奔行者"必须分出 50 名骑兵，穿过铁甲重骑兵两边任意一边的空地，转移到铁甲重骑兵的右翼，另 50 名奔驰到铁甲重骑兵左边，让敌军远离他们的侧翼，阻止他们转移或者扰乱破坏铁甲重骑兵的冲锋。如果敌军也装备了铁甲具装重骑兵并且用来与拜占庭铁甲具装骑兵交

战，那么奔行者就要上前支援，并且"侧翼包抄者"也从外围迂回攻击，依靠两面攻击来彻底毁灭敌军的王牌。在追击时，超重装骑兵们需要继续保持队形，而奔行者与一些负责支援的骑兵单位必须无情地追击敌军，直到他们完全混乱并崩溃。

另外，拜占庭步兵也较7世纪莫里斯时代的重步兵更加主动。他们在战斗前保护着骑兵阵列，给予骑兵充分支援，配合突骑兵作战。这包括了持矛盾的重装步兵、持超长枪的重装步兵、弓箭手、投石手、标枪步兵以及一些特殊兵种，比如一个人就可以操作的便携式投石器，甚至是elakatia——一种陆军使用的气泵式希腊火发射器。这个时期陆军步兵后勤设备也十分充足，"每两个士兵用一只骡子来运送他们的盾牌和生活必需品，而那些因为长距离行军和疲劳无法靠步行跟上骑兵的步兵，必须每个人都有一只骡子，用来骑乘且携带他们的生活必需品。"这样也保证了步兵跟随骑兵发动快速或远距离的攻击。不过步兵不是本书的重点因此不便详述。

10世纪后半叶，拜占庭帝国在罗曼诺斯二世统治下，其帝国卫队中作战任务最重要的一支——斯科拉瑞（教导团），继续扩大了。它分为东西两支，提供西线与东线两面作战的核心力量。完成这些工作的是后来成为尼基夫鲁斯二世皇帝的名将尼基夫鲁斯·福卡斯。他接任其父充当东线总指挥，打响了拜占庭帝国对东线的全面反攻，并用新式超重装骑兵扩充了本来就是进攻核心力量的斯科拉瑞骑兵。当然，一些稍轻的10世纪初的具装骑兵——那些颈部使用软甲，身穿札甲与锁甲的

▌上图：拜占庭三种骑兵的装备比较。1. 拜占庭轻弓骑兵；2. 拜占庭快速重骑兵（突骑兵）；3. 最重的超重装骑兵

重骑兵也在各帝国卫队中服役。

　　"白色死神"尼基夫鲁斯的主要敌人是阿拉伯哈姆丹王朝，他们的"统治之剑"赛弗道莱被认为是一个难以对付的对手，他的军队装备良好。出人预料的是，哈姆丹与拜占庭军队的相似程度远大于拜占庭与其他邻国之间。不过在武器上，哈姆丹的重骑兵更偏重于阿拉伯式的骑矛，且骑矛的地位似乎更高。当时的诗歌表示"一个丢失了骑枪的阿拉伯骑兵一文不值，即使他保留了其他的武器。"他们的盔甲也往往更偏好锁甲而非札甲，更不是数层复合铠甲。虽然哈姆丹的重骑兵比拜占庭超重装骑兵轻一些，但依然被认为是精锐的，"哈姆丹骑兵的装备可以非常沉重，以至于很难让这样一匹马在炎热的天气战斗"。

　　而且哈姆丹王朝作为阿拉伯世界抵御和反击拜占庭帝国的先锋堡垒，经常发动"吉哈德圣战"，召唤各地的阿拉伯军队进入小亚细亚与东罗马人作战。其中精锐的军队有来自呼罗珊的军队，包括传统的重装步兵与重装弓箭手，还有东方喜欢使用标枪与大盾的德拉米重步兵，以及惯常使用剑而非矛的库尔德骑兵，这些库尔德骑兵常常是重装骑兵。除此以外，突厥古拉姆骑兵往往也会加入队伍，他们装备优良，可能是重骑兵，也可能是弓骑兵。

　　"统治之剑"赛弗道莱击败过尼基夫鲁斯二世的父亲老巴达斯福卡斯，也击败过他的外甥——后来也成为皇帝的名将"蓝眼睛"约翰吉米斯基。但在"白色死神"到来之后，赛弗道莱的好运就到头了。尼基夫鲁斯与外甥约翰吉米斯基联合出击，多次击败这位哈姆丹统帅。虽然阿拉伯吟游诗人仍尽职尽责地为他唱着赞歌，但战场上仍是一败再败。

上图: 10 世纪的拜占庭重步兵装备

上图: 阿拉伯哈姆丹王朝的军队。1. 哈姆丹重骑兵；2. 亚美尼亚前线步兵；3. 马拉蒂亚前线步兵；4. 塞尔柱土库曼弓骑兵

碾碎长矛的铁甲具装：拜占庭黄金时代的超重装骑兵

在一次重大失败中，赛弗道莱仅带了300骑兵逃走。

在这段时间，拜占庭帝国发动了自希拉克略以来最大规模的军事行动。960年，由尼基夫鲁斯指挥，一支由50000人、1000艘重型运输舰、2000艘"希腊火"战舰、300艘补给舰组成的大军进攻阿拉伯埃米尔控制的克里特岛。克里特岛上的阿拉伯军队认为，阻挡拜占庭军队进攻的关键在于滩头，趁东罗马重装步兵刚下船而无法列阵之前，进行箭雨覆盖与袭击。因为一旦列阵，阿拉伯步兵将无法对抗拜占庭军队那队形严整的长矛重步兵。但尼基

上图：冲锋中的拜占庭铁甲重骑兵

夫鲁斯在拜占庭 Chelandion 型大型运输舰船舱中，设计了让骑兵跑动的通道，并在船只前方装上踏板，让他的超重装骑兵从海上直接冲击抢滩。登陆战中，他麾下这些不畏箭雨的重装骑兵从战船上借助通道和踏板直接奔上海滩，冲乱了敌军的阵脚。

当阿拉伯人再次集结完毕发动反击的时候，重装骑兵争取的时间与空间已足够重步兵们列阵完毕，然后大纵深方阵的拜占庭重步兵"轻而易举地击败了阿拉伯人"，并直接进入克里特岛登陆战的陆战阶段。尼基夫鲁斯的这一设计使得本来很可能令拜占庭军队伤亡最大的登陆阶段损失甚微。这种战法不禁让人联想到现代大型两栖攻击舰的登陆突击，令人叹为观止。之后克里特岛被攻克，而拜占庭军队掠夺到惊人的战利品。

后来由于罗曼诺斯二世去世，他著名的美艳皇后赛奥法诺与尼基夫鲁斯结婚，让"白色死神"登上了帝国的皇位。后者于964年继续发动对哈姆丹王朝的进攻，东罗马人连续攻克哈姆丹王朝的城市与堡垒，战线推至陶苏斯一线。他先是设法攻了四周的据点与城市，包括重镇莫普苏斯提亚。这一攻城战中尼基夫鲁斯显示了拜占庭军队中优秀的土木工程学技术。东罗马人在切断陶苏斯的支持与供应后，在965年，再次发动40000大军进攻重镇陶苏斯。

这次，他预料到因为陶苏斯的重要性，哈姆丹军队不会被动忍受困守在城市，因此他一到附近就砍伐四周所有的树木，不让阿拉伯人利用这些作为隐蔽点发动突袭或埋伏，也为自己庞大的重骑兵部队提供冲锋的有利地形。果然哈姆丹军队倾巢出动前来决战，并排成密集阵型。

尼基夫鲁斯亲自带领拜占庭军队在战场

上布阵，部署超重装骑兵在前列，弓箭手与投石手在军队后阵。他的外甥约翰吉米斯基则指挥侧翼庞大的突骑兵，共10000名突骑兵与铁甲重骑兵一同冲击，这可能是这个时代最壮观的一次重装骑兵冲锋。因此，哈姆丹军队的崩溃也在瞬间发生，"当皇帝下令吹号发动冲锋，罗马骑兵以令人难以置信的整齐步伐开始行动。整个平原被他们盔甲的反光照耀。""骑兵保持着精确测量的步伐前进，整个骑兵阵型均在一路小跑，这种小跑是刻意的（为了保持阵型），铁甲重骑兵与他们的马匹均包裹在金属铠甲中，没有呐喊，一直维持着紧密的阵型并全程保持沉默。敌军只能看见连头脸都全部包裹在铁甲中的骑兵在推进。地动山摇的冲锋中，罗马骑兵们却保持着令人诡异的平静，这震慑着四周的敌军，让他们四散而逃。敌军被迅速冲垮，开始向城市逃去，在损失大量的士兵后败退回城内。"不久，陶苏斯宣布投降，而这些据点的丧失标志着小亚细亚地区的全部收复。

之后，尼基夫鲁斯二世继续向东推进，帝国的势力重新进入叙利亚。至969年，东方重要古城安条克被攻克。昔日劲敌哈姆丹又遭到其他阿拉伯势力的趁火打劫，只剩下了一个阿勒颇地区。赛弗道莱的儿子即位后，只能承认是东罗马人的附庸。这时，帝国发生政变，尼基夫鲁斯二世被外甥约翰吉米斯基伙同皇后谋杀，后者登上了皇位。而即位的"蓝眼睛"约翰一世也是一名出色的军事统帅，他继续着前任的军事胜利。

当时罗斯人的势力逐步在南俄草原上壮大。他们首先重创了半岛上的哈扎尔人，接着又击败了当时政局不稳的保加利亚人。壮大后的罗斯势力不再满足与东罗马帝国签订

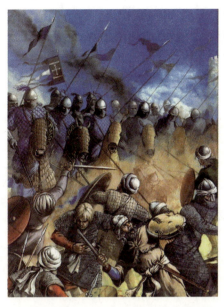

上图： *陶苏斯战役中拜占庭超重装骑兵的大规模冲锋*

的旧约，开始向色雷斯平原扩张。970年，罗斯人联合佩切涅格游骑兵和保加利亚仆从军共30000人，发起入侵。约翰一世派遣小舅子——名将斯科莱鲁前去迎战。由于这次作战是面对纯游牧轻骑兵，因此作战的主力是快速重骑兵"突骑兵"。他带领军区农骑兵10000余人，以伤亡55人的代价大破敌军，斩敌数千人。其具体经过在《战场决胜者001》的《千年帝国的铁骑》一文中笔者有详述。但由于罗斯大公斯维亚托斯拉夫损失的几乎全部是佩切涅格人和保加利亚人仆从军，罗斯正牌军队没有什么损失，所以他仍不以为意。之后，大公将军队加至65000人，继续发动入侵。

于是，约翰一世率领40000拜占庭军队进行迎击，其中就包括帝国卫队的新编制，这就是上文提到拥有张扬的镀金铠甲，以古

波斯或是波斯萨珊帝国同名精锐命名的"不朽军"重骑兵。他没有采用从多瑙河平原地带水陆并进，发动反击的惯常方式。因为皇帝预计罗斯的数万大军将在河流附近严阵以待，用要塞和栅栏进行防御，让拜占庭军队陷入令人厌恶的消耗战。他决定从西面，在东罗马人的礼拜日那天（敌人会认为东罗马人一般不会在节日作战），让主力军队偷偷从保加利亚地区那些崎岖的山路迂回，绕道后方之后展开，抢先在保加利亚地区的普雷拉科夫城，击垮罗斯人的势力。300多艘装备着"希腊火"的大型舰只组成舰队作为佯攻，等到礼拜日之后再大张旗鼓地从东部出发，进攻多斯托隆城，并与迂回的主力军队在那里会师，同时控制多瑙河水道，并让罗斯人以为这些战舰上装满了拜占庭士兵。

当约翰的拜占庭大军顺利钻出山道，展开了密集队形，这个突然性的战略动作确实造成了罗斯人的恐慌，他们在普雷拉科夫城排开阵势迎战东罗马人。这场战争普遍被看成是一场优秀重装骑兵与优秀步兵对抗的交战。罗斯人的斯拉夫步兵在南俄至巴尔干地区的训练程度应该是最高的，装备有可以一

上图："蓝眼睛"约翰一世在狩猎（因为在狩猎，因此部下均较为轻装）。1.约翰一世；2.大扈从卫队；3.不朽军；4.阿贡托普莱仪仗队

直遮住脚踝的大盾，并像东罗马人一样组成纪律严明的阵型，擅长组成"塔"阵。

罗斯人也拥有和东罗马人不相上下，素质很高的标枪手。此外他们还有从北欧特别是瑞典地区带来的精锐——维京近卫军，带有很强烈的北欧维京军事传统，喜爱战斧与阔剑，身穿重甲，力大勇猛，战力超卓。但罗斯人的骑兵是衰弱的，一些罗斯人可以骑乘马匹，却很少用他们来作战。罗斯人军队中的骑兵主要依靠佩切涅格等仆从军来组成。这种情况至12世纪之后才发生变化。

罗斯人的步兵确实被证明与东罗马步兵不相上下，鏖战许久未分胜负。但最终，金光闪闪的拜占庭"不朽军"重骑兵们平举长骑矛，从左翼的猛烈冲锋了结了这一切，罗斯军队在超重装骑兵的枪刺马踏下崩溃逃入城内，伤亡达8500多人。之后普雷拉科夫城被攻克。而之后约翰大军继续前进，和佯攻的部队会合，包围多斯托隆城。

在多斯托隆围城战中，拜占庭骑兵几乎复制了同样的数次胜利，每次都是数量占据优势的罗斯军队进行突围，然后被强大的拜占庭重装骑兵冲垮后逃回城内。在围城三个月后，罗斯大公斯维亚托斯拉夫决定发动最后一次孤注一掷的突围。但约翰一世已经估算到对方的这次行动的规模。在敌军倾巢出动之际，他命令中央阵线迅速做了个假撤退的战术，避开了罗斯步兵的冲击。罗斯军队的攻击非常猛烈，许多东罗马骑兵在罗斯人的标枪下落马。谨慎的皇帝也不愿意假撤退造成的不确定性扩大，迅速派遣"不朽军"向前顶住了罗斯军队的猛攻，并让将领斯科莱鲁从主战线率领突骑兵杀出，迂回至敌军后方进行了包围。罗斯人大败逃命自相践踏，损失高达15000多人。这场战斗之后，斯维

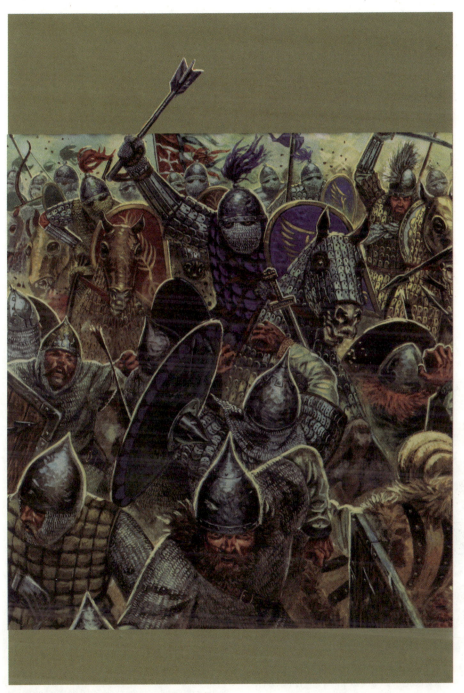

碾碎长矛的铁甲具装：拜占庭黄金时代的超重装骑兵

上图：拜占庭超重装骑兵在冲击罗斯重步兵

亚托斯拉夫就宣布投降，约翰一世则将被削弱的罗斯人转变为帝国的盟友。

976年，约翰一世离奇地死亡之后，罗曼诺斯二世与赛奥法诺所生的"正统"皇帝巴西尔二世刚刚成年，拜占庭帝国陷入了内乱。著名将领斯科莱鲁以及被称为当时帝国第一武士的巴达斯·福卡斯发动了两次内战。利用东罗马人的两次内战，保加利亚帝国重新崛起。著名的保加利亚沙皇萨穆埃尔一呼百应，在得到权力之后很快就合并了保加利亚帝国没有经受损失的西部地区，并首先夺取了北方空旷的地区——保加利亚重骑兵的马源产地。然后他再深入南部，渐渐将除了塞萨洛尼基以外的整个马其顿地区吞并，还包括了阿尔巴尼亚部分。985年，经过长期围困，

上图：保加利亚重骑兵与轻步兵

保加利亚军队占领了拉里萨。拜占庭帝国这时正值两次内战，政局处于混乱之中。

之后，年轻的拜占庭皇帝巴西尔二世率军于986年反击保加利亚军队，却由于缺乏对于高级军官的掌控在"图拉真"门被打得大败。之后998年，萨穆埃尔又征服了塞尔维亚公国，使保加利亚帝国的疆域甚至超过了昔日的西蒙大帝时代。

这次失败与第二次巴达斯·福卡斯发动的内战，几乎让"正统"皇帝巴西尔二世陷入了困境。不过他得到了皇家卫队以及皇家海军的支持，得以对抗来自安纳多利亚与卡帕多西亚军区的福卡斯叛军。然而，在那个时代，就如同尼基夫鲁斯二世向东征服的时期一样，东部大军区也拥有超重装骑兵楔形队，足以对抗皇家卫队的精英重骑兵。再加上整体数量优势，叛军在陆上占据上风。

不过，巴西尔二世与当时罗斯大公弗拉基米尔的联姻，让他获得了后者所有的维京

上图：989年巴西尔二世与巴达斯·福卡斯决定性一战。
1. 瓦兰吉贵族战士；2. 罗斯战士；3. 瓦兰吉卫队军官；
4. "第一猛将"巴达斯·福卡斯

近卫军——瓦兰吉卫队 6000 人。依仗这支用拜占庭帝国装备武装起来的、精锐且对皇帝忠贞不贰的维京重步兵，巴西尔二世亲自发起对福卡斯叛军的反击。他率领他们先在 989 年初赫里索斯山发动突袭，歼灭了叛军的分遣队；再在同年 4 月，指挥皇家海军使用"希腊火"战舰，袭击叛军控制的阿拜多斯港口，上演了一出拜占庭版本的"火攻赤壁"。阿拜多斯防守的皇家军队也里应外合出击，给予叛军沉重打击。绝望之中，勇猛的巴达斯·福卡斯率领他的精锐"格鲁吉亚卫队"，对巴西尔二世的本阵进行赌博式冲击，期待以杀死皇帝来挽回败局。巴西尔二世则率领皇家军队与瓦兰吉卫队坚决顶住敌人。在激烈的肉搏战中，巴达斯·福卡斯摔下马阵亡。

巴西尔二世通过迅速的平叛战争胜利，重新确立了自己的军事威望。之后他通过亲自训练军队，亲近军人，保护和抚养那些已故军官们的后代，负担他们的食物、住房和教育来得到军人的信任。他被士兵们称为"军队之父"。整个欧洲最专业化的重步兵及最强大的重骑兵集中在他的手中。作为尼基夫鲁斯二世与约翰一世的继任者，他也走上了征服者时代的统军帝王之路。

东方哈姆丹势力衰败之后，与拜占庭帝国争夺叙利亚的就是在约翰一世时代兴起的埃及法蒂玛王朝。根据记载，强大的埃及法蒂玛王朝在突厥系军人以及拜占庭重骑兵的影响下，在 991 年的开罗阅兵仪式上，出现

上图: 995 年巴西尔二世于东线大败法蒂玛军队

了人马俱甲的重骑兵。他们经常和保加利亚帝国进行东西两面的同时进犯，让拜占庭帝国首尾难顾。994年，拜占庭将领在东方被法蒂玛军队于奥伦特斯河击败，后者接着围攻拜占庭帝国的边界缓冲区域阿拉伯附庸阿勒颇城。巴西尔二世在995年立即率领40000人军队，动用了80000匹马与骡马，从首都君士坦丁堡以十六天的高速行军，穿过了整个小亚细亚，出现在法蒂玛军队面前，将其击退。这支以超重装骑兵与瓦兰吉卫队为核心的拜占庭军队并不罢休，又攻克了叙利亚的霍姆斯城和阿帕梅亚城并大肆劫掠。999年，拜占庭将领在叙利亚，中了法蒂玛军中贝都因人的伏击遭到失败。巴西尔二世再次重返东线，攻城略地，一直打到的黎波里城下，

上图： 11世纪初，拜占庭皇家卫队中的超重装骑兵

让法蒂玛被迫与拜占庭帝国签订了和平条约。

在巴西尔二世对东方作战时，保加利亚军队趁机向东罗马人进攻。拜占庭皇帝将一支以西部斯科拉瑞（教导团）骑兵为核心的军队交给他的好友——杰出将领乌拉诺斯。这支军队在997年的斯帕切尔斯河，大败萨穆埃尔亲率的军队，甚至沙皇本人都受了重伤，被迫停止向拜占庭帝国的进攻。之后东罗马人与法蒂玛签订条约，后者王庭出现政局动荡的更替，这些都让巴西尔二世可以集中兵力对西线作战。

1000年，巴西尔二世亲自率领大军，包括他的禁军步兵"瓦兰吉卫队"，进攻地形复杂、树木茂盛的保加利亚西部地区。前进目标依然是拜占庭皇帝在16年前遭到失败的索菲亚城。巴西尔二世为避免像上次一样遭到伏击，没有采取长驱直入的计划，而是步步为营，先一个个摧毁索菲亚城附近的保加利亚堡垒，建立起自己的，用堡垒战向前推进。萨穆埃尔因为自己一部分军队还留在塞尔维亚，认为这种方式也对自己有利，可以有时间调动驻扎在塞尔维亚的保加利亚军队防御索菲亚城。

但事实上他被欺骗了，拜占庭皇帝的真正目标是保加利亚的北方地区——重骑兵的产马地。保加利亚无论是之前彪悍的克鲁姆大公，还是西蒙大帝，均以此地为核心马匹供应地，对拜占庭帝国发动攻击。巴西尔二世在索菲亚城四周建设的堡垒，看似是为了攻城使用，实际是为了切断保加利亚西部对于东部产马地的支援。

1001年，皇帝给予他麾下将领尼基夫鲁斯·西菲亚斯一支强大的军队，让他与之前看似在防守普拉迪夫的格鲁吉亚裔老将西奥多卡努斯一起统领，突然进击色雷斯北部和

多瑙河下游地区。这支军队的核心力量就是精锐的西部教导团（斯科拉瑞）。保加利亚帝国东部区域、色雷斯平原北部大都为山区与平原结合的地形，适合拜占庭超重装骑兵发挥他们强大的战力。

显然在数量与质量上，9—10世纪初称霸东欧的保加利亚重骑兵已经无法抵御西部教导团那些可怕的超重装骑兵楔形队。很快，保加利亚帝国的重镇——大、小普里斯拉夫，在闪电般的攻击下纷纷失守。不久，老首都普里斯卡也被西菲亚斯以迅猛的攻击夺取，拜占庭军队控制了整个多瑙河下游。到了1003年，萨穆埃尔亲率军队，企图围攻拜占庭帝国重镇阿德里安堡，诱使巴西尔二世返回。但后者不为所动，继续围攻"多瑙河上的铁门"维丁城并使其陷落，更在斯科普里以逸待劳大败急行军赶回的萨穆埃尔。这时候匈牙利军队也趁势参战，帮助显著取得优势的拜占庭帝国。保加利亚帝国东部的军队成为孤军，在1004年全部被消灭，而重要的重骑兵产马地也因此而沦陷。

虽然保加利亚第一帝国此后又坚持了14年才被巴西尔二世完全征服，但他们威胁东罗马人的能力实际上在1004年产马地沦陷后就大为降低了。保加利亚资料表明，之后萨穆埃尔的军队尽管数量仍很庞大，但几乎完全依靠西部茂密的丛林或山谷间建设的防线，才能阻止拜占庭军队的攻击。萨穆埃尔虽然也尽力集结其精锐发动反击，但力量已经较为有限。1014年决定性的克雷西昂会战中，萨穆埃尔的防线被巴西尔二世统领的拜占庭军队突破，失去防线保护的保加利亚大军随即被潮水般进击的拜占庭重骑兵淹没，几乎遭到覆灭的命运，而沙皇本人也因此心脏病突发而死。

但这种极易遭到伏击的地形，确实不适合拜占庭军队进行快速作战。甚至在1018年，西部斯科拉瑞教导团重骑兵还遭到了保加利亚新沙皇约翰·弗拉迪斯拉夫的伏击。但巴西尔二世立刻亲率军赶到，将保加利亚军队击溃，被包围的斯科拉瑞骑兵也转而成为追击者。保加利亚帝国在此战之后宣布投降。

这个时代，拜占庭重骑兵也出现了一些新的变化。巴西尔二世在996年与1004年颁布了保护小农与农兵的法令，致力于保护军区制度。在巴西尔二世统治下，帝国充足的国库也再次提升了军队的装备，各军区提供的重型骑兵可能更多了。这可以从一系列重要文献中得以了解：在960年左右，尼基夫鲁斯二世时代所著的《前哨袭扰战》中，参加劫掠的骑兵还仅限于普通的突骑兵，宝贵的具装骑兵不可能参与这样的战斗。而根据当时他所著的《军事学》中的铁甲重骑兵章节，楔形阵中还不能保证全部是具装骑兵，"如果他们中有轻一些的骑兵，他们必须被布置在铁甲重骑兵里面"。而且铁甲骑兵楔形阵有时无法达到504人而只能采用384人的队伍。"如果这样的人数无法达到，那么

上图: 1014年的克雷西昂之战，巴西尔二世在审问战俘

碾碎长矛的铁甲具装：拜占庭黄金时代的超重装骑兵

11世纪初的拜占庭铁甲重骑兵在冲锋

■上图: **11世纪初一名拜占庭超重装骑兵, 很可能来自军区骑兵并且已经脱产。家人或者侍从正在准备他的装备**

阵型就必须更加适度。"

到了巴西尔二世统治时期, 大约1000年, 皇帝的好友——名将乌拉诺斯改写了尼基夫鲁斯二世的《军事学》而成为《战术学》。在第63章《劫掠》中谈道: 铁甲重骑兵在满足了大楔形队战斗需求后, 其他40或50名铁甲重骑兵可以从超重骑兵队列中分出来, 将他们的重装甲马留给辎重队保管, 更换马匹与其他轻一些的骑兵一起行进劫掠。显然他们由于过硬的军事素养, 极其优异的装备可以充当劫掠队的重击打力量。这同时也说明铁甲重骑兵的充足, 因为在超重装骑兵满足楔形队需要之前, 是不会调配给劫掠队使用的。

此外, 铁甲重骑兵楔形阵中有轻骑兵的内容被抹去了, 转而换成其中放置标枪骑兵。且这种标枪骑兵配备着铁钉锤或者剑, 还拥有盾牌, 这很可能是一种重型具装标枪骑兵。他们的标枪很可能在冲阵时能比弓箭发挥更好的近距离火力掩护作用, 类似上一章提到的法兰克列塔尼重骑兵, 应该也具备较强的近战能力。

如果说超重装骑兵是当时拜占庭帝国最引人注目的骑兵, 那么瓦兰吉卫队就是当时帝国中最传奇的步兵。在988年纳入巴西尔二世麾下成为帝国禁军之后, 这支勇猛的维京重步兵在各地作战, 也屡立奇功。特别是在超重装骑兵不能充分施展的地形, 诸如在保加利亚西部丛林, 或者格鲁吉亚山区, 他们都发挥了重要的作用。1018年, 在巴西尔二世消灭保加利亚第一帝国的同时, 他的一支分遣军在能力超群的年轻将领 "巴西尔三世" 巴西尔·博雅尼斯的统领下前往南意大利小伦巴第地区, 对付新的入侵者——诺曼人。

巴西尔·博雅尼斯的这支拜占庭分遣军是以北欧人组成的瓦兰吉卫队为核心, 有趣的是他们的对手诺曼人与瓦兰吉人是同宗, 之前同样是劫掠欧洲海岸的维京人后裔。只不过, 瓦兰吉卫队是从北欧地区进入第聂伯河, 然后进入黑海, 最后到达君士坦丁堡担

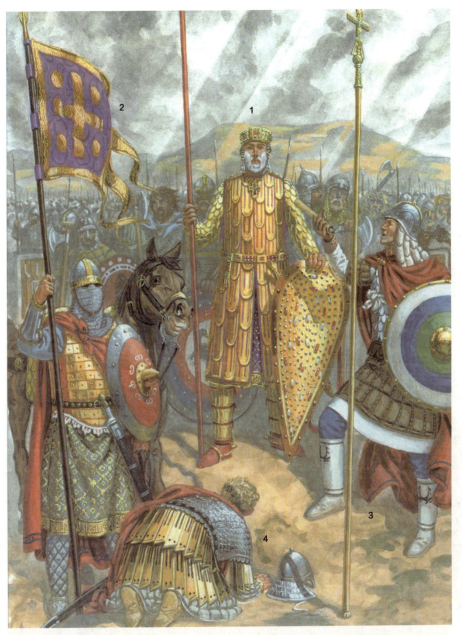

碾碎长矛的铁甲具装：拜占庭黄金时代的超重装骑兵

上图： 1. 被瓦兰吉卫队簇拥在中间的巴西尔二世；2. 拜占庭重骑兵掌旗手；3. 瓦兰吉卫队军官；4. 格鲁吉亚重骑兵

任皇帝的步兵禁军。而诺曼人则是在911年入侵法兰克王国，使得国王"傻瓜"查理三世与他们签订了条约，夺取了诺曼底地区。之后诺曼人除了拥有传统的、无与伦比的快速渡海能力，也采用了与法兰克相似的重骑兵战术。诺曼人的战船经常载着他们的骑士发动远距离入侵。他们的骑士与当时的法兰克骑士相比，装备相似，却有更加鲁莽的气质、蛮勇的好战精神，号称当时西欧最强大剽悍的骑士。

瓦兰吉卫队与诺曼骑士的第一次大会战——历史上1018年的第二次坎尼会战，胜利却属于步兵，即更加凶猛的瓦兰吉卫队。博雅尼斯几乎全歼了诺曼人的军队，两名诺曼统帅全部战死沙场，整个诺曼军队竟然只有10个人活了下来。史料记载"这场战役是

如此血腥，以至于早已忘记汉尼拔的当地人，至今仍称呼这片皇帝军队取得胜利的土地为pezzo disangue（血海之地）"。但记录者并不能预料，诺曼人对拜占庭帝国的侵袭才刚刚开始，当半个世纪之后帝国衰落混乱之际，诺曼骑士反而崛起，进化出一种新的骑兵冲击技术，震撼了整个拜占庭帝国西部地区，并引领整个欧洲重骑兵的冲击模式。

博雅尼斯在1022年继续他在意大利南部的胜利，甚至击败了神圣罗马帝国皇帝亨利二世率领的三路大军。巴西尔二世在1021—1022年对格鲁吉亚阿布哈兹王国的战争，最终也以胜利告终。或许拜占庭皇帝还想与博雅尼斯一起收复西西里岛，但死亡终结了他的征服之路。他1025年去世之际，帝国的国库存量是20万金镑，核算成帝国金币为1440

上图：典型的"征服者时代"拜占庭军队的战斗状态

万诺米西玛金币。他还留下了一个从亚美尼亚山脉至亚得里亚海、从幼发拉底河至多瑙河的庞大帝国。

为这位"军队之父"保卫这个庞大帝国的是无数强将与大量精锐的军队。如前所说，在他的时代，在一些国家看起来极其昂贵的超重装骑兵，在东罗马帝国甚至多到在满足了冲击楔形队使用后，还能分出一部分更换轻装战马加入劫掠队。当时的拜占庭军队拥有了几乎最好最完善的军事装备与战术。拜占庭帝国的"征服者时代"也达到了顶峰。

征服者时代象征着拜占庭帝国的英雄时代，但他的结尾也象征着另一个时代。在开启另一扇时代大门前，让我们转而观察与东罗马帝国征服者时代同期的远东地区。唐帝国灭亡后中国处于长期的混战中，北方少数民族再次崛起。在那里，宋与北方的辽、西夏、金长期对峙。这个时代中国的铠甲锻造技术也达到了札甲时代的高峰，因此北方政权受益匪浅，创建了自己强大的重骑兵⋯⋯

第三章

远东的超重装顶峰

辽、宋、西夏、金的铁甲具装骑兵

敌金军有"四长，曰骑兵，曰坚忍，曰重甲，曰弓矢"。

——南宋名将吴璘对于金军重骑兵的评价

宋朝的结构与唐是非常不同的，南部由于建设而造成了人口的大量增加，并且促进了财富与社会流动性的增长。对南方经济的大规模开发也促使海外贸易发达，甚至出现了一些历史学者认为的所谓"现代式"城市。北宋的首都开封与后来南宋的首都临安都拥有超过 100 万的人口。城市中有各种社交的场所和娱乐，甚至拥有现代社会才出现的难民收容中心。但社会文化的丰富与税收财富的提高并未使宋朝拥有强大的军事力量。相反，出于对唐朝后期藩镇将领佣兵自重把握政权的混战局面的忌惮，宋朝大部分统治者严重地削弱军人的政治地位，主要确保军队无法威胁到帝国，并不会脱离帝国的控制——这当然是以牺牲军事能力的有效性为代价的。

事实上，宋太祖赵匡胤的"杯酒释兵权"并未开始宋朝文人统治军队的开始。作为开国皇帝和灭掉南方大量割据势力的优秀军事统帅，并即将面对北方已经崛起的强大游牧政权——契丹，他显然明白军人地位过分降低会产生的后果。他在政略中确有大幅度加强中央集权，特别是对于禁军的控制。但由于他本身就是统军帝王，拥有较高的军事威望，因此这个策略当时没有过分地削弱北宋应有的军事力量。就如同 8 世纪拜占庭帝国的君士坦丁五世时期，强化中央禁军也并未使当时的拜占庭帝国军事实力走向衰弱一样。在宋朝早期，"重文轻武"的状态并不是明显的，所以如大将曹彬一样可以临机专断，独立带兵，而大将潘美也拥有较高的战场指挥权。因此对于石守信等大将的"杯酒释兵权"更多地是一些人事上的调整，而非对整个军人集团的打击。

宋朝军人地位大幅度下降是自宋太祖的

上图：宋太祖赵匡胤

弟弟宋太宗开始的。他即位的疑点颇多，很多人都认为他是谋杀了拥有较高军事威望的兄长才登上了帝位。而且，宋太宗本人几乎没有任何军事才能。为了巩固自己的地位，他对并不很愿意服从他的军人集团进行管理结构上的控制。这种软打击是通过授予对军事几乎不了解的"文人"崇高的监军地位，以控制军事将领指挥来完成的。这些"文人"不同于过去汉至唐那些虽然不亲自披挂铠甲冲锋陷阵，但拥有较高军事素养与军事知识，在作战时为统帅出谋划策的文职军事参谋。取而代之的是预防军事将领叛乱与干扰将领指挥，自身却缺乏军事知识与能力（当然这会更安全）的文官。他们显然对于作战本身是没有任何益处的，并极大地打击了军人的积极性。

有趣的是，并不擅长军事的宋太宗为了纠正自己并非名正言顺即位的事实，企图以军事胜利来提高自己的军事威望。在仓促之际，他非常贸然地发动对北方强大的契丹族建立的王朝——辽朝的进攻。这种主动攻击就连身经百战的宋太祖赵匡胤都是极力避免的。979年的高梁河之战最终以惨败收场，宋太宗乘坐驴车仓皇逃离了战场。这场战役也极大影响了之后的走势，北方辽朝始终用强大的骑兵威胁着宋朝的安全，让后者不断以贡献礼物来求得和平。

之后的宋朝皇帝也大都没有统军才能。但有意思的是，根据宋朝的制度，军队的管理权虽然在文官手中——当然他没有能力来控制军队——但控制权依然在皇帝手中。而正因为皇帝很少带领军队，战场上宋军就得不到统一的指挥，所以宋朝虽然拥有较唐朝更为庞大的军队，但战绩却差强人意。

上图：宋朝军队

其实，宋朝军事最主要的问题在于军事制度结构，并且这个结构问题延伸至整个政略甚至文化上，产生了"消极防御"的思维影响才是最为关键的。虽然同时缺乏良马资源也是一方面原因，但不是主要原因，甚至就连这个因素归根结底也是由于军事制度结构造成的。实际上宋朝的骑兵建设也经常提上建设议程。依靠建设马监，或依赖购买，宋真宗时期也曾做到马匹数量20万匹，"且骑兵之多者布满川谷"。但骑兵训练则让人失望，"而用之有限，苟墙进而前，小有不利，则莫之能止"，仅再过了30年，骑兵训练已经"其间有不能被甲上马者，况骁胜、云、武二骑之类，驰走挽弓不过五、六斗，每教射，皆望空发箭，马前一、二十步即已堕地"，到了令人发指的地步。马匹数量在1075年也降至30000匹。因此骑兵建设波动非常大，总体上是失败的。

相比之下，13世纪兴盛在埃及的马穆鲁克王朝，统治一个整体气候炎热的地区，同样也很少有"地气高凉"的养马区。即使是其最重要的产马地叙利亚地区，也缺乏广阔的牧场，所以只能饲养习惯食用饲料而非草料的马，并同时大量购买阿拉伯、北非，甚至是印度的马匹。但作为一个农业王朝，埃及王朝依然在处于农业区核心地带的首都——开罗地区建立了巨大的梅丹马哈骑兵训练场，开罗附近和其他城市中也建设了各种骑兵训练场。直至王朝灭亡，马穆鲁克的骑兵训练都被看作是一个重要的传统与骄傲，是每一个大城市中最吸引观众的运动。同样作为农业王朝，它和"重文轻武"的宋朝具有完全不同的军事文化走向。

另外，尽管在当时拥有世界上最强大骑兵队伍的蒙古军队面前，马穆鲁克一样处于整体防御的姿态，但绝不是消极防御。面对蒙古，先天的资源不足让马穆鲁克的精锐骑兵大部分

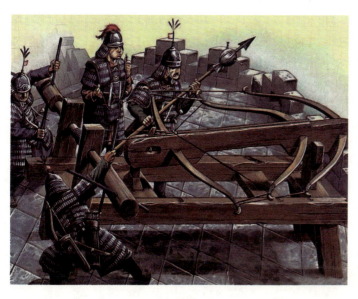

左图 比起使用重骑兵，宋军（特别是北宋）更偏重于使用远程武器

也只有一匹马——但这并不妨碍他们成为优秀的骑兵。他们从 1256 年开始多次在大规模骑兵战中击败了当时如日中天的蒙古西征军的入侵。因此，宋代的骑兵建设问题最主要还是来自内部。

这种消极防御的政略以及"重文轻武"的文化趋势，影响了宋骑兵及重骑兵的建设与发展。在这种战略下，宋朝主要依靠原有的控制区域及贸易渠道来获得马匹资源。西北地区就是宋朝非常依赖的马匹来源地，特别是贸易来源。但在 982 年，宋太宗糟糕的政治策略使得这个地区的党项族人走向独立并且与宋朝为敌，宋军企图"平叛"也以失败告终。之后党项人建国，北宋则无可奈何地承认这个被称为"西夏"的政权。该政权之后也组建了自己强大的骑兵队伍，特别是著名的重骑兵队伍，威胁着宋朝的安全。最令宋朝厌烦的是，西夏王朝占据了河西走廊，阻塞了前往中亚与西亚这些骑兵与马源发达

地区的交流通道，截断西域向宋朝的入贡，同时禁止西域诸部向宋朝卖马，使本来良马资源受限的情况更加雪上加霜。宋朝在早期赵匡胤时代从西部雇用这些少数民族弓骑兵参战，但被西夏击败，丧失这些通道以及西部与北部地区后，这些骑兵来源也数量大减。换句话说，宋朝军队主要是由于自身军事制度与军事失利才造成了骑兵水平的低下，而不是相反。

之后，宋朝转而向当时已经从帝国分裂为各个部落的吐蕃购买马匹，政治家王安石主张与他们发展更为紧密的合作关系。之前，在唐朝中后期，中原的战马很大一部分来自于和回鹘的"丝绸—马"交易，之后"茶—马"交易也盛行起来。宋与吐蕃就是进行着茶马交易，这种模式甚至一直持续至明朝。但这显然不能够支持宋与辽、西夏这样的骑兵强国的战争。到了南宋，甚至云南地区的战马也被购买用于战场。当然，这些马匹很可能

较蒙古马更矮小，并不太合适作为重骑兵坐骑使用。

　　宋军的战马相对北方政权质量较差，数量的缺乏较为严重，个别配马可以达到70%至80%的骑兵部队，已经算是战马配置较好的了。很多骑兵部队有一半以上的人没有马匹，编制为骑兵却没有马匹是常态。这与北方地方政权辽朝的"每正军一名，马三匹"，西夏骑兵"凡正军给长生马、驼各一"，以及金朝骑兵"备养副马"形成了鲜明的对比。

　　宋军骑兵的武器种类繁多，很多武器都根据个人的使用喜好出现在战场上。其中包括西方人认为的各种名目变形的与特殊功能的戟，宋朝称为"双钩枪""单钩枪""环子枪"①（在西方军事研究中，宋军的戟与我们在《武经总要》中看见的各种枪一般都算做戟）。宋骑兵的副武器有各式各样的刀剑与钝器，还使用弓箭，也使用被称为"旁牌"的盾牌，一般是圆盾，固定在左臂上。

　　作为富足的王朝，宋朝并不缺乏盔甲，其

上图： 北宋具装重骑兵

<hr>

　　① 当时骑兵用的三种枪，有的在枪锋之侧附有倒双钩或倒单钩，有的在柄附有环，便于骑兵在马上扎刺敌兵，又可将刺中的敌兵倒钩下马。

重铠形制延续唐代的札甲并且有所改进。北宋拥有自己的铁甲重装骑兵，根据《武经总要》记载："马装，则并以皮，或如列铁，或如笏头。"在这个时代，本来就不占主流地位的一体式马铠似乎完全消失了，五件套式的分体式马铠成为主流，其以皮或者皮革上编缀铁片（鳞甲马铠）构成。在《翠微先生北征录》中，也提到了南宋时代马铠改进的设计。作者华岳很多设想和建议都是建立在调查研究基础上，具有一定的实用价值，可惜没有得到推广。

或许受辽影响，宋军也用"铁林军"这一称呼来指代自己的铁甲骑兵。但宋朝"铁林军"与辽、西夏及金的铁甲重骑兵相比，战绩乏善可陈。这很可能与训练有关。宋代骑兵早期训练更重视马上的射击，根据《续资治通鉴长编》，宋神宗下诏，"马步军并以十分为率，马军一习枪刀，余习弓。"也就是说，只有十分之一的骑兵练习的是肉搏战。问题是，这些骑弓手并非像北方政权那样也拥有一定的近战能力，往往不兼习其他兵器，结果在短兵相接的时候束手被害。

而作为宋朝敌人，精于"弓马"的金朝骑兵反倒是非常重视冲击与肉搏。"每五十人为一队，前二十人全装重甲，持棍枪，后三十人轻重操弓矢。"到了南宋初年，也许面对金朝重装骑兵可怕的压力，宋军骑兵对肉搏武器的训练重视性有所提高。根据《文献通考》，"高宗建炎元年，始颁密院教阅格法，专习制御铁骑，摧锋破敌之艺，习全副执带，出入短椿伸臂弓，长柄膊刀，马射穿甲，施用棍棒。"

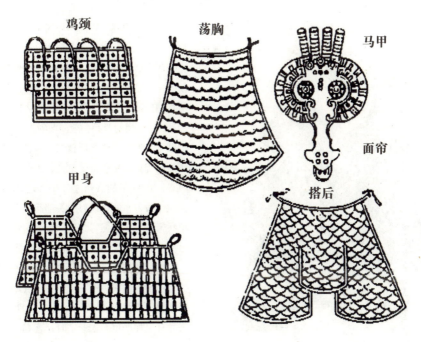

鸡颈

荡胸

马甲

甲身

面帘

搭后

上图：宋军马铠

北宋时期唯一可以称道的骑兵部队就是驻扎在西北的禁军。因为地理位置的重要性，帝国将非常有限的马匹供应给他们。因此北宋西军骑兵装备是优良的。很多能力卓绝的名将，诸如狄青、种谔、种师道（即为《水浒传》中鲁提辖钦佩的"老种经略相公"）等多出自西军。西军中的本土军队由于长期处于战争状态，作战素养也较其他宋军本土军队更高，而西军中还有较为精于弓马的北方少数民族骑兵。北宋名将狄青也曾动用他们来作战，"蕃落擅射，耐艰苦，上下山如平地，青卒用骑兵破贼。"

西军在 11 世纪后期对西夏的战争中表现出色，西军骑兵也对西夏军取得胜利，而非仅仅依赖北宋当时一贯的步兵与堡垒推进，扭转了宋夏战争中宋朝的被动局面。但他们也无法挽救北宋末年腐败的中央政府。第一次开封之

上图：北宋西军精锐具装骑兵

战，当金军统帅宗望得到宋朝求和的金帛撤退时，皇帝宋钦宗甚至禁止种师道追击"满载而归"的金兵军队。较为僵化而消极的军事制度也严重影响了这支精锐部队的作战，比如太原之战中，各自为政、没有统一调度的西军被机动力较强的金兵骑兵拖垮并各个击破。至南宋初与金朝 1130 年的富平之战，西军主力几乎损失殆尽。

当然，宋朝军队实际上在军事技术上较之以往朝代依然有许多进步，比如海军的新型舰船。宋朝在 10 世纪就建立了一支强大的海军，而现在一般认为真正意义的中国专业化海军最早是在 12 世纪由南宋建立的，且与战绩令人失望的陆军相比，南宋海军在对抗北方政权入侵时屡战屡胜，直至 13 世纪的崖山之战中才败于当时已经无法阻挡的蒙古帝国。

宋朝陆军作战风格与帝国的制度与资源一致。宋军的重步兵虽然有非常重装的札甲，但是他们并不像罗马军团一样属于"攻击型重步兵"。宋军步兵中绝大多数都是远射兵种。弩在宋代发展非常巨大，不同于唐代的弩兵，宋朝的弩兵是专业性的远程射击兵种，他们一般不参加肉搏，而依靠射击阻挡敌人甚至是骑兵的冲锋。宋朝的弩兵一般向前射击，然后转身，隐藏于大型盾牌阵之后重新装填，精英的弩手作为远程狙击手非常受重视，也获得了极高的声誉。1004 年的澶州之战中，辽朝名将萧挞凛就是被宋军的弩箭射中头部而死亡。无论是单兵弩还是各种强弩，比如著名的强弩"神臂弓"，都由国家军械库设计并大量生产。

南宋的步兵占据比重更大，非正规军几乎完全由步兵组成，而正规军的步兵比例也达到了 70%。南宋骑兵延续了北宋时期的缺乏状态并且更加严重。宋孝宗时，著有《翠微北征录》的华岳就上书，"御骑折未得其具"以及

远东的超重装顶峰：辽、宋、西夏、金的铁甲具装骑兵

上图： 宋金海战，宋军占有明显优势

"马政未备"。宋光宗时，殿前副都指挥使郭杲奏："本司应管战马一万七百匹为额，比之元额，见阙二千二百余匹。"也就是说，殿前司（一般应该是最精锐的重骑兵）骑兵约占总兵力的七分之一，仍有五分之一的骑兵没有战马。宋宁宗时，江州都统司兵力10000人中，"马军合用披带马一千六百八十匹，目今不及千匹"。当时在江南地区的马政也较为失败，于是只能大量从广西、四川及云南购买马匹。

与宋军相比，北方少数民族政权辽、西夏与金都建立了强大得多的骑兵部队。面对宋军以步兵及步兵弩手为主的军队，"披坚执锐冲坚阵"的需求就很大，于是三个北方政权的重骑兵往往都倾向于人马俱甲来作战。辽朝是契丹族强大起来后，在10世纪初建立的中国北方地方政权。它利用中原地区的混乱局面，前后攻灭了后唐与后晋，之后始终为北宋的大敌。辽朝的本族军队主要是骑兵，步兵则主要由汉人与渤海人构成。在主力军队编制中，御帐亲军、宫卫骑军都是辽朝最精锐的部队，御帐亲军相当于晚期罗马帝国的直卫军，而宫卫骑军则有些类似晚期罗马帝国的斯科拉瑞，属于皇帝、皇后的私人骑兵卫队。辽朝骑兵中最令宋朝畏惧的就是他的重型具装骑兵，根据辽史，"人铁甲九事，马鞯鞴，马甲皮铁，视其力"。值得一提的是，除了如前所说，其铁甲重骑兵被称为"铁林军"外，"铁鹞子"一开始也是辽朝骑兵的称呼。

"铁鹞子"最早的称呼来源于辽太宗的禁卫部队中，就有"左铁鹞子军详稳司、右铁鹞子军详稳司"。根据资料，"契丹军谓精骑为铁鹞，谓其身被铁甲，而驰突轻疾，如鹞之搏击鸟雀也。"说明这些重装骑兵在披挂重铠具装的条件下，依然可以快速奔驰，足见其坐骑的优良。另，"铁林军"这个称呼，也是出自辽太宗的精锐部队。在《辽史·百官志二》中，铁林军详稳司是与左铁鹞子军详稳司、右铁鹞子军详稳司并列的一支铁甲骑兵。辽朝铁甲骑兵在对宋作战时，"未遇大敌，不乘战马；俟近敌师，乘新羁马，蹄有馀力"，以保证战场上坐骑的马力，来发挥他们战场上的力量。辽军骑兵既使用长骑矛，也使用短骑矛，且偏爱一种被称为"骨朵"的打击兵器。其在木柄的前端安装上石质或金属的头。这种钝器在西方同时代被称为"晨星"锤，与一般意义上的"钉头锤（mace）"是一类，稍有区别。

不过，虽然辽朝拥有庞大的战马种群与强大的具装铁骑，但从司马光的记载来看，辽朝骑兵整体战术似乎更偏重于骑射。在作战时，辽军最前方的骑兵是不穿衣甲的轻骑兵（很可能来自众部族军），中型骑兵处于阵中央，重装骑兵作为预备队放置在后方，而且所有的骑兵都擅长于骑射。因此辽军中的"铁鹞子"或"铁林军"的用法，可能很类似同一时期西亚和中亚塞尔柱突厥军中的古拉姆重骑兵或阿斯卡瑞贵族骑兵，即配合庞大的弓骑兵集团使用，到了决定性时刻再投入作战。北宋大臣夏竦说他们，"利于骑斗，挫于步战，便于弓矢，拙于剑戟。"骑兵战术也"轻而不整"。辽军几次著名的对北宋军队的大胜，例如幽州之战，都是利用自己骑兵的机动性优势吸引北宋大军进入难以维持给养的地区，使得对方后勤补给线吃紧，再不断地袭扰，最后再伺机发动反击，从而取得决定性胜利。"成列不战，退则乘之。多伏兵断粮道"，很类似《重骑兵千年战史（上）》第一章斯基泰骑兵面对波斯大军入侵时的战术。

在西北方崛起的西夏虽然国力与军力不如辽，但很可能拥有更有利的马匹资源。他们的重装骑兵较辽来说，似乎更强调冲击作战。

远东的超重装顶峰：辽、宋、西夏、金的铁甲具装骑兵

上图：1. 辽朝的御帐亲军重骑兵；2. 辽朝将军；3. 部族辅助骑兵

57

西夏11世纪左右对于中国铠甲制造技术的贡献是巨大的，当时西夏铁甲骑兵的重札甲采用了冷锻技术，以"瘊子甲"最为著名，"甲皆冷锻而成，坚滑光莹，非劲弩可入。"冷锻的甲片避免了热锻时因氧化造成的表面粗糙的缺点，使甲片具有较强的硬度，又具有表面光滑的优点。据说这种铁甲，能抵御五十步外的强弩。西夏重骑兵与辽一样使用骑矛，但在短兵器上，似乎更倾向于使用铁剑。锋利的"夏人剑"与"瘊子甲"一样闻名，制作精良，锋利异常，甚至被称为"天下第一剑"，连北宋皇帝宋钦宗都佩戴"夏国剑"作为佩剑。

作为西夏重骑兵的代表，"铁鹞子"之名虽然来于契丹，但西夏的"铁鹞子"较辽的更为著名。根据秦凤路经略使何常的描述，"有平夏骑兵谓之'铁鹞子'者，百里而走，千里而期，最能倏往忽来，若电击云飞。每于平原驰骋之处遇敌，则多用铁鹞子以为冲冒奔突之兵。"

1082年的永乐城之战，宋军由于消极防御，没有在"铁鹞子"渡河时袭击西夏重骑兵。结果渡河完成后，西夏重骑兵凶猛的冲击直接击垮了宋军阵列，造成后者溃败以至于城池失陷。西夏军重装骑兵偏好冲击这点在很多记载都有体现，"用兵多立虚砦，设伏兵包敌，以铁骑为前军，乘善马，重甲，刺斫不入"，其重骑兵"用钩索绞联，虽死马上不坠"。即将骑兵用铁链固定在马背上防止坠马，即使骑士战死也不会摔落。

在崎岖或者骑兵不宜展开的地形，西夏军则使用另一种步兵"步跋子"，上下山坡，出入溪涧，能"瑜高超远，轻足善走。山谷深险之处遇敌，则多用步跋子以为击刺掩袭之用"。这很类似于同时代小亚细亚的安纳托利亚步兵或是亚美尼亚山地步兵。两种兵种协同配合，给了西夏军队强悍的战力。而步骑配合时，西夏并不像辽朝那样，喜欢将渤海与汉族的步兵放在前列，契丹骑兵位于后方，而是"遇战则

上图：辽朝具装骑兵

先出铁骑突阵，阵乱则冲击之，步兵挟骑以进"。即以冲击型重骑兵作为先导，撤退时以精锐骑兵在后，队形丝毫不乱。

除了"铁鹞子"外，"铁林军"也是西夏重骑兵的别称。不过不同于辽朝，在西夏两者仅是具装骑兵的不同称呼，并非另一支精锐的铁甲骑兵部队。

西夏重骑兵虽然根据《宋史》记载的军制，也携带弓箭，但可能相较骑射而言偏重于冲击。根据西夏晋王察哥对自己军队弱点的叙述，"羌部弓弱矢短，技射不精"，而且在冲锋中，往往期望用一轮猛攻击溃或击破对方的阵型，但若是敌军步兵是坚守军阵的精锐重步兵，往往会受到很大阻碍，"国

家用铁鹞子以驰骋平原，然一遇陌刀法，铁骑难施"。这里的"陌刀法"并非指北宋精锐重步兵还在使用唐代的直刃陌刀，而是指陌刀发展至宋代延伸出的许多种长柄刀，当然用法和唐代是类似的。宋将吴璘也对西夏骑兵往往仅能发动一轮猛攻，而非像后来的金军骑兵那样，使用更可怕与专业的"回旋冲击"，有过描述。

在北宋所面对的所有少数民族骑兵中，最强大而最令宋恐惧的就是金的骑兵。快速崛起的金在1125年灭亡了同样拥有强大骑兵的辽。与辽、西夏充足的马匹资源相仿，金的军马数量也是较为庞大的，在金朝前期很可能更为庞大。在1161年，完颜亮南下

上图：1. 西夏皇帝；2. 西夏重骑兵

远东的超重装顶峰：辽、宋、西夏、金的铁甲具装骑兵

攻宋失败后，金朝"群牧所"所饲养的马匹数量大减，但至金世宗期间又有很大的恢复。同时，金朝也通过与周边地区贸易获得马匹资源，特别是控制河西走廊的西夏，此外还有蒙古地区。根据《金史》，"二十八年，蕃息之久，马至四十七万。"与之前唐玄宗开元盛世时期持平。且金军骑兵一样拥有较为充足的备用马匹，"五十骑为一队，相去百步而行。居长以两骑自随，战骑则闲牵之，待敌而后用。"

金军骑兵战术似乎兼顾了辽军与西夏军的特点，既精于骑射，也重视冲击，"每五十人为一队，前二十人全装重甲，持棍枪，后三十人轻重操弓矢，每遇敌必有奕二人，跃马而出，先观阵之虚实，或向其左右有前后结队而驰击之，百步之内，弓矢齐发，中者常多。胜则整队而缓追，败则复聚而不散，其分合出入，应变若神，人自为战，则胜。"即将冲击型具装

骑兵与弓骑兵混编。但相比较其他辽或者宋的骑弓，金朝的骑兵似乎更在乎冲锋时掩护的"震荡射击"，而非"箭雨覆盖"。他们更在乎骑兵弓箭手的射击威力而非射程，"弓力止七斗，箭极长，刀剑亦不取其快利"。实际上，金朝骑兵的弓箭弓力一般不超过五斗，但箭镞很长，形状如凿，有较强的穿甲威力，"非五十步不射"。这很可能是因为当时的宋军甲胄一般也较厚，而抵近射击穿甲效果更好。

金的冲击型骑兵与过去的唐军一样，偏爱矛刃起脊较为明显、穿甲能力较好的长骑矛。根据《会编》记载，金军重骑兵的长骑矛一般不超过"一丈二尺"，按宋元的尺计算约为3.8米，个别的金军勇士，如金将抹然史扢搭形，"不过中人，而拳勇善斗，所用枪长二丈，军中号为'长枪副统'"。也就是，他的长矛约6.3米，考虑到10世纪—11世纪，东罗马超重装骑兵的长骑矛也是3.75米—6.25米，因此这

上图: 古画中的"铁浮屠"金军重骑兵

个记载是很有可能的。在骑兵副武器方面,或许是受到西亚或中亚地区的影响,金军骑兵马刀的形制已经开始由直刃刀向有利于劈砍的突厥式曲刀过渡,这与当时的拜占庭帝国同时使用罗马晚期继续演变的直刃剑以及"帕拉迈恩"曲身剑也是一致的。除此以外,金朝骑兵也同样钟爱各种打击性钝器,比如狼牙棒,以及西北地区传入的连枷。这是一种用铁链连接的一短一长两个木棒的武器,以便骑兵在马上向下拍击敌军的步兵。

金朝重骑兵非常重视具装,他们并不只在他们的超重装骑兵上披挂马铠,即使是装甲相对中型的骑兵,也会披挂轻型马铠。这很可能是为了对抗他们主要的对手北宋在弩等远射兵器上具备的优势。金朝骑兵当时常用的盔甲主要有两种,一种就是中型骑兵"甲

止半身,护膝微存"状态,使用轻型马铠,"马甲亦甚轻"。这种披挂轻型马铠的中型骑兵很可能是其作战的主力。

另一种金朝最精锐,也是最著名的超重装骑兵"铁浮屠",无论其训练、装备及战术素养,基本反映了12世纪远东最高的具装骑兵水准。即使就当时整个世界上的具装骑兵而谈,也是极其优良的。"铁浮屠"披挂非常厚重的札甲,"被两重铁兜鍪",头盔与10—11世纪的拜占庭铁甲骑兵相似,也将整个头部与脸部包裹起来,只露出双眼。"兜鍪极坚,止露两目,所以枪箭不能入"。高度重装的"铁浮屠"的数量或许并不算庞大,但是在金军高级将领的直属亲军中占据重要地位。"(完颜宗弼,即金兀术)被白袍,乘甲马,以牙兵三千督战,兵皆重铠甲,号'铁

浮屠'；戴铁兜牟，周匝缀长檐。"在关键时刻，他们就是决定性力量，"皆女真为之，号'长胜军'，专以攻坚，战酣然后用之。自用兵以来，所向无敌。"

从训练水准来说，如前所说，宋朝名将吴璘曾对金军的铁浮屠有极高的评价，称赞其"坚韧"的个性，实际就是其强大的战斗意志。金朝重骑兵的步伐与纪律性，则像拜占庭铁甲具装骑兵一样，也可能达到了近代骑兵的水准，可以发动威力强大的墙式冲锋，"堵墙而进，官军不能当，所至屡胜。"虽然一部分宋代文人认为，金朝骑兵之所以可以发动墙式冲锋是因为"连环马"——三匹马联锁的连接方式。但这种方式从军事原理上说是显失逻辑的，已经被绝大部分现代历史学家所否定。

同时，因为金朝并没有专业化步兵，多驱使征集的汉军作为步兵，"间有步者，乃签差汉儿，悉非正军虏人。取胜全不责于签军，惟运薪水，掘壕堑，张虚势，般粮草而已。"显然在一些不适合骑兵作战的地形，也无法依靠

这种步兵充当中坚力量。因此在1134年川陕地区的仙人关之战，参战的铁浮屠下马攻关作为重装步兵使用，"人被重铠，铁钩相连，鱼贯而上。"在1140年的顺昌之战中，铁浮屠也下马进行了攻城作战。

由于具备良好的纪律性与战斗意志，金朝重骑兵较辽朝西夏骑兵更难以击败。根据宋朝名将吴璘的评价，西夏重骑兵往往采用一轮猛烈冲锋（前文也提到西夏偏重于重骑兵先行冲击，然后步兵掩杀）的方式，"璘与先兄束发从军，屡战西戎，不过一进却之间，胜负决矣。"而金朝骑兵则，"胜不追，败不乱，整军在后，更进迭却，坚忍持久，令酷而下必死，每战非累日不决，盖自昔用兵所未尝见。"说明金朝骑兵即使在第一个回合与敌人交锋失败或是还未冲溃敌军阵型，也会重整队形，连续发动冲锋，"不能打一百余个回合，何以谓马军"。这也与辽朝骑兵整体撤退时发动反击的模式不同，即金朝重骑兵使用的是"回旋后再次冲锋"的马镫时代冲击型重骑兵战术，而辽朝则偏重较为典型的马弓手假撤退骑射战术。

金军骑兵不仅在灭亡北宋的重大战役中发挥了重大作用，即使在一些小规模的冲突中，也表现相当出色。根据记载，河北路兵马铃辖李侃率禁军、民兵二千人，遭遇了十七骑金军。"金军十七骑者分为三，以七骑居前，各分五骑为左右翼。而稍近后前七骑驰进，官军少却左右翼乘势掩之。且驰且射，官军奔乱死者几半。"

考虑到，十七骑金军携带的箭矢不可能杀掉一千人，"奔乱死者几半"中逃散的必然居多。后来，这支宋军作乱杀害了部队主官李侃和磁州知州，随后投降金军。结果，在金军进城前，这些宋军还想先把城里洗劫一遍，逼得城里的官吏赶紧放下吊桥，提前放金军进城才

把那些宋军吓散。

可见当时河北宋军已经腐烂透顶。这样的军队只要前锋小部队稍遭打击，出现雪崩式的连锁溃逃反应，也是意料之中的事情。但饶是如此，十七骑金军仅凭"且驰且射"就击败两千宋军，也足见其强悍。

总体上，南宋骑兵在大部分战场上都无法与这样纪律严明、素养高超且战斗意志坚韧的精锐重骑兵相抗衡。但著名的南宋英雄将领岳飞的"岳家军"则是例外。他很可能是唯一在正面会战上通过骑兵交战击败金朝主力重装骑兵"铁浮屠"的宋朝将领。当时由于金军的不断南下，危急关头的南宋出现了短暂的、给予各统军将领相对于北宋拥有较大军事自主权的时期。当时南宋军的主要战斗力量已非"禁军"，而是一些重要将领所率领的五支"屯驻大军"，直接受宋廷的指挥。

岳飞的军队属于"屯驻大军"中的一支"后护军"。其军队军纪极佳，有著名的"冻杀不拆屋，饿杀不掳掠"的说法。而且通过一系列对金朝建立的傀儡政权——伪齐国的征伐，以及对金军的打击，岳家军缴获了大量的马匹资源。1127年岳飞北伐，麾下猛将杨再兴在攻击伪齐政权时，"破其众二千，复长水，得粮二万石以给军民，尽复西京险要。又得伪齐所留马万匹。"根据岳飞自己的奏章，"再兴遂再进兵，于今月十四日到本县界孙洪涧，再逢张宣赞亲率贼马二千余人，隔河相射，遂鼓率人马斗敌杀散。至次日二更已来，收复长水县了当，夺到马万匹。"说明这里原来应是一个伪齐的马监，被攻击速度迅猛的岳家军所夺取。这可能是岳飞最大规模的一次马匹缴获。在1136年，岳家军又进行北伐反击金军与伪齐军，麾下勇将

张宪击败伪齐1000人，缴获了500匹战马，而牛皋则以步兵8000击败伪齐军数万人，缴获了300多匹战马。之后在牛蹄之战中，岳家军再次大败伪齐军队，"伏起，旗帜遍山，虏实惊怖，俘获甚众，得马三千匹，骑兵千余人。"利用诸如这些交战的大量缴获，岳家军建立了较其他宋军部队精锐得多的骑兵部队。

岳家军中的骑兵包括踏白军、游弈军与背嵬军。前两支是纯粹的骑兵部队，通过名称判断，很可能最早来自于侦察、巡逻警戒的中型骑兵或轻型骑兵。当然在岳家军规模扩大后，这些仅仅是番号，实际作战的范围应该大得多。背嵬军则是岳飞的亲军，其中有很大一部分是骑兵，岳云常指挥这支精锐骑兵来作战。岳飞军中的背嵬骑兵根据《鄂国金佗稡编》的记载是8000人，当然这个数量很有可能是夸大的，但背嵬骑兵绝大部分应该是精锐的重装骑兵。从常指挥他们作

上图： 古画《大驾卤簿图卷》中宋军的具装重骑兵

战的岳云及部下的训练就可见一斑。无论《鄂国金佗稡编》卷九《遗事》或是《宋史·岳飞传》，都记载了岳飞带领骑兵以及岳云披挂重铠训练骑战马爬坡或跳跃壕沟，"师每休舍，课将士注坡跳壕，皆重铠习之。子云尝习注坡，马踬，怒而鞭之。"这既展示了岳家军精锐骑兵的装备，也显示了骑兵们的训练严格。

南宋短缺战马但不缺乏重甲，在金朝高度重装的骑兵冲击面前，宋军也装备大量的重型札甲以对抗。常见的铁质札甲防护非常完备，兜鍪、披膊、身甲、腿裙齐备，并用上千的铁甲片组成。宋高宗时代的一种甲式"甲叶千八百二十五"，全副重甲重几十斤，（南宋全装甲一般20公斤至25公斤）。虽然皇帝要求各军械库制造的甲胄不要超过25公斤，不然士兵负重过高不易使用，但各军所造铁甲不免都有超重的现象。当时南宋军的重骑兵仍流行较重的"大全装"马铠，所谓较为轻型的"小全装"马铠则是到了南宋后期的宋宁宗时代才被使用。因此使用重铠的岳家军背嵬军骑兵，其中很可能装备有"大全装"铁甲重骑兵。

1140年7月著名的郾城之战，是完颜宗弼麾下最精锐的金军重骑兵铁浮屠，与岳飞麾下最精锐的重骑兵背嵬骑兵的一次远东重装骑兵巅峰对决。当时，金朝元帅完颜宗弼会同龙虎大王完颜突合速、盖天大王完颜宗贤、昭武大将军韩常等，统率15000名精锐骑兵，作为先导，自北方向郾城推进。岳飞立刻率领军队迎击，两军在郾城以北10公里外相遇。

岳飞之子岳云带领背嵬骑兵及游弈军骑兵出击，凶猛地直贯其阵。双方骑兵展开激烈战斗，在这一时刻，拥有重甲、坚韧和铁一般军事纪律的金军骑兵碰上了同样拥有重甲，且纪律性与战斗意志更高的岳家军骑兵。金军以骑兵数量优势，企图以"拐子马"两翼包抄的阵势包围宋军，但岳家军骑兵"或角其前，或掎其侧，用能使敌人之强，不得逞志于我"，来回狙击拦截金军骑兵的迂回包抄，使其不能得逞。当时金军骑兵的优势在于轮番回转冲击，但岳家军骑兵也毫不示弱，进行了长达数十回合的长时间骑兵战，连续击退了金军骑兵的数次进攻。"鏖战数十合，贼尸布野。"在最危急的关头，岳飞都亲率四十骑精锐骑兵投入了一线搏杀。

完颜宗弼见普通金兵重骑兵不能取胜，决定出动他的王牌，最精锐的具装骑兵——他亲兵中的铁浮屠，企图让这些纪律森严的超重装骑兵来打垮岳家军已经陷入混战的骑兵。就这样，大部分的金军骑兵就被投入了战场，那么，原本可能对宋军军阵发起冲击的金军重骑兵的威胁就不复存在了。

于是，宋军装备斩马刀（麻扎刀）与长柄斧的重装步兵出手了。南宋的斩马刀根据记载，长达"一丈二尺"，也就是包括刃部达到了约3.8米。这与唐代著名的重装步兵"陌刀军"，装备陌刀与长柄斧的搭配同出一辙。使用这些

上图：装备了"大全装"重型马铠的南宋重骑兵与轻弓骑兵的组合。岳家军的背嵬骑兵与游弈军、踏白军很可能也是这样的组合

沉重武器的重步兵都是军中精锐，曾经在面对西夏铁鹞子时就发挥过巨大的威力，也经常被其他南宋名将诸如王德、刘锜使用。从1141年刘锜使用这些步兵抗击金军的战例来看，这些步兵的铠甲非常厚重，即使胜利后也不便追击，"以步兵甲重，不能奔驰，下令无所取。"

所以他们虽然对骑兵是可以起到一定的阻挡作用，但一般不放在军阵前迎击对方的冲击型骑兵，以免这些精锐步兵在骑兵直接冲锋下遭到过大的损失。因此，宋军在战斗中，一般依靠装备长矛或长枪的步兵，或使用骑兵反冲锋阻挡住敌军骑兵的冲击势头之后，这些突击型重装步兵才会出动，发挥他们对敌方重装部队特别是重装骑兵的巨大杀伤力。现在几乎所有金军的主力骑兵都陷入了近战，正是他们出动的时刻。

于是，当双方骑兵鏖战之际，岳家军中使用斩马长刀、长斧的重步兵开始全军向前，"飞戒步卒以麻札刀入阵，勿仰视，第斫马足"，金军昔日所向披靡的超重装骑兵在人喊马嘶之际被纷纷砍倒。"杀死贼兵满野，

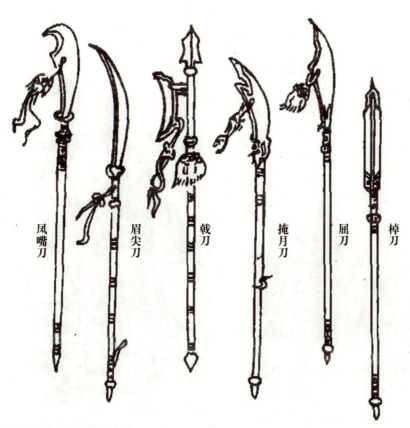

凤嘴刀　眉尖刀　戟刀　掩月刀　屈刀　棹刀

上图：宋军种类繁多的长柄大刀

不计其数。至天色昏黑，方始贼兵退。"最终，岳家军背嵬骑兵在其他各军种密切配合下，取得了这场重量级对决的胜利。

以自己的骑兵反冲锋拦截敌方占据优势的骑兵冲击，遏制对方骑兵企图冲击己方主阵的势头，继而在敌骑兵陷入混战时出动重装步兵加入肉搏，特别是使用双手斧、长刀的突击型重步兵重创敌人。从战术上，并不特别复杂，但难的是拥有这样一支能够面对敌方优势骑兵担负反冲击任务的精锐骑兵。这些精锐骑兵必须保证在自己步兵加入混战之前能够稳住阵脚。如果被优势之敌迅速击溃，那么就起不到掩护自己重步兵的目的。1167年，和郾城之战仅相隔二十余年，西方的拜占庭军队在与匈牙利骑兵交战时也使用了相似的战术，我们下一章还会提到。

郾城之战获胜后，岳飞的将领杨再兴与王兰、高林、罗彦、姚侑、李德等军官率领的三百骑兵作武装侦察，在临颖县附近的小商河地区遭遇金军主力一部。杨再兴率部拼死决战，想拖住敌人，为正在率领主力前来临颖县的张宪争取时间。由于兵力相差巨大，最后杨再兴及部下全数战死，杨再兴本人被射死在小商河中。敌军也付出相当的代价，被消灭两千余人（含万户长撒八以下军官百余人）。张宪率领主力赶到战场后，击破了这支敌军，并将敌人追赶了三十里，占领了战场，收敛了杨再兴等将士的尸骨。杨再兴的尸骨火化以后，遗骸中竟然能挑出两宋升的敌军箭头来。当然，这些箭头有一些可能是从杨再兴穿的衣甲中烧化而来，即使如此，依然可见这一战中宋军官兵的顽强。

在紧随其后的颍昌之战中，岳飞火速支援部将王贵的部队，岳云率领800名背嵬骑兵又

上图： 被宋军全具装骑兵与重步兵杀死的金军全具装骑兵铁浮屠

上图： 金军重装武士复原图

"驰击金军"，而步兵随后从两翼跟进，经过惨烈的厮杀，"人为血人，马为血马"，再次击败了完颜宗弼，并斩杀了后者的女婿。

岳飞乘胜追击，至朱仙镇再次用500名背嵬骑兵击败撤退中的完颜宗弼（对于朱仙镇之战各历史学家的意见差异较大）。这几次作战后，金军精英骑兵在战斗中遭到了较大的损失，而金军"撼山易撼岳家军难"的感叹也开始流传。

但此时，南宋派往宋将张俊军营中去"计议军事"的枢密都承旨周聿，早已把赵构、秦桧"兵不可以轻动，宜且班师"的"密旨"传给张俊。这使得张俊和王德的军队在既没有与敌军作战，也没有感受到敌军的威胁和压力的情况下，从亳州撤退，让岳家军成为孤军。即使铁军一般的岳家军也难以单凭孤军之力力挽狂澜。

可见，南宋与北宋管理军队的模式是相似的，在进取心与内部约束两者间更重视后者。即使是岳家军的军事胜利也无法改变这一点——对当时的宋高宗来说，这是"和谈"的最好机会。宋统治者最主要的目的是确保军队无法威胁到帝国，并不会脱离帝国的控制。为了抵抗金的入侵，宋高宗不得已给予将领们的一些较大的作战自主权，也随着岳飞的连续胜利及宋金开始相持而结束。

南宋皇帝并不希望岳飞继续他的军事胜利收复失地——这与他自保的政治目标完全不符。且岳飞虽然没有任何政治野心，但他所掌握的岳家军作战能力已经超越了宋军其他的军队。对皇帝来说，当前最大的威胁已经不再是被削弱的金帝国入侵军队，而是手握精兵，拥有极高军事声望与民心的将领。除了岳飞，名将韩世忠手中的军队也一样是眼中钉。大部分"屯驻大军"在经过"宋金议和"后都被削弱，将领们则被解除了兵权。威望最高的岳飞不止如此——这位英雄被可耻地杀害了。对孱弱的皇帝来说，宋朝的制度又令人欣喜地回归了"正轨"。

不过，北方的金帝国也逐步衰落了。从

■上图：《忠义余光卷》中的金军重骑兵

前让金军始终保持一定尚武习气的猛安谋克制度，也随着帝国的土地兼并逐步腐化。昔日彪悍善战的猛安谋克在获得巨大的中原财富与土地后，生活腐化，军纪松弛，并且疏于军事训练，战斗力已经大为下降。但这并未给一贯软弱的南宋有任何收复北方失地的机会，宋一贯以来的政治制度让这个王朝没有进取的动力与力量。现在，在金朝北方，新的毁灭性势力正逐步崛起。这个民族庞大而恐怖的骑兵部队不仅将来会统治几乎整个远东地区，甚至势力一直贯穿至东欧与西亚。他们的重骑兵也是将来我们关注的对象。

不过在此之前，让我们返回欧洲与西亚，去见证一个黄金时代帝国的衰落，及之后短暂复兴重新创建的精锐重骑兵。西方骑士在拥有北欧血统的诺曼骑士手中开始真正崛起，他们创立的站立式骑兵夹枪冲锋更新了重骑兵的冲击战术。以这种战术武装起来的西方骑士，也开始了长达二百年"以上帝之名"的十字军东征。

第四章

"冲破巴比伦城墙"的夹枪冲锋

十字军骑士与拜占庭重骑兵的最后辉煌

大军四面云集，勇士摩肩接踵。士皆盔明甲亮，军俱战装齐备。

——安娜·科穆宁娜，拜占庭皇帝亚历克赛一世之女，著名历史学家

1025 年，巴西尔二世统辖下的拜占庭帝国达到了黄金时代的顶峰。但这位皇帝没有妻子，也没有直系继承者。他去世时，皇位被沉溺于享乐、疏于管理的弟弟君士坦丁八世继承。这并不是致命的问题，拜占庭帝国依然拥有那支强大的军队，而且各地的军事总督还在依靠自己的力量向外部扩张——但这个时候中央政府已经不支持这么做了。前面第二章提到的意大利南区的名将博雅尼斯，1026 年 5 月，他继续向北兵临那不勒斯，慑于他的威名，城市直接投降。但君士坦丁八世却将他调走赋予闲职。显然，无能的继承者不愿意这些军队长官继续扩大军事威望。

君士坦丁八世死后的政治走向更为致命。通过与皇帝的女儿邹伊的婚姻，首都官僚集团代表登上皇位，开始对军事将领、军队及军役地产进行重大的打击——巴西尔二世留下的将领们被诬告杀害，曾经颁布的保护农兵及军役地产的政策被废除。中期被遏制的土地兼并又开始进行，既破坏了经济基础，也摧毁了东罗马帝国的军事潜力。

更为不幸的是，在之后走马灯般更换的皇帝中，统治者们继续推行类似的削弱军队的政策。被破坏的军役地产中，最重要的就是骑兵地产。因此各军区的本土骑兵逐步衰落了，又进一步造成了最精锐的皇家卫队骑兵的削弱——他们中的很大一部分本来就是从各军区中产生的。这支军队很快就证明自己不能像过去那样得心应手地解决边界问题，因此大规模雇用各种五花八门的雇佣军就成为必然。而这对于帝国军事无异于饮鸩止渴。

外部敌人当然不会忽视这个拜占庭帝国被大为削弱的机会。之前被拜占庭将领尼基夫鲁斯·科穆宁（巴西尔二世时期的年轻将领）轻易驱逐的东方塞尔柱突厥人，在帝国军队大为削弱的状态下也发动了进攻。他们在其凶猛的领导人"狮剑"阿尔普·亚尔斯兰的带领下，重新攻入亚美尼亚。1065 年，突厥人夺取了安尼，把奇里乞亚地区几乎变成了一片焦土。

军人在大崩溃前的最后一刻重新登上了历史舞台。1068 年 1 月 1 日，军事将领罗曼诺斯四世娶了当时的皇后，登上了皇位。但历经

8代继承者们对于军区制度连续破坏，任何努力都为时已晚。1071年，罗曼诺斯四世率领一支数量庞大的拜占庭军队，在曼西克特迎战亚尔斯兰的突厥塞尔柱军队

阿尔普·亚尔斯兰的突厥塞尔柱军队与以往被巴西尔二世驱逐的突厥军队相比，除了规模更庞大以外，作战方式上并没有太大不同。他们仍然是典型的轻型弓骑兵战术——射击并跑开。而数量较少的精锐重骑兵，如苏丹的奴隶卫队古拉姆骑兵和东方突厥贵族阿斯卡瑞骑兵是关键时刻的突击力量。

这种方式与辽朝骑兵的作战风格很类似。事实上，从匈人入侵开始，罗马—拜占庭帝国就见惯了这种作战模式，之后10世纪的佩切涅格人也是这种作战模式。在拜占庭马其顿王朝征服者时代，东罗马步兵弓箭手与骑射手的箭雨，足以将游牧骑射手驱离。而普通的中型快速重骑兵，则能极快地接近敌军，将敌军骑兵冲得七零八落。如果敌方

有重型骑兵甚至超重装骑兵，就由最精锐的拜占庭铁甲重骑兵出击。甚至有将军写作战报告时指出，即使对付敌军最快的贝都因骑兵，除了用弓箭手驱离外，还可以用两支骑兵部队协同追击将其追上击溃。但当时，拜占庭军队自己的战斗能力退化了。

战斗开始后，亚尔斯兰的弓骑兵全面向拜占庭军队扑来，如往常一样向后者军阵倾泄箭雨，这种战术并不出乎拜占庭的预料。可是军区步兵弓箭手质量数量下降，严重影响对射能力，不但没有驱离塞尔柱骑兵，相反火力还被对方压制。无奈之下，罗曼诺斯四世命令军区骑兵及佣兵骑兵出击，希望像以往一样获得胜利，但早已今非昔比的军区骑兵没有遭到多大伤亡就退了回来，称无法攻击。最后竟是依靠拜占庭的重步兵方阵顶着盾阵冒着箭雨，将突厥主力军逼出了营地。

其实直到这个时候，亚尔斯兰对于正面战场击败罗曼诺斯依然没有太大把握。战场

上图：退化的拜占庭军区骑兵部队在曼西克特会战中被塞尔柱弓手的箭雨射退

上图：曼西克特会战最后一幕，瓦兰吉卫队与皇家卫队骑兵保护着罗曼诺斯四世

战场决胜者

「冲破巴比伦城墙」的夹枪冲锋：十字军骑士与拜占庭重骑兵的最后辉煌

65

出现了僵持，塞尔柱人虽然重创了拜占庭军队的军区骑兵及佣兵骑兵，但也无法吃掉有皇家卫队及禁军主力的拜占庭军队，而后者同样没办法逼迫突厥骑兵进行肉搏。在考虑再三之后，罗曼诺斯四世命令拜占庭全军安全撤回驻地。

拜占庭军队即使衰落到这个程度，其禁军、近卫军的战斗力依然让亚尔斯兰不可小觑，罗曼诺斯还是可以做到安全撤回防区的。但这时候，他的一个重要将领杜卡斯发动了叛乱，这成了压垮骆驼的最后一根稻草。后撤的拜占庭军队陷入一片混乱，塞尔柱人趁机铺天盖地围了上去。曾经辉煌的军区部队在混乱中溃败，将皇帝与数千名皇家卫队、禁军丢在了突厥人

的大包围圈中。虽然皇家卫队与禁军勇敢地抵抗到了最后一刻，并造成了超过拜占庭军队伤亡的突厥人伤亡。但最终，这些曾经骄傲的超重装骑兵及来自北欧的瓦兰吉卫队被全部围歼，皇帝重伤被俘。

这次灾难性的损失让虽然被削弱，但仍享有盛誉的著名"五大皇家卫队"的骑兵精锐几乎成建制被全部消灭。详文请见笔者在《战争事典 013》中的"拜占庭统军帝王传终结篇"。最可怕的是，此战的失败引起了帝国的内乱。内战的帝国军队再也无暇顾及东部边境，突厥人像潮水一样涌入了小亚细亚，拜占庭帝国最重要的征兵地点丧失了，同时这也是帝国最重要的良马产地之一。

66　**上图**: 使用夹枪冲锋的诺曼骑士

在拜占庭帝国承受灾难性损失的同时，西方的诺曼人正在崛起。诺曼人的军事制度似乎结合了维京人的传统，以及加洛林王国的封建采邑。他们对封臣的统治是较为宽松的，如果能够顺利收税，一般不会干涉臣民。事实上，诺曼人当时的领袖是公爵而不是国王，名义上服从于法王，却经常与法国国王处于紧张状态。到了1066年，诺曼公爵威廉开始竞争英格兰王位，发动了对英格兰的入侵。英军之前刚抵抗了传奇的哈拉尔德率领的北欧维京人入侵（哈拉尔德本人在拜占庭帝国统领过瓦兰吉卫队），元气尚未恢复，就必须投入到南部来继续对诺曼人作战。在那场黑斯廷斯战役中，诺曼骑士与其弩手、弓箭手进行了良好的配合，连续不断地通过"回旋冲击"攻击以步兵为主的英格兰步兵阵型，并最终艰苦地取得胜利。诺曼公爵成为了英格兰的主人。

诺曼人对于骑兵技术最重要的革新就是著名的"站立式夹枪冲锋"。在装备了高桥马鞍（带有抬高的鞍桥以及鞍尾），以及使用长马镫后，骑士们几乎站在马镫上直腿骑乘，这样的组合能让骑士在冲锋时位置更稳定，且在夹枪冲锋时可以支撑自己的背部。这样骑士就可能发动较古典时代重骑兵更可怕的冲锋。这种风格直接影响了整个西方重骑兵的风尚，甚至在12世纪影响了传统重骑兵强国——拜占庭重骑兵的冲锋方式。

上图：战斗中的诺曼骑士

"冲破巴比伦城墙"的夹枪冲锋：十字军骑士与拜占庭重骑兵的最后辉煌

这种冲击方式的意图是将对方的骑手以极大的冲击力撞下马，甚至将人马一同冲倒。冲击过后，往往就需要使用副武器——如诺曼人喜爱的长剑再进行肉搏。不过，就此认为站立式夹枪冲锋在骑兵进化史上是非常伟大的发明也不太客观，因为它依旧有较大的弱点。这种坐姿与马鞍很难让重骑兵再施展"双重重骑兵"的战术。至少在12世纪或13世纪，在面对没有采用站立式夹枪冲锋的东方重骑兵时也未呈现出优势，特别是在13世纪面对蒙古骑兵的时候更是如此。等到弓箭在15世纪之后的欧洲作用越来越小，同时单一职能的专业化军队复兴时，这种姿态的优势才充分显示出来。

不过，在11世纪英国的黑斯廷斯，平端骑矛的站立式夹枪冲锋在这场战斗的记载里是模糊的。根据资料，当时诺曼骑士使用骑矛的方式还是多种多样的，包括古典式的下刺方式。大规模夹枪冲锋被记录则是在11世纪后半叶诺曼人对拜占庭帝国的进攻时。

在防护方面，诺曼骑士的盔甲主要防护就是锁子甲，这种锁子甲也包括头套。头套上再戴上拥有护颊的头盔，就给了重要的头部以两层保护。到了12世纪有的头盔还带有护面，就像拜占庭重骑兵的一样，护住下巴和喉咙，并悬挂在锁甲兜帽上。

11世纪上半叶，许多诺曼骑士的锁子甲一般在臂部的防护达到肘部，12世纪则延伸至手腕部分，特别一些重要人物锁子甲将整个手部都保护起来。其身甲也在不断加长，最终达到膝盖处或者刚好超过膝盖。有的锁子甲中还有软甲内衬，缓解重击武器对其造成的影响。锁甲肯定是最主流的，但意大利地区的诺曼骑士也会使用札甲——受拜占庭风格的影响。事实上，这个时代整个西方骑士的防护装备基本都与诺曼骑士的变化是一致的，无论是

神圣罗马帝国，还是法国、意大利的骑士。

对于盾牌防具，诺曼骑士使用比圆盾更巨大的新式盾牌——鸢尾盾。事实上，11世纪后半叶拜占庭军中也显示鸢尾盾增多代替古典式圆盾。一些军史学家认为这种盾牌作为重骑兵盾牌非常理想，因为更长的外形可以保护骑手的左侧和他相对脆弱的腿部。鸢尾盾不再依赖盾牌把手，而是用各种辅助皮带固定在左臂上。这种盾牌是哪里先开启的风尚很难确定，因为即使神圣罗马帝国中的德国内地，骑士的盔甲与鸢尾盾也非常类似诺曼骑士。到了12世纪后半叶，这种盾牌的顶部还往往被削平，成为"三角盾"的式样。内地的德国人似乎使用的鸢尾盾更短更宽。这种看起来长宽比更接近的鸢尾盾，到13世纪之后更加流行了。

诺曼骑士较他们南部的法国骑士更有侵略性，而他们的步兵也不是由未经训练的农民简单组成，而是更专业化。大部分诺曼骑士很穷，渴望土地，因此军事阶层以惊人的速度在增加，这让诺曼军队能在非常遥远的地区对南意大利或西西里岛等地进行入侵。1018年，拜占庭帝国使用瓦兰吉卫队作为主力，在南意大利坎尼城几乎全歼了诺曼的入侵军队。但1050年之后，如前文所述，拜占庭帝国逐步衰落，出现了军事危机。在塞尔柱突厥人大肆进攻小亚细亚时，诺曼人的征服者罗伯特·吉斯卡特率领他的诺曼军队开始了征服。东西方对于东罗马人的打击似乎是同时的，在1071年曼西克特会战惨败的同年，罗伯特·吉斯卡特的诺曼军队也攻克了南意大利小伦巴第的首府。

很可能在11世纪晚期，站立式夹枪冲锋才成为诺曼骑士的主流冲击方式，而他们的敌人拜占庭帝国则第一次领教了这种大威力的冲锋。冲锋的队形与同时代神圣罗马帝国骑士的队形类似，集群也由25人至50人组成。夹枪

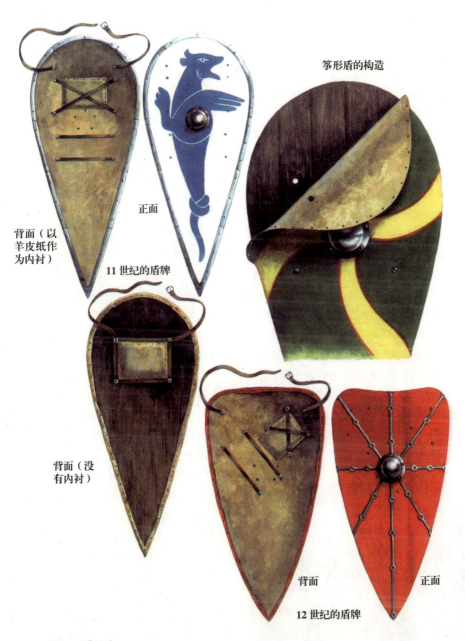

筝形盾的构造

背面（以
羊皮纸作
为内衬）

正面

11 世纪的盾牌

背面（没
有内衬）

背面

正面

12 世纪的盾牌

上图： 诺曼骑士的鸢尾盾

「冲破巴比伦城墙」的夹枪冲锋：十字军骑士与拜占庭重骑兵的最后辉煌

冲锋一开始是马匹小跑，在最后一刻才发动高速冲锋以节省之前的马力。同样骑枪在一开始也是竖持，只有在接近敌人时才一齐平举。

1081年，刚经历焦头烂额内战的胜利者、拜占庭帝国的新皇帝阿历克塞一世在亚得里亚海东岸的狄拉乌姆迎战势头正劲的诺曼征服者——罗伯特·吉斯卡特。前者在危急关头拼凑了一支由过去军区骑兵残部，一些突厥部落以及一支仅存的缺乏训练的，由年轻贵族组成的纯礼仪用途的"阿贡托普莱"皇家骑兵，还有当时唯一可以依仗的精锐皇家禁军步兵瓦兰吉卫队组成的军队。

或许拜占庭军中这些突厥部落的弓骑兵没有与诺曼骑士的作战经验，他们本应避开诺曼骑士的冲锋然后使用"回马箭"式的帕提亚射术，但他们没有回避成功，还被西方骑士冲击遭到了重大伤亡后逃出战场。外形壮观的阿贡托普莱仪仗队很可能开始被诺曼人当作以往拥有极高声誉的拜占庭皇家卫队骑兵。但缺乏训练的他们实际上在诺曼骑兵冲锋时一触即溃。

只有以北欧人组成的瓦兰吉步兵卫队，依旧维护了禁军步兵以往在传说中令人恐惧的名声。作为步兵的他们挡住了诺曼骑士的冲锋，

双手巨斧的凶狠砍杀让骑士们败退，甚至瓦兰吉卫队单独将后者重新赶回到海岸上去。但在诺曼人的危急关头，诺曼弓箭手、弩手与诺曼骑士进行了良好的配合，就像他们在1066年黑斯廷斯做过的那样，利用远程武器杀伤冲锋的拜占庭禁军步兵，再伺机发动冲锋。最终孤军深入的瓦兰吉卫队战败了，剩余的人撤入教堂中被烧死。

过去一部分历史学家认为，狄拉乌姆之战是夹枪冲锋战术对古典式重骑兵的重大胜利，是西方骑士开始超越拜占庭重骑兵的标志。但现代大部分历史学家普遍反对这个观点。因为，拜占庭军中这种纯粹仪仗队级别的阿贡托普莱骑兵显然不能作为拜占庭重骑兵的代表。拜占庭公主、历史学家安妮·科穆宁对他们的缺乏训练就很讽刺，"他们（阿贡托普莱）的盔甲与剑在阳光下闪闪发光，只可惜他们才刚刚掌握剑与长矛的用法。"事实上，当拜占庭科穆宁王朝复兴后，阿历克塞一世的孙子曼努埃尔一世重建了拜占庭皇家铁甲具装骑兵，他们在对诺曼人和匈牙利人的战斗中都表现出色。

诺曼骑兵的马匹大都是不披铠甲的，且往往大部分骑士非全具装。12世纪之后他们一部分人加入了十字军东征，根据个人意愿与财力，有的马匹有锁甲马铠。因此，在面对弓箭的有效射击时，诺曼骑士马匹不披甲确实带来了一定的麻烦。如1081年后，诺曼人借助狄拉乌姆大胜，深入拜占庭帝国内地。拜占庭皇帝阿历克塞一世再次组建以游击战形式出现的一支突厥部队瓦达瑞泰骑兵。他们组成的弓骑兵对诺曼骑士进行了袭扰式攻击。拜占庭军中的突厥弓骑兵尽可能避开诺曼骑兵的冲锋，而用复合弓杀伤他们的战马，事实证明这是有效的。至1083年拉里萨之战，诺曼人已经无法延续西部对于拜占庭帝国的进攻。

上图： 缺乏训练，纯粹为仪仗队的阿贡托普莱重骑兵与瓦兰吉卫队共同对抗诺曼骑士的冲锋

虽然拜占庭皇帝阿历克塞一世的努力，让处于破碎边缘的拜占庭帝国没有在东西方敌人的夹攻下灭亡，但同样，实力未恢复的帝国也无法收复东部被突厥人自曼西克特会战之后占领的小亚细亚。不仅如此，另一批游牧民族库曼人与佩切涅格人又开始从北方进入帝国。

所以时间突然变得非常重要。为了争取恢复元气的时间，拜占庭皇帝向西方教皇提出派遣西方援军支援，而教皇并没有如皇帝所愿简单地派出西方援军，而是看到了一种将权力扩大到东方世界的新途径，发动了著名的"第一次十字军东征"。圣战号召时的目的是帮助东方的教会以及教徒。这样，无论是法国、德国还是北意大利的骑士，就包括帝国过去的大敌诺曼人，也披上十字架的

马衣与军旗，转而去攻击占据小亚细亚与叙利亚的塞尔柱突厥人。

对于重骑兵战术来说，这是诺曼冲锋战术的一次广泛的普及运动。至第二次十字军东征之前，几乎所有的西方国家，神圣罗马帝国、法国、英国、意大利诸城邦，甚至是东欧天主教国家——如匈牙利王国，过去以马扎尔式游牧骑兵为主力的骑兵部队都演化成为站立式夹枪冲锋的骑士。无论是攻克尼西亚的战斗，还是攻克安条克，或是耶路撒冷附近的战斗，都是西方站立式夹枪冲锋对抗塞尔柱游牧骑兵及古典重骑兵战术。但并非哪一方占据了绝对的优势——马匹不披甲，身穿锁甲的十字军骑士经常被弓箭杀伤，而猝不及防被骑士成功冲击的塞尔柱骑兵也会被击溃。在双方混战阶段时，虽然突厥人

上图：均为十字军东征时的骑士或战士

上图：阿历克塞一世本人，优质拜占庭骑兵重甲让皇帝避免在狄拉乌姆之战中命丧疆场

71

的古拉姆重骑兵与十字军重骑兵不相伯仲。但十字军在重骑兵数量上的压倒性优势，让肉搏战的结果往往没多少悬念。

塞尔柱帝国因1071年的胜利而建立的极盛是非常短暂的。他们很快分裂了，塞尔柱突厥非常分散的军事社会结构导致他们虽然占领了整个小亚细亚，却分散成各个松散的小公国。他们不仅没有统一的力量，且相互敌视。这里成为突厥人与南方埃及的法蒂玛王朝争夺的中间地带。这种局面也让远道而来的十字军有了成功的机会。

但第一批以隐士彼得为先导、由大量无军事素养人员组成的十字军，依旧在小亚细亚大败于突厥人。虽然十字军拥有20000人而突厥人只拥有5000人的兵力，但十字军真正有战斗素养的只有50名骑士。当十字军在山谷遭到突厥弓骑兵的箭雨覆盖时，几分钟就全部崩溃。仅3000人在拜占庭皇帝的帮助下，逃回了君士坦丁堡，而突厥人伤亡仅约50人。

但从1096年开始，十字军的规模与作战素养都显著提高了。他们是来自法国、英国、伦巴第及西西里王国的各公爵麾下的军队，包括大量能征善战的骑士。现代历史学家估计他们拥有30000~35000名士兵，而骑兵至少有5000人。于是，在进入小亚细亚后，在第一次十字军东征期间，远道而来的十字军负责主要战斗，还未恢复元气的拜占庭帝国则提供十字军没有的攻城部队。正规十字军的作战素质与

■ 下图: 第一次十字军东征的场景

压倒性的兵力优势很快发挥出来，而这支庞大军队的出现也令当时突厥罗姆苏丹国的苏丹亚尔斯兰猝不及防。在双方都损失较大的战斗中，最先无法支撑的是突厥人。亚尔斯兰被迫撤退，而尼西亚城则向他们原来的主人拜占庭军队投降。虽然对此十字军并不满意（因为他们无法在城中劫掠），但阿历克塞一世用金钱和补给对十字军做出了补偿。

十字军继续向东挺近，在多利留姆再次面对亚尔斯兰的突厥骑兵。亚尔斯兰又集结了6000–8000名突厥骑兵，而十字军的兵力估计为50000人。披着十字军战袍的诺曼首领博西蒙德（他是狄拉乌姆胜利者罗伯特·吉斯卡特的儿子）担任先锋，他拥有20000人，其中全副武装的战斗人员达到10000人。

1097年7月1日，亚尔斯兰首先突袭了博西蒙德的先锋军。突厥骑兵的突袭让十字军猝不及防，前者向十字军的营地射来箭雨。虽然博西蒙德的骑士很快上马反击，但零星的反击不能阻止突厥骑兵。突厥骑兵冲入军营，砍倒了大量非战斗人员和无装甲保护的十字军轻步兵，整个十字军战线都开始恐慌。博西蒙德命令自己的骑士下马，组成防御线，保护营地中心那些无装甲及非战斗人员。对于这种纯防御队形，突厥骑兵也就不用担心骑士的冲锋，他们改变战术，冲到较近的距离发射弓箭，然后在十字军想要与他们肉搏的时候撤回去。虽然他们的弓箭对于十字军重装骑士的杀伤并不很大，但还是造成了十字军马匹与轻装步兵的巨大损失。据说有2000人倒在了突厥弓骑兵的箭雨下。

虽然博西蒙德的命令是固守，但一部分鲁莽的十字军骑士仍打破队列骑马冲了出去，突厥弓骑兵后撤并射箭，杀死了很多骑士的战马，而密集的箭雨，也让锁甲保护良好的骑士们遭受了一定的损失。

最终博西蒙德等到了主力的增援，大量的十字军骑士赶到了。一部分十字军骑士绕道突厥人营地的背后发动突然的猛攻，突厥骑兵大乱而出现恐慌。肉搏战中，骑士们的锁甲也显示出了对于突厥骑兵曲身剑劈砍良好的抵御。突厥人也拥有一些重骑兵，但数量被十字军骑士完全压制。最后，突厥骑兵只能迅速与亚尔斯兰一起逃离战场。十字军在这场战斗中损失了4000人，亚尔斯兰损失了3000人，但战争显然不是完全用损失人数来衡量胜负的。此后，突厥人再也无法阻挡十字军继续向前。很快，十字军继续向东，攻克了安条克，之后又攻陷了耶路撒冷。

1099年，随着十字军占领耶路撒冷，大部分十字军战士没有返回欧洲，而是在叙利亚建立各个新的国家。诸如艾德萨伯国、安条克公国、耶路撒冷王国等。这样，除了一

上图： *多利留姆之战*

「冲破巴比伦城墙」的夹枪冲锋：十字军骑士与拜占庭重骑兵的最后辉煌

73

部分参加十字军东征的国王与领主外，另一些骑士则加入了相对西方政治团体独立的武装团体。这些武装教团最开始的目的是维持东征的成果，如圣地或安条克城附近的治安，护卫前来朝圣的教徒及商旅。有的骑士团会治疗伤患，对朝圣者进行医疗上的帮助。同时也抵御这个被征服区域狭长地带周围的敌军攻击。这个时期，只有约300名骑士在保护耶路撒冷王国，其中有一小拨骑士自愿承担了保护朝圣线路的任务。

在1115年，9名来自法国与勃艮第的骑士成为之后著名的骑士团体——圣殿骑士团的前身。大约在1124年，这些骑士的队伍在当时著名的宗教活动家圣·伯纳德的支持下逐步

扩大了，逐步成为永久性的军事组织，并有了自己标志性的誓言。他们在锁甲外，穿着有着红色八角十字的白色战袍，而马匹往往也披挂同样的装饰。1139年，教皇发布圣谕确认了圣殿骑士团的地位，包括税收的权力，加上商业经营活动，圣殿骑士拥有越来越充足的财源，逐步建立了一支强大的军队。

圣殿骑士团的军事职能已经不限于保护圣地，军队的实力也有所加强。骑士团也会进行征兵，虽然他们人数很多，但不能算骑士团成员。之后随着军事组织越来越庞大，其中一部分过于严厉的戒律难以扩大军队的规模——如禁止与妇女交往等。因此扩大的骑士团也接受俗家骑士，如"荣誉骑士"。他们短期服务于

上图: 骑士与朝圣者遇上突厥骑兵

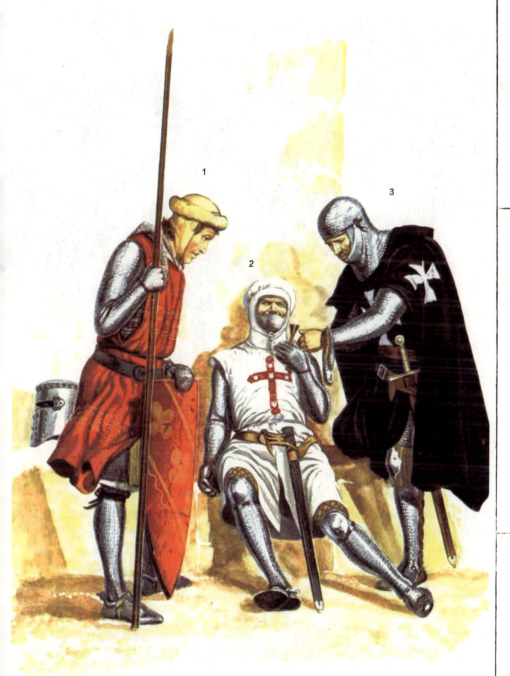

「冲破巴比伦城墙」的夹枪冲锋：十字军骑士与拜占庭重骑兵的最后辉煌

上图: 1、2. 参加东征的骑士；3. 一名骑士正在治疗受伤的骑士

骑士团（虽然有的时候服役长达数年之久），可以结婚成家，但是死后必须将财产半数赠予骑士团。在第二次十字军东征的时候，骑士团大概出动了 600 名骑士前往圣地。

骑士团的骑士拥有出家苦修的各种戒律，比如禁止与妇女交往等。每个骑士被允许拥有三匹马，侍从则带着第四匹马。侍从带着备用马到达战场，在战斗爆发时离开，不过侍从的盔甲、服装都属于骑士团组织。作战时，骑士团骑士以中队的规模，组成纪律严明的队形发动冲锋，未经许可打破队列的骑士将受到非常严厉的处罚。因此，虽然他们的装备并非非常优越于同时代西欧王国的骑士（除了个人马匹

储备），但拥有极强的战斗意志与纪律，这使他们拥有比一般骑士更加强大的战斗力。

骑士团最辉煌的战例是在 1177 年 10 月的蒙吉萨战役，他们的对手是在 12 世纪后期逐步成为西亚与北非阿拉伯世界领袖的萨拉丁麾下的军队。萨拉丁拥有刚刚逐步脱离"古拉姆体系"的马穆鲁克骑兵及大量的其他部队，共 30000 余人。年仅 16 岁的耶路撒冷国王"麻风国王"鲍德温四世，拥有 80 名骑士团骑士、300 名其他的骑士及 6000 名步兵。骑士们在骑士团大团长的率领下，发动了一次猛烈的冲击，攻击猝不及防的处于分散状态的马穆鲁克骑兵。萨拉丁的军队被打败，返回人数不及军

队总人数的十分之一，显示了纪律严明的骑士团冲锋在整场战斗中的核心作用。

第一次十字军东征基本稳定后，东方的骑士王国们就遭到了突厥人的反击，最有名的反击者当属以阿勒颇、摩苏尔为核心领地的赞吉王朝。第一任首领赞吉与他更有名的儿子"圣王"努尔丁不断在叙利亚打击十字军。努尔丁的军队主力仍是标准的东方突厥式结构，核心是高级奴隶部队古拉姆重骑兵及贵族阿斯卡瑞骑兵，同时有大量的当地征召骑兵，比如土库曼骑兵和贝都因骑兵。值得注意的是，努尔丁军队拥有大量来自伊朗地区，较其他西亚势力素质更高的，手持大盾与长矛，身穿锁甲的重步兵。这是过去亚尔斯兰时代塞尔柱王朝所没有的。

1144年，赞吉率军收复了艾德萨城，而赞吉之子努尔丁则在12世纪后半叶连续击败十字军，并占领了几个十字军国家的部分土地，遏制了十字军国家的扩张，迫使他们转入防御。1164年，应北非法蒂玛王朝对抗十字军的邀请，努尔丁让前文提过的萨拉丁前往北非王庭。很快，萨拉丁就推翻法蒂玛王朝，建立了自己的阿尤布王朝。在努尔丁死后，萨拉丁逐步成为抵抗十字军运动的阿拉伯世界领袖。而他也不负众望，在著名的1187年的哈庭会战中，萨拉丁成功将大量耶路撒冷王国的精英部队，包括国王的骑士部队和骑士团骑士引入远离水源的阵地，趁其干渴疲惫之际歼灭了整个十字军部队，并俘虏了耶路撒冷王国的国王居伊。之后，萨拉丁又收复了耶路撒冷，获得了极高的声誉。萨拉丁麾下精锐的重骑兵库尔德古拉姆与突厥古拉姆军队将逐步在战争中整合为之后名震天下的马穆鲁克骑兵，关于他们我们在下一章将会详述。

上图：突厥古拉姆重骑兵正在冲击十字军骑士

在同时期的东罗马帝国方面，第一次十字军东征给予了拜占庭皇帝阿历克塞一世最重要的喘息与恢复的时间。帝国逐步从内乱、突厥西侵、诺曼人东侵、库曼人与佩切涅格人南下等诸多混乱事件中解脱，传统的军事力量开始恢复。1108年，从十字军返回欧洲的诺曼人博西蒙德，在亚得里亚海东岸的阿维罗那登陆，再次发动侵袭拜占庭帝国的战争。他的军队却被阿历克塞一世击败。博西蒙德向拜占庭帝国投降，签订条约后返回，这是拜占庭帝国军队复兴的一个信号。

1117年，阿历克塞一世致力于收复小亚细亚沿海地区，并取得一定的成功。拜占庭皇帝创立了一种对抗突厥游牧射手的新阵型——空心大圆阵，而之后的1191年，这种空心圆阵被英王"狮心"理查一世，在对抗萨拉丁的阿苏夫会战中再次使用。阿苏夫会战在西方非常有名，但显然阿历克塞一世使用得更早。事实上，这是一种在骑兵处于劣势条件下的防御型队形。辎重队在中心，骑兵部署在两翼，步兵在两者之间。辎重及驮兽处于中心，可以防止高速游牧骑兵的偷袭——突厥人非常习惯于这一种战术。骑兵部署在圆阵两翼伺机发动反击，步兵可以发

"冲破巴比伦城墙"的夹枪冲锋：十字军骑士与拜占庭重骑兵的最后辉煌

扬他们在重步兵掩护下定点射击的优势，用步射压制突厥骑兵最依赖的远程射击火力。

战斗中，突厥骑兵企图突击拜占庭军队辎重队，他们被拜占庭骑兵的两翼反击击败。并且阿历克塞的女婿——著名的女历史学家安娜的丈夫尼基夫鲁斯·布林尼乌斯，英勇地率领骑兵直冲突厥苏丹所在军阵，击溃了苏丹的古拉姆近卫军，几乎俘虏了对方的苏丹马立克沙。之后马立克沙又率军卷土重来，包围了整个拜占庭军队，但在对射时，他们的弓骑兵面对拥有环形重步兵掩护，定点射击的拜占庭步兵弓箭手损失惨重。最后只能被迫撤退。

在第三次十字军东征中，1191年"狮心"理查指挥的阿苏夫会战，他面对萨拉丁时，复制了空心圆阵的胜利。值得注意的是，在理查的空心大圆阵中，最前方十字军军旗下是由纪律性最出众的圣殿骑士组成的，他们处于中间位置。理查自己的军队（虽然从一般意义上说理查是英国人，但他真正直属的军队往往来自

欧洲其他地区）紧随其后。再之后是来自英国与诺曼的军队，他们在最后方护卫住军旗以及辎重车辆。一些法国人再跟在后面，最后的医院骑士团则负责后卫。战斗中，萨拉丁使用了该地区惯用的战术——贝都因轻步兵大量投射标枪，然后让开路，让骑射手发挥他们的骑弓优势。理查的十字军则以弩手还击。这一刻，发生了与1117年拜占庭军队面对突厥军队类似的事情，掩护下的步射压制了骑射。在对射不利的情况下，萨拉丁的军队也同样让弓骑兵绕到后方去袭击十字军辎重，而作为后卫的骑士团则拼命抵抗。

当时，作为后卫的骑士团承受着萨拉丁军队的猛烈攻击。骑士团团长向理查要求反击，但遭到了"狮心王"拒绝，他希望在一个更好的机会发动全面总攻。但终于骑士团按捺不住发动了反冲锋，周围的法国骑士受其感染也一齐冲出。主帅"狮心"理查意识到，虽然这不是个最好的时间，但一旦战斗开始，就必须全力以赴了。因此他命令其他的骑士也跟随一同发动冲锋。这次冲锋出乎萨拉丁军队的预料，他们被打乱了阵脚。

过于集中的萨拉丁军队弓骑兵无法回避理查的骑士冲锋陷入肉搏战，因此遭受了惨重的人员伤亡，萨拉丁的左翼和右翼都在败退。最终，他的中军也溃退了，萨拉丁只得带领他的亲卫队离开了战场。萨拉丁的侄子率领着重装的苏丹卫队面对理查的左翼攻击又进行了顽强的抵抗。"狮心王"于是再次集结他的骑士发动集群冲锋，打垮了苏丹卫队。最终，在这场"圣地双雄"的正面对决中，"狮心"理查的空心大圆阵获得了胜利。

话题重回12世纪初的拜占庭，阿历克塞一世在使用空心大圆阵面对突厥人取得胜利时，拜占庭骑兵的力量得以恢复，而真正帝国

上图: 拜占庭重骑兵在与突厥古拉姆重骑兵交战

的骄傲——传统的超重装骑兵并没有完成重建。但这个工作在继续：阿历克塞一世力挽狂澜帝国免于灭亡，他的儿子约翰二世在小亚细亚对突厥人以及十字军的胜利，使得小亚细亚几乎全部的沿海地区又回归帝国的控制中。到了约翰二世的儿子，曼努埃尔一世统治期间，拜占庭帝国的海军及重骑兵随着科穆宁王朝的复兴在逐步恢复。海军不是本书的重点不便详述，而曼努埃尔一世重建的皇家拜占庭铁甲骑兵是非常有特点的。这支精锐部队的人数有限，显然不能完全恢复昔日马其顿王朝征服者时代五大皇家重骑兵卫队的盛况，但他们依然是那个时代装备与战术最优秀的具装骑兵之一。

科穆宁铁甲重骑兵出于曼努埃尔本人对于西方战术以及文化的兴趣，同时在西方骑士大量在拜占庭军队中服役的背景下，结合了东西方的军事成果。"冲锋步伐齐整，纪律严明的具装骑兵"与"站立式夹枪冲锋"在这一刻结合为一体。重建的拜占庭铁甲具装骑兵仍保持着大楔形阵，但人数是否仍为504人或384人就不为人所知了。有一点可以肯定——他们由希腊人或是亚美尼亚人组成，全部编制都是手持骑枪的重骑兵，并装备着以钉头锤为主的副武器，不再似马其顿王朝征服者时期的肉搏具装骑兵与具装弓骑兵或标枪骑兵的混合编制。

1155年，曼努埃尔这支重建的，以重型铁甲骑兵复兴为代表的拜占庭陆军登陆南意大利。在布林迪西，诺曼西西里国王威廉一

上图： 十字军部队后卫遭到萨拉丁麾下突厥骑兵的突击

"冲破巴比伦城墙"的夹枪冲锋：十字军骑士与拜占庭重骑兵的最后辉煌

世率领多达 2000 名诺曼骑兵为首的军队前来拦截，却被打得大败。这更加证实当时的西方骑士仍未对同时代的拜占庭重骑兵取得装备与战术优势。虽然拜占庭陆军取得辉煌的胜利，但之后由于海军的战败，不得不同诺曼人和谈。

而之前多次提到的 1167 年的瑟尔米乌姆会战，是封建化改革后的匈牙利骑兵与吸收西方夹枪冲锋战术的拜占庭骑兵的一次著名的对抗。匈牙利王国的精锐是沿用了西方模式的贵族骑士，他们是完全按照西方封建式骑兵的装备组建起来的。为了保障冲锋的效果，最前列的重骑兵战马的头部与胸部还悬挂有链甲保护。其他侍从骑兵与马扎尔轻骑兵则在左右。相对于占优势的骑兵，匈牙利的步兵显得比较衰弱，他们大都是这些重装

骑士的侍从与随从，当然还有缺乏训练的斯拉夫民兵。这些部队准备在骑兵排山倒海的冲锋成功后再扩大战果。

拜占庭军队的统帅则是曼努埃尔一世的外甥，也是他麾下最好的将领安德罗尼卡·康托斯特发诺斯。他率领的拜占庭军队由多方势力组成：既有由库曼人、突厥瓦达瑞泰骑兵、土库曼人组成的弓骑兵，也有由德国人、塞尔维亚人与本土希腊人组成的步兵，还有来自意大利的雇佣骑兵，及帝国最精锐的来自北欧的禁卫步兵瓦兰吉卫队。但最强悍的力量，则是曼努埃尔一世重建的拜占庭铁甲重骑兵部队，放置在右翼由一员猛将兰帕德斯统领。

战斗一开始，拜占庭步兵弓箭手与骑兵弓箭手的火力就压制了匈牙利的远程火力，

匈牙利统帅被迫让自己的骑兵部队开始冲锋。整个战线的匈牙利骑兵部队都开始向前。拜占庭人看见匈牙利骑兵出动，左翼的步兵弓箭手，中央的骑兵弓箭手立即后撤。骑兵弓箭手退到中央战线后方，左翼两个步兵弓箭手大队稍稍向后撤，另两个步兵弓箭手大队则一直跑到了河岸那里，在那里完成了重新集结。

匈牙利骑士对拜占庭的中央阵线猛烈冲锋，康托斯特发诺斯立即命令兰帕德斯，指挥右翼浑身披挂重甲的拜占庭铁甲具装骑兵以整齐的队形，对匈牙利骑兵进行了反冲锋。左翼两个稍做后撤的步兵弓箭手大队，这时候重新向前推进，并从侧面向匈牙利骑兵射来了漫天箭雨。就像以后也会提到的那样，锁甲马衣在防御箭矢上并没有获得札甲马铠

上图: 拜占庭科穆宁铁甲重骑兵

下图: 拜占庭骑兵在与匈牙利骑兵战斗

「冲破巴比伦城墙」的夹枪冲锋：十字军骑士与拜占庭重骑兵的最后辉煌

曾经得到的赞誉，拜占庭弓箭手密集的射击使一些匈牙利骑兵无法前进。右翼的拜占庭铁甲重骑兵反冲击方向正是匈牙利主帅的将军卫队，拜占庭重骑兵挡住了匈牙利重骑兵的冲锋，战斗到了最激烈的时刻，拜占庭铁甲重骑兵挥舞着他们恐怖的钉头锤，把匈牙利骑兵砸得人仰马翻。

眼看主帅卫队有覆灭的危险，本来迂回两翼的匈牙利骑兵只得返回支援主帅。但这样一来，匈牙利骑兵对拜占庭步兵本阵的威胁就完全解除了。时空仿佛转入了二十六年前，岳家军与金兀术在郾城对阵的场面。康托斯特发诺斯使用了与岳飞几乎一样的战术，使用精英骑兵通过缠斗拖住对方的骑兵，先遏制住后者的冲锋，再使用突击型重步兵加入鏖战，给予敌方毁灭性打击。

康托斯特发诺斯命令整个步兵战线向前推进，瓦兰吉卫队挥舞着双手战斧，冲入匈牙利骑兵阵型中猛烈砍杀。禁军重步兵与拜占庭铁甲重骑兵的双重屠杀，让匈牙利的骑士们立即

上图：拜占庭科穆宁铁甲具装骑兵大败匈牙利重骑兵

崩溃。他们开始向后没命逃窜，以至于让整个匈牙利步兵阵线也跟着逃跑。东罗马人的弓骑兵包括库曼骑兵、土库曼骑兵与之前提过的瓦达瑞泰骑兵成了追击的主力。拜占庭军队缴获了匈牙利的帅旗，并抓住了五名匈牙利的高级军事指挥官。匈牙利在整场战役中损失了将近15000人，包括大量被俘者，而拜占庭军队损失微小。

瑟尔米乌姆大胜之后，拜占庭铁甲重骑兵又加入进攻突厥罗姆苏丹国著名的1176年密列塞奥法隆战役。这场前阵中伏失败的战役中，他们位于主阵没有遭到损失，部分人员很可能还参与了道路的清理工作，以便能撤出更多的中伏部队，之后在突厥弓骑兵围攻并向拜占庭营地射箭时，还驱逐了后者。突厥人的胜利也只持续了一年，在1177年的曼德尔河谷战役中，拜占庭军队又反过来依靠伏击大胜，几乎全歼了突厥罗姆苏丹国约20000~24000人的军队，包括苏丹国的军队主帅——他率领突厥重装骑兵卫队突围遭到了失败，在骑马涉水渡河后，他被一名拜占庭骑兵杀死。

曼努埃尔一世的铁甲重骑兵改革从骑兵进化史上是值得称道的，是东西方重骑兵文化一次良好的结合。但由于拜占庭科穆宁王朝复兴的短暂，这次改革并未引起整个世界的潮流。300多年后，西方职业化重骑兵开始崛起，逐步代替了封建骑士作为西方战争的主力，这个时代才开始普遍出现高纪律队形、使用夹枪冲锋的具装骑兵。

也有一些历史学家批评了这种骑兵改革，认为这破坏了以往传统拜占庭重骑兵富有变化的多功能系统及细致缜密的配合。笔者看来，曼努埃尔一世铁甲重骑兵的改革也有其无奈与紧迫性。就当时并不稳定的"科穆宁复兴"时代背景来说，拜占庭帝国无论是国力，还是已

经被破坏的军事人员储备，已经无法复制当年称雄世界的，拥有弓骑兵与重骑兵紧密配合的拜占庭骑兵巅峰时代的风采。事实上，对于当时急需要重建强大军队的拜占庭帝国来说，与其复兴其核心机制已经被重创的原有马其顿王朝军事系统，不如通过更简化的方式快速完成这一点。

曼努埃尔一世的母亲是匈牙利人，利用这座桥梁，包括他自身对于西方文化的大力推广——比如曼努埃尔像西方国家一样召开骑士比武大会，甚至自己亲身参加骑枪比赛——使他拥有了西方式的可以快速付诸使用的骑兵战术。同时曼努埃尔一世已经尽最大可能保护了拜占庭重骑兵以往的优秀传统

上图： 在与突厥古拉姆骑兵战斗的后期拜占庭铁甲具装骑兵

与成果。比如严密而富有纪律的阵型，和"恐怖的钉头锤"，在大部分战斗中依然是卓有成效的，并且在一定程度上延续了拜占庭铁甲重骑兵统治重骑兵历史的岁月。但这已经是"最后的辉煌"了。随着科穆宁王朝复兴的结束，拜占庭铁甲重骑兵也将走入末路。

1180年，曼努埃尔死后，拜占庭帝国陷入政治混乱中。最终安德罗尼卡斯一世掌握了政权，对不服从他的贵族军事体系进行了耸人听闻的"大清洗"。这既摧毁了刚刚有所建树的拜占庭军队核心，又让他自己的生命与统治在外敌入侵和内部叛乱的夹击下血腥地消逝。虽然其后的统治者企图努力延续帝国的荣耀，但混乱仍在继续。

处于"重病"之际的拜占庭帝国在1204年受到了致命一击。这并非来自东方的敌人而是他们的"盟友"——第四次十字军东征的十字军。拜占庭帝国首都正值混乱中，两位竞争者争夺王座，而主力军队在色雷斯对抗重新兴起的保加利亚人。处于政治混乱状态的君士坦丁堡第一次失守了。这次首都失守引发了帝国崩溃的大灾难。十字军在君士坦丁堡建立了拉丁帝国，而巴尔干、小亚细亚的拜占庭帝国贵族们分裂成各个势力。

但让人惊异的是，拜占庭流亡政府——小亚细亚的尼西亚帝国艰难地在东西方敌人的夹攻下存活了下来，通过抵抗十字军与突厥人的胜利站稳了脚跟。帝国的前两代统治者，击败突厥人入侵的赛奥多西一世，以及比他更成功的女婿与继承者约翰三世都非常出色。约翰三世更是重建了以库曼骑兵为核心的"农兵军区制"，并让尼西亚帝国扩大了两倍，仍成为当地最强大的地方势力。在1256年，其后继的君士坦丁八世收复了君士坦丁堡。不过这个时期的拜占庭帝国，虽然

■上图: 下方与女士在交往的是颇具备西方骑士风格的拜占庭普罗诺埃重骑兵, 上方是拜占庭边境重骑兵, 由曼努埃尔一世重建

■上图: 1211年的第二次曼德尔河谷之战, 此战的胜利挽救了危急关头的拜占庭尼西亚帝国

依旧延续了200年, 但已经退出了世界最强大国家的行列。他们的军队虽然有一定的战斗力, 但不再引领世界的潮流与进步。至14世纪, 帝国的整个军事力量趋于衰败, 拜占庭重骑兵长期统治历史的局面宣告终结。

总体上, 阿拉伯哈里发王朝和取代阿拉伯人短暂兴起的后继者塞尔柱帝国的崩溃, 以及原西亚、东南欧霸主拜占庭帝国的崩溃, 让曾经处于重骑兵文化中心的东南欧、西亚、中亚走向了分裂与衰落。广大的地区被各林立的割据势力所占据, 没有任何一个拥有规模较为庞大的、强大的、专业化军队的帝国, 阻挡可能崛起于东方的势力。远东诸国, 金朝、南宋与西夏逐步衰败的军事力量, 也无法控制新东方力量的出现。在这种背景下, 一个草原民族将在血腥部落战争中统一, 然后凶猛的可汗会将他身经百战的军队投入到人类历史上区域最广的征服战争中去。而他们似乎无法阻挡的骑兵力量, 也宣告了草原重骑兵巅峰时代的降临。

第五章

巅峰时代的草原重骑兵及他们唯一的对手

蒙古重骑兵与马穆鲁克重骑兵

哪条路可以让你用来躲开我们？我们的战马如此迅捷，我们的箭矢如此锋利，我们的剑如霹雳，我们的心如群山般坚硬。
——蒙古西征军统帅旭烈兀给马穆鲁克苏丹古突兹的信

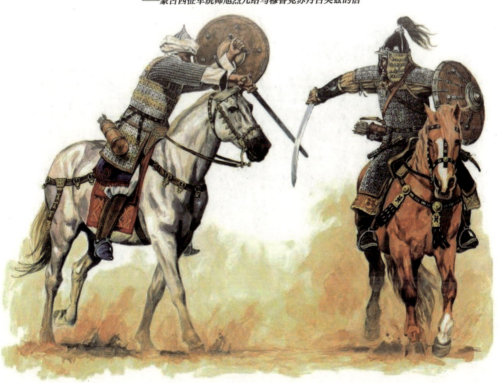

蒙古军队在世界军事史上是一个非常独特的案例，从未有民族进行如此宏伟的战略，赢得了如此多的战斗，征服过跨度如此庞大的区域，并因为残酷的屠杀政策被占领区如此强烈地厌恶。无数彼此都没有见过或听闻过的民族，从东欧的波兰、匈牙利至俄罗斯，从西亚的小亚细亚地区至叙利亚，从波斯地区至远东中国，从日本至缅甸，竟然都在对抗同一个可怕的敌人，

弓与箭是草原骑兵们最核心的武器，蒙古人当然也不例外。蒙古战士从四岁开始，就会拥有自己的弓与箭，未来这种武器将伴随着自己的一生。骑手们骑乘在马背上发射箭矢，无论是战争还是狩猎。而这些性格坚韧的骑兵弓箭手在必要的时候，甚至就睡在马鞍上。但这种精神并非蒙古骑射手所特有，事实上，8个世纪以来，这习俗在欧亚大陆上诸多草原民族中并不很突出。无论是匈人、阿瓦尔人，或是佩切涅格人。

刚刚崛起的蒙古骑兵无论是装备还是习俗，都很类似于曾经在5世纪被称为"上帝之鞭"的匈人，马术高超，箭术超群，骑兵使用皮质的轻甲，使用非常强力的复合弓。蒙古弓的拉力甚至可与同时代著名的英格兰长弓媲美，但真正理想的作战距离是150米以内。有的时候，蒙古射手利用弹道抛射发射箭矢当然会更远，不过这是为了在真正的战斗开始前扰乱和惊吓敌人的士兵与战马，而非杀伤目的。箭头一般有两种，轻甲箭头小而尖，适合远距离射击；另一种箭头是重箭，适合较近距离的

| **上图**：蒙古轻弓骑兵的训练

穿甲射击，可以射穿较为沉重的札甲与锁甲。

蒙古骑兵骑乘长毛不畏寒冷，高度仅1.32米至1.42米的矮壮蒙古马。这些马匹肌肉发达，耐力非常好，这就给蒙古骑射手提供了一个比骑兵肉搏战更优越的、可以较长时间奔驰的稳定射击平台。这种马几乎可以吃任何品质的饲料，食物短缺时可以只食用草料甚至树皮，这对于长距离的快速行军是一个巨大的优势。蒙古人不需要大量运输饲料，他们通常在一天快结束的时候让马匹自行觅食，这样他们就可以发动快速的长距离袭击。当然也有缺陷，蒙古马较为矮小，相比较大的品种，比如中亚或西亚的高大战马，前者的爆发力不足。因此，崛起前的蒙古骑兵更适合作为轻骑兵射手，而非突击型的重装骑兵。

但仅拥有轻骑兵射手的蒙古骑兵是无法完成这样宏大的征服的。就如同8个世纪前驰骋欧洲的匈人骑兵，尽管他们努力将征服的部落（例如萨尔玛提亚人的重装骑兵）及强壮战马引入自己的大军中，但这仍没有改变他们轻装骑兵为主的结构。如此，凶残的"上帝之鞭"最终仅扮演了残酷的乡村劫掠者角色。东罗马与西罗马帝国的大部分主要城垣依旧阻挡住了匈人轻骑兵，直至匈王阿提拉在沙隆战役中失败。

成吉思汗在1206年前，统一蒙古各部时的骑兵也主要是使用皮甲或不披甲的轻型骑兵。但在对北方其他游牧民族不断的军事胜利下，蒙古骑兵的装备也在不断提高。蒙古人将各种游牧民族如回鹘、西辽、哈喇鲁（就是唐代的三姓葛逻禄）等征服。西北各部的臣服，扩大了蒙古帝国的疆土，至于回鹘、葛逻禄的军队，很快加入了蒙古的征服战争中。几乎同时，蒙古也发动了对西夏的战争，前期战争断断续续至1217年，战争是以掠夺与制服为主要目的。蒙古人虽然未将西夏彻底征服，但削弱了西夏的实力。并且西夏军队必须履行对蒙古人的义务"助军"、"纳贡"，蒙古军队的实力越来越强大。

蒙古骑兵原先的铁札甲与铁鳞甲是较少的，但他们向南开始实现对远东金朝成功的打击及西征之后，一切都不同了。成吉思汗的蒙古骑兵是通过各部落残酷战争诞生出来的杀戮机器，而金朝主要军事成员已经随猛安谋克制度的破败而衰败，金朝过去以精锐骑兵为主力的军队中，现在更多的则是步兵。但对于自身信心十足的金朝军队仍沉迷于过去辉煌的历史，与进犯的蒙古骑兵展开大规模的会战。金朝拥有更好的装备，却连战连败，损失了大量的马匹与装备。之后，金朝又由于过度地畏惧而放弃了北方的防线，原有的群牧监数十万匹马匹被蒙古军所获，大量城市也失陷于蒙古人之手。依靠大量缴获的装备与城中俘获的工匠，以及充足而优秀的骑兵兵源，这个时代的蒙古军队逐步建立

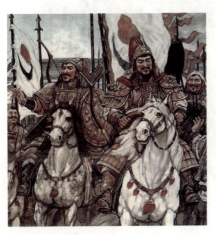

上图：成吉思汗的蒙古军队

上图：蒙古军队在围攻开封

起一支大规模的、同轻弓骑兵一样令世界惊惧的重骑兵。

蒙古重骑兵也与轻骑兵一样装备着强力的复合弓，不同的是，他们拥有几乎与弓一样重要的长骑矛。一部分骑矛很可能具备远东中国宋或者金的一些设计，拥有一个倒钩，必要的时候可以将敌人从马鞍上拖下。蒙古重骑兵也会配有盾牌，一般是小圆盾，有资料显示这些盾牌多用于重骑兵下马作战。当他们下马作战——特别是在攻城战时，也会使用大型的皮盾或者柳条盾牌。在副武器方面，钉头锤、狼牙棒等重型打击钝器是非常受蒙古重骑兵欢迎的。除此以外，他们也携带当时逐步在西亚、中亚、东亚流行的骑兵用曲身弯刀。不过，轻型的弯刀或标枪多为蒙古轻骑兵的装备。

在通过征战获得了大量中亚与金朝的重札甲后，蒙古重骑兵呈现出与中原重骑兵相似的装备——兜鍪、披膊、身甲、腿裙齐备，也就不足为奇了。札甲由大量的铁甲片组成，在甲片中穿孔用皮革条编在一起，是非常典型的东方式札甲。蒙古重骑兵也会使用铁片更小，编缀在整片皮革上的细鳞甲。资料显示，到了元世祖忽必烈时期，蒙古重骑兵的甲衣更长，有点像唐朝重骑兵那样，远远超过膝盖。蒙古重骑兵也有颈部保护，一部分资料显示护颈是宽大的，甚至覆盖至肩膀并且绕过下巴下方。但波斯方面的资料则显示，蒙古重骑兵的护颈是相对小型的。

不仅是护颈有这样大的差异，胸甲也是如此。有资料表明，一部分蒙古重骑兵也拥有西亚式的锁甲，称为"网甲"，铁质头盔上也装置着锁甲护颈，整个锁甲衣胸部则为皮胸甲，很可能是远征印度的蒙古骑兵装备。根据旅行家传教士威廉的叙述，他也看见过

蒙古骑兵穿着纯粹的链甲衫，而那名骑兵声称是从高加索地区得到的。这反映出随着蒙古征服区域的不断扩大，蒙古重骑兵装备来源是广泛而不固定的。

蒙古重骑兵一部分是装备马铠的，与较为沉重的金朝或宋朝马铠不同，蒙古重骑兵的马铠一般是皮质的，以组合式马铠为主，由五个部分组成。不过，组合方式与当时远东流行的方式不同：马身体的两侧各有一片甲，一直盖住马的头部并延伸到尾部，固定在马鞍上；一片甲放在马的臀部，和两侧的甲片系结来；马的胸部也有一片甲。这些马铠的长度都达到马的膝盖，最后在马的前额上还有一块铁质的甲板，保护在近战中很容易遭受打击的马匹额部。实际上南宋军事家华岳，在《翠微先生北征录》中，也提到了这种外加护额对于具装战马头部的保护非常重要。不过就像上文所述，这种方案并没有被南宋军队所使用。

蒙古重骑兵是随着不断的扩张与胜利强化的精锐骑兵，其彪悍与作战素质的高超是无与伦比的。但就单兵而言，蒙古重骑兵从装备与战术上来说，并非超越金、宋、西夏的重骑兵，也不比拥有传统中亚重骑兵文化的王国，如花剌子模等更强大。或许从装甲特别是马匹装甲上，蒙古重型具装骑兵较这些偏重于重甲的对手还略轻一些。蒙古重骑兵真正可怕的装备是与其轻骑兵一样，随着所获草场与马匹资源的不断扩张，拥有的数量惊人的马匹。除了原本不太擅长作为突击型重骑兵使用的较为矮壮的蒙古马，蒙古军队还拥有中亚与东北亚那些身材高大、强壮的战马。且根据上述蒙古草原民族的习俗，蒙古军队在行军时会携带数量庞大的马群一齐行进。曾在 7 世纪，作为中国王朝养马之

上图: 蒙古重骑兵的装备

最的唐朝军队可以做到精锐部队如朔方、河西军"一人两匹"。而曾以庞大骑兵称雄的金朝骑兵也可以做到"备养副马",一名骑兵二匹战马。但他们引以为豪的马匹数量在蒙古骑兵面前均黯然失色。

每一名蒙古骑兵都拥有几匹备用马,最少的也拥有两匹马,其中很大一部分骑兵拥有3—5匹马。这些马紧跟在部队的后面,在行军过程中,甚至在战斗进行时都可以随时用来更换。换马是按接力的方式进行的。采用这种极为有效率的方式,只要行军的线路中具备草场,就能保证蒙古军队无与伦比的战略机动性。1241年,速不台指挥的蒙古军队,只花了三天时间就从鲁斯卡山口越过喀尔巴阡山脉,来到多瑙河流域的格兰附近,行程180英里。路上大部分地区都有很深的积雪,而且这还是在敌人的国土上行军。这种机动性,即使是马匹充足的对手也无法做到,更别提诸多仍缺乏马匹的敌人。一些同时代游牧民族也装备了大量的马匹,但装备、军事纪律及训练又大大逊色于已经崛起的蒙古。

有一些错误的观点认为,蒙古骑兵纵横天下仅依靠他们的轻骑兵,实际上在蒙古开始西征之时,蒙古重骑兵已经占到了骑兵总数的40%,重骑兵也装备有弓箭,但最重要的任务是突击并且使用重型打击武器参与肉搏格斗。另一种错误观点认为蒙古第二次西征面对匈牙利、波兰以及条顿骑士团是以轻弓骑兵击败了欧洲重骑兵。事实上13世纪

上图:蒙古重骑兵与轻弓骑兵在一同射击

巅峰时代的草原重骑兵及他们唯一的对手:蒙古重骑兵与马穆鲁克重骑兵

91

的西欧模式重骑兵，仅仅是身穿全身锁甲的骑士，并非 15 世纪之后全身板甲的骑士。他们的主要马匹都不披铠甲，只有少量骑兵使用了锁甲马铠。当时西欧骑士比起装备重型铁质札甲或鳞甲，披挂皮甲马铠的蒙古重骑兵，实际上装甲更轻。西欧骑士面对蒙古重骑兵唯一称道的就是他们的"站立式夹枪冲锋"战术，但就这种战术，在大多数时候也被蒙古轻弓骑兵和蒙古重骑兵的良好配合瓦解。

无论是西方史料，或是中国本身的史料，对于蒙古骑兵除了骑射也非常重视冲击都有较为详细的记载。根据《黑鞑事略》，"故交锋之始，每以骑队轻突敌阵，一冲才动，则不论众寡，长驱直入。敌虽十万，亦不能支。不动则前队横过，次队再冲。再不能入，则后队如之。方其冲敌之时，乃迁延时刻，为布兵左右与后之计。兵既四合，则最后至者一声姑诡，四方八面响应齐力，一时俱撞。"显示了重骑兵冲击战术在蒙古骑兵作战体系中的重要性。

事实上，轻弓骑兵与重骑兵的配合之前已经被无数民族演绎过。先通过轻弓骑兵的箭雨覆盖，两翼包抄，削弱及诱敌，然后重骑兵伺机发动决定性突击。无论是公元前的帕提亚王国，还是波斯萨珊帝国，或是突厥人的游牧骑兵，都有这样的配合。但蒙古轻弓骑兵与重骑兵的配合是建立在严酷的军事纪律和训练之上的，较当时其他游牧民族发挥得更为完美。蒙古名将哲别与速不台的第一次攻俄之战，充分显示了这种铁一般的军事纪律，以及决战中蒙古重骑兵的重要性。

■上图: 与当时的条顿骑士相比，蒙古重骑兵实际上更重装

蒙古军队在面对敌人时，常采用诸多游牧民族擅长的"假撤退"战术。但多数游牧民族的假撤退战术是用来不断地袭扰，而蒙古骑兵高度严格的军纪，能保证更加长期且有序的假撤退，有的时候连续达到数天。甚至在长途追击的敌军队形陷入混乱时，蒙古军队的撤退阵型依然井然有序，还能够反过来，在有利的条件下突然发动令敌军无法预料的决战。在 1221 年，速不台带领的蒙古军队就已经使用了假撤退大败格鲁吉亚军队，之后蒙古大军遇到了 50000 来自高加索北部的阿兰人和切尔克斯部落。阿兰人可以算是最后的斯基泰人，他们在重骑兵发展史上的重要性在各章中都有表述。为了对抗西征的

蒙古大军，阿兰人加入了另一支游牧民族库曼人，但库曼联军也被蒙古击败。速不台与哲别则追赶着库曼人继续西进，库曼可汗被迫向加里奇的罗斯大公姆斯季斯拉夫求援。因为之前库曼人长期劫掠罗斯人的领地，库曼人要求的援助被耽搁了长达近一年。不过当蒙古大军临近，1223 年，姆斯季斯拉夫还是集结了各王公的罗斯军队，包括之前有过冲突与间隙的基辅大公的军队，共同来抵抗自东方来袭的蒙古军队。

蒙古军队的数量是两个万人队，数量为20000—23000 人，罗斯和库曼联军拥有的兵力非常具有争议，历史考证从 30000—80000人都有。罗斯人的军事布置是这样的：加里奇大公和沃里尼亚大公的罗斯军队向南穿过

第聂伯河进发；基辅大公、切尔尼希夫大公以及来自库尔斯克的罗斯军队向北，挺进河的上游；擅长骑兵的库曼人则计划从后背迂回攻击蒙古军队。蒙古方面，速不台与哲别本来在等待术赤的援军，而后者由于生病没有赶到。蒙古军发现数量占据优势的罗斯人动向后，就立刻全军向东撤退。并留出 1000名后卫来继续报告罗斯人的进军动向。

但实际上，罗斯诸大公都是各自为战的，完全按照自己的愿望去行军战斗。加里奇的罗斯军队在姆斯季斯拉夫的率领下奋勇向前，遭遇了蒙古军队后卫的 1000 人。冒着蒙古弓骑兵的箭雨，罗斯军队冲过了河，依靠强大的兵力，他们击败蒙古军队的后卫，俘获并杀死了后卫的蒙古将领。这也给予罗

上图：蒙古大军在行军中

斯人一个错误的信息——蒙古军队战斗力并不强大，于是罗斯大公及库曼骑兵继续大胆地追击。

速不台与哲别全军一连撤退了九天，但对于蒙古军队来说这只是惯常的战术而已，撤退始终是秩序严明的，其如铁一般的纪律令人畏惧。而他们的对手罗斯人与库曼人追击时，却无法做到这一点。当联军追击至卡尔卡河，蒙古人发现联军由于追击开始混乱：库曼人大多冲在了队伍最前方，之后就是前后赶来的各罗斯主力军，他们也没有集中——这些破绽都可以利用。

速不台与哲别命令蒙古军队开始迅速地全面反击。库曼骑兵首先被蒙古骑兵打垮，前者利用两支罗斯军队——沃里尼亚和库尔斯克罗斯军中间的空隙逃出了战场。蒙古两名统帅利用这个空隙，决定动用蒙古重骑兵。手持骑矛的蒙古重骑兵冲击穿过这个缺口。处于后方的切尔尼科夫罗斯军还不知道战斗已经打响，结果在前进时撞上逃跑的库曼骑兵乱成一团。蒙古重骑兵抓住这个混乱的机会，继续猛冲后方混乱的罗斯军队，直接造成这条战线的整体崩溃，其指挥切尔尼希夫大公当场阵亡。

与此同时，配合默契的蒙古侧翼骑兵也立即迂回过来，包围了整个罗斯军队并切断了他们的退路，被包围的罗斯军队被一阵又一阵蒙古骑兵发射的漫天箭雨所覆盖，其中伴随着偶尔的骑兵冲锋。当最终的毁灭降临时，加里奇的大公姆斯季斯拉夫在包围圈中冲出一条路逃生。直到这个时候，基辅大公才领军赶到，当发现罗斯与库曼联军已经被击溃，他带着

上图：正在对抗蒙古骑兵的罗斯人。1. 罗斯贵族卫队；2. 蒙古重骑兵；3. 蒙古弓骑兵

10000 名分遣军返回他处于第聂伯河附近一座高地上的营寨。获胜的蒙古骑兵立即转过来再追击基辅大公，并包围了他高地上的营地。基辅大公最终支撑了三天，被迫向蒙古军队投降。蒙古人假意许诺他们的投降，并答应放所有的士兵回家。实际上，等他们投降后，蒙古人屠杀了所有投降的基辅罗斯军队，也包括他们的大公。根据习俗，在蒙古胜利的饮宴时基辅的大公及其贵族被以"不流血的方式"处置，也就是被残酷地活埋了[①]。

根据诺夫哥罗德的资料，此战中罗斯与库曼联军损失了 60000 人，而蒙古军的损失并不大。生还的加里奇大公姆斯基拉夫和自己的军队撤到了西岸，烧毁了所有的船只，

① 也有说法是成为地板下面的"肉垫"。

上图: 卡尔卡河之战中蒙古重骑兵的突击

阻止蒙古人乘胜渡过第聂伯河。蒙古军队也没有继续西进，哲别和速不台随后率领蒙古大军返回。两位蒙古名将的此次西征，是整个世界历史上最长距离的骑兵奔袭，三年中攻击距离长达 8900 公里。在返回后不久，哲别去世，而速不台则与拔都在 1237 年率蒙古军队再次返回基辅，用 12 万大军征服了基辅罗斯公国。

到了 1241 年的第二次蒙古西征时，蒙古军队远征的"长臂"已经到达了多瑙河，进入了波兰与匈牙利的境内。主力军队在拔都的率领下猛攻匈牙利地区，而北方的蒙古军 20000 人则由名将拜答尔统领，连续在波兰地区击败波军并攻城略地。但他们围攻西

里西亚首府弗罗兹瓦夫时，遭到了失败。正当拜答尔犹豫是否继续围攻时，波兰大公亨利二世集结了"欧洲联军"前来迎战。除此以外，波西米亚国王文西斯劳斯带着一支两倍于波兰大公的军队前来支援，离亨利只有两天的路程。这就让拜答尔决定尽量趁他们还未会合之际击败波兰主力军。

双方军队于 1241 年 4 月 9 日在莱格尼察对阵。亨利二世的"欧洲联军"实际上实力是非常不平衡的，现代历史学家估计人数在 8000—25000 人，其中有大量训练和装备都很差的征召士兵。有一定训练基础的军队包括来自奥博莱的梅什科公爵，此外还有博莱斯拉夫伯爵麾下的摩拉维亚人，以及一些

"大波兰"中央地区的征召者以及巴伐利亚矿工。亨利手中最训练有素的军队是来自于自己西里西亚公爵领地的雇佣兵，以及一支小规模的来自法国的圣殿骑士团，这支骑士团人数非常少。根据历史学家彼得·杰克逊的看法，大约是68—88名装备良好，训练有素的骑士。当然，这些骑士还有他们自己的侍从。另外，还有一支人数不明但应该数量也是极少的条顿骑士团，通常被认为也加入了联军作战部队。

　　亨利将他的军队分成四个部分：博莱斯拉夫伯爵麾下的摩拉维亚人、波兰中部征召者与克拉科夫人、梅什科公爵的奥博莱部队、亨利个人统帅的西里西亚及骑士团骑士等精锐部队。战斗首先是西里西亚骑兵与蒙古军队的先锋骑兵交战，西里西亚骑兵很快被击退。于是"大波兰"部的骑兵及梅什科公爵的骑兵开始

上图：波兰13世纪的军队。1.波兰西里西亚骑士；2.骑士团骑士；3.波兰东部步兵

上图：莱格尼察之战

攻击蒙古先锋。这次蒙古军队撤退了，但并非真正的败退，而是让"占据优势"的波兰骑兵继续追击从而与波兰的步兵隔开。这个时候，波兰骑兵出现了一些混乱，梅什科公爵的奥博莱骑兵突然撤出了战场，他的撤退迫使亨利二世将他最精锐的部队——他自己的骑士与骑士团骑士也投入战场。

虽然是假撤退，蒙古诱敌的轻弓骑兵依然在波兰骑兵的侧面，同时还释放烟雾来掩饰蒙古骑兵的行动。在波兰骑士与本阵步兵脱离的时候，蒙古轻骑兵利用掩护两翼张开，迂回至波兰骑士的两侧，在奔驰中向波兰军队射出箭雨，早已准备多时的蒙古重骑兵从正面平举长骑矛发动冲击。接下来的结局则是典型的蒙古骑兵歼灭战，蒙古重骑兵与轻骑兵首先消灭了分割的波兰骑兵，然后再对付崩溃的步兵。亨利的军队几乎全军覆没。统帅亨利与博莱斯拉夫伯爵阵亡——他企图带着三名护卫逃出战场的时候，被击倒并被斩首。胜利的蒙古人将他的头插在莱格尼察镇前。据说，蒙古人将阵亡者的右耳朵割了下来，装载了 9 个口袋，这点上蒙古人与西方的记录是一致的。

但此战，圣殿骑士的主力成功撤退了。根据当时法国圣殿骑士大宗师向法国国王提交的资料，圣殿骑士团损失了 500 人，而这绝大多数都是随从人员，因为资料同时指出阵亡人员有 3 名骑士与两名"军士"（也有可能是荣誉骑士）及其他 9 名宗教团的战士。蒙古军队的伤亡不明，不过他们没有进一步行动，以保存实力对付即将到来的波西米亚军队。

上述无论 1223 年的卡尔卡河之战还是 1241 年的莱格尼察之战，蒙古重骑兵都是蒙古军队中在关键时刻发挥决定性作用的力量，纪律严明的他们与蒙古轻弓骑兵的紧密配合，构成了蒙古军队在开放地域取得胜利的重要因素。此外，蒙古取得胜利还有骑兵之外的其他因素，如恐怖的名声、对于被征服地区军事科技的成功运用（比如远东早期的火药武器及西亚、中亚的配重式投石机等）。当然，他们并不一定是自人类有史以来各兵种协同最好的军队，却是当时最具备军事素养的军队——蒙古征服的成功有其时代的客观性。从古典时代开始，无论是西欧、东南欧、西亚、中亚或者远东，总有较为强大的定居文明大国维持着世界结构，比如罗马—拜占庭、萨珊、阿拉伯或是远东的汉帝国与唐帝国。纯粹的草原民族很难得到无所顾忌的扩张。

但在蒙古高原蒙古部兴起之时，世界文明都处于低潮期或混乱期。西欧诸王国还在不遗余力地应教皇的号召发动十字军东征，拜占庭帝国甚至失去了首都君士坦丁堡在苦苦奋斗，东南欧与叙利亚建立了大量割据的十字军势力，各阿拉伯政权从小亚细亚至阿拉伯地区乃至中亚都四分五裂。而在中国，西夏、金走向了军事衰落，南宋则保持了一贯的军事防御状态。因此，在蒙古族在蒙古高原进行统一战争或是对周边其他草原民族进行兼并时，周边的文明政权并不能对这些征服进行有效的阻止或干扰。当蒙古的力量变得难以控制之际，他又击败了这些文明政权，并充分使用后者的军事成果让自己变得更强大。

但若要过分神话这支毁灭性极强的军队也是不必要的。蒙古军队无与伦比的战略机动性也有其依赖的条件及弱点。是的，他们确实是当时世界上战略机动最快的军队，但限于拥有草场的地区。而且即使在较为理想

98 **上图**: 在远东进行攻城作战的蒙古重骑兵（下马状态）

上图: 蒙古大军围攻基辅城

的草场环境下，蒙古军队也不得不保持继续前进——为了确保他们非常庞大的马群需求的草场供应。我们会发现蒙古军队往往在大胜之后反而撤退，抛开直接的政治与军事因素，一部分重要原因就是草场的供应。第二次西征时，速不台统领的蒙古大军进入的匈牙利平原，其草场都不能提供其麾下所有的牧群"永久放牧"。有的敌人会利用这个弱点，而且确实也有效果，我们之后将会提到。

事实上，中东欧地区的堡垒群，也经常让蒙古军队陷入代价高昂令人沮丧的围攻。在匈牙利，虽然蒙古人的军事实力让他们最后也能获得胜利。但在这种顽强抵抗下，他们所得到的战利品，与征服相对富庶的中国金朝与宋朝所获相比，显得微不足道。如果继续向西欧前进，他们会遇见更多更加坚固的堡垒群。西方式重骑兵可以利用这些要塞与城堡伺机反击。且越向西方，气候逐步变得寒冷而多雨，不间断的茂密的大森林也是蒙古骑兵不愿意看到的。

事实上我们可以发现，就连离蒙古军队中心势力相对近一些的东欧地区罗斯诸城邦，命运也是完全不同的——位于南方乌克兰平原地带的基辅公国被蒙古人打得惨败，而寒冷多雨且森林密布的诺夫哥罗德仅仅是臣服于他们并交纳贡金。现代气候分析，1242 年初，蒙古人在 1241 年取得匈牙利的胜利后，寒冷而潮湿的冬季将蒙古马群依赖的匈牙利平原变成了一片巨大的沼泽，缺乏牧场也是蒙古军队不愿意继续前进原因之一。

真正在军事上阻挡蒙古征服的，是一个有较为广阔的疆土，同时保留着优秀军事传统的王朝——埃及马穆鲁克王朝。关于马穆鲁克骑兵在上一章节已经多有介绍，埃及王朝的绝大多数马穆鲁克都是从克里米亚和俄罗斯南部大平原的突厥部落招募的，延续至原先突厥人的古拉姆军事系统。无论是古拉姆或是马穆鲁克，他们反映的是一个含义——奴隶士兵。但与炮灰版本的奴隶兵不同，他们是精英，是被主人非常信任与重视的，他们常被当作家人而不是奴隶。有的马穆鲁克也会因为战功荣升军官，甚至是高级军官。

12世纪末，埃及阿尤布王朝著名的英雄萨拉丁，他将自己的库尔德古拉姆与突厥古拉姆军队，逐步演变成为新的精锐部队马穆鲁克。至1181年左右，资料表明萨拉丁军中马穆鲁克数量是6976名古拉姆（这包括了库尔德人古拉姆）以及1553名花剌子模古拉姆，这在当时是一支可观的力量。这个时期的马穆鲁克主要是服重型弓骑兵役，因此他们在面对真正的冲击型西欧骑士时，比如前文提到的面对骑士团骑士的蒙吉萨战役，或是面对英王"狮心"理查麾下骑士的阿苏夫战役，直接交锋的记录并不佳。当然1187年的哈庭战役萨拉丁大获全胜，但胜利因素更多的是依靠将西方骑士引入短缺水源的地区，而不是麾下马穆鲁克的素质压制了西欧骑士。

但他们始终在不断成长，马穆鲁克骑兵的训练系统从阿尤布王朝晚期以来到马木鲁克王朝早期，一直都在缓慢发展着。那些有潜力的年轻奴隶，作为学生被派往10个主要学院学习宗教、文学和军事，一直到他们都是成年人为止。十年刻苦的学习和军事训练后，他们

上图： *萨拉丁军中的古拉姆重骑兵——马穆鲁克重骑兵的前身*

才能获得自由，并成为苏丹自己的马穆鲁克（注意这里的自由是相对的，他们的身份虽然已经不是商品，但在程序上依然属于自己苏丹所有）。经过长期严酷的军事训练，最终这些学生们会在训练课程结束后得到他们的毕业证书、一套军服、战马、弓、箭、箭囊，成为一个合格的马穆鲁克骑兵。终于到了阿尤布王朝晚期，正式出现了那些纪律森严，训练有素，既可以弓箭远射也可以用矛、剑肉搏，甚至精于下马作战的马木鲁克骑兵。

1244年，马穆鲁克骑兵军团用恐怖的箭雨覆盖直接阻止了十字军骑士们在加沙的冲锋。在1250年的战斗中，马穆鲁克名将拜巴尔带领他的骑兵们，不仅击败了第七次十字军东征的十字军，甚至俘虏了率领十字军的法国国王路易九世。让十字军遭受了前所未有的失败。

上图： 1. 卡萨基亚卫队；2. 埃米尔的马穆鲁克骑兵；3. 自由民骑兵

　　在这个时代，马穆鲁克军队已经脱胎换骨，不仅是能提供重型弓骑兵作用的骑兵部队，而是一支综合各方面技能的劲旅，很可能是 13 世纪中后期整个西亚最精锐的部队。

　　他们的防护装备非常精良，其中最精锐的一些重骑兵使用类似于拜占庭军队的以大片金属甲叶交叠的重型札甲，有的战马也仿照拜占庭军队使用马铠。相当于苏丹马穆鲁克禁军，被称为"卡萨基亚卫队"的重装骑兵更是连人带马武装到了牙齿，他们的人数在 500—1200 人左右。除了在战斗中，他们在礼仪和外交层面发挥的作用也比一般马穆鲁克的作用更大。苏丹等级之下的"埃米尔"

麾下的马穆鲁克骑兵相对薪金也会低一些，马匹一般也不披甲，但人员保护也较为完备。除重型札甲以外，12 世纪普遍流行于阿拉伯世界的锁甲在 13 世纪的马穆鲁克军团中也很常见，因为用软甲填充后的锁甲对于防护刀剑砍劈依然是优秀的。到了 14 世纪，马穆鲁克重骑兵的金属札甲胸甲可以作为额外保护，覆盖在链甲外面，提供了更加优秀的保护。

　　骑矛在马穆鲁克骑兵的武器中非常重要，重要性甚至超过在传言中更被人津津乐道的突厥式弯刀。马穆鲁克骑兵更喜欢用长度适中而不易在冲锋与格斗中折断的骑矛。

另一种非常受重视的武器就是钉头锤，这同样也是蒙古骑兵非常钟爱并且效果极佳的破甲武器。

作为一个以重型骑兵为军事核心的王国，显然马匹的数量与质量都应该是被极度重视的。马穆鲁克的军马绝大多数都在叙利亚长大，另一小部分在埃及。但有限的产马地满足不了军队的要求，因此庞大的需求量依然要靠进口来满足。马穆鲁克不得不大量进口阿拉伯和北非的马匹。而最好的马来自印度，这些来自印度的优秀战马，装备着上文提到的苏丹马穆鲁克中最精锐的卡萨基亚卫队。马穆鲁克军中也有一小部分蒙古马，但因为印度战马和叙利亚战马个头更大，更能适应重型骑兵战术而比蒙古马受欢迎，且在叙利亚这种气候和地理条件下，缺乏广阔的牧场，这些高大而习惯食用饲料的马反而比喜爱草场的蒙古小型马更易饲养。除了最精英的马穆鲁克可以拥有多匹战马，大多数马穆鲁克骑兵只有一匹战马。不过在战争时期他们会有一至两匹用于背负辎重的骆驼。

马穆鲁克和对手蒙古人不同，在少年时代就开始的训练中，除了要学习如何在马背上使用刀、剑、矛、锤、弓等各种兵器以外，还要刻苦练习下马步战的本领。他们上马就是马穆鲁克骑兵，下马就是最优秀的步兵。这也使得他们往往在混战领域较蒙古骑兵更胜一筹。

1249年的政变终结了埃及阿尤布王朝，马穆鲁克军团首领成为新王朝的领袖。在这个王朝的大部分时间里，王朝的主人都是马穆鲁克军团中最成功的军官，比如著名的古突兹与拜巴尔，他们对于马穆鲁克军团不遗余力的建设与训练，让军队较阿尤布时代更为强大。

马穆鲁克重骑兵真正的考验在于1256年面对恐怖的"世界征服者"蒙古的第三次西征。这次西征由拖雷的儿子旭烈兀率领。1258年，他攻克了西亚最大的都市巴格达，并展开了破坏，无数文献毁于一旦。1260年，旭烈兀恐怖的大军继续前进，1月份攻克重镇阿勒颇，再直奔叙利亚大马士革；3月份攻克大马士革。一部分亚美尼亚重型骑兵也加入蒙古大军，似乎世界上没有任何存在能抵挡蒙古大军的脚步。

旭烈兀也这么认为，他写了一封极其傲慢的信要求在开罗的马穆鲁克首领古突兹投降，但他低估了这些埃及军事精英的抵抗精神。古突兹将蒙古使者的头颅挂在了开罗的城门上，并联合了另一名马穆鲁克首领拜巴尔，他们都决心坚决抵抗蒙古大军的入侵。大量的军队被召集起来，马穆鲁克们似乎成为当时中东世界的唯一希望。

就在这时，一个重要的事件打破了当时了局势。蒙古大汗蒙哥逝世，旭烈兀于是率大军东进返回蒙古，西征军仅留下了两个万人队，由悍将怯的不花率领。埃及的马穆鲁克们敏锐地意识到这是绝好的机会，在得到旭烈兀的主力东去的消息后，古突兹迅速集结在开罗的军队，并进入巴勒斯坦。8月，怯的不花的大军也向南开来，两个万人队渡

上图：正在进击的蒙古重骑兵与轻骑兵

过了约旦河，而马穆鲁克军队则到达了耶斯列谷的艾因贾鲁特。

1260 年 9 月 3 日，两军在艾因贾鲁特展开决战。根据一部分记载，怯的不花的两个蒙古万人队并不满员，但西征军一贯战无不胜与所向披靡让这支铁军士气非常高涨，并极度轻视他们的任何对手。他们中除了蒙古军队惯常的蒙古重骑兵与蒙古轻装弓骑兵的组合外，还有 500 名加入蒙古势力的亚美尼亚重骑兵，以及另一些格鲁吉亚骑兵。所以他们在人数并不占据优势的情况下，依然主动发动攻击。

古突兹的马穆鲁克军队约有 2 万人，他们也有自己的问题。他们还不像后来马穆鲁克王朝兴盛时代那样，可以提供大量的重装马穆鲁克骑兵与下马骑兵参与作战。当时的马穆鲁克军队，除了一部分马穆鲁克重骑兵精英之外，也存在大量的土库曼轻骑兵及步

上图: 1、3、为马穆鲁克骑兵; 2. 叙利亚埃米尔; 4. 突厥弓箭手; 5. 土库曼辅助军

上图: 艾因贾鲁特战役中的马穆鲁克军队

兵。但马穆鲁克军的最大优势是对该地区地形的熟悉。因此，古突兹率领主力军队隐藏在高地中，另一名将拜巴尔率领的则是数量较小的骑兵。

拜巴尔的骑兵与蒙古军队周旋了数个小时，执行土库曼人常见的"打—跑—打"战术，逐步将蒙古军队引入包围圈。怯的不花因之前连战连捷，已经习惯了敌人在他们的面前逃窜，没有怀疑继续追击。当蒙古人进入高地的伏击圈时，古突兹的马穆鲁克骑兵主力出现，包围了蒙古军队。

高地上的马穆鲁克骑兵，很快发挥了他们重型弓骑兵"定点射击"的优势，惯常以箭雨袭击对手的蒙古骑兵反而被占有地利的埃及军队，用铺天盖地的箭矢射得人仰马翻。虽然遭到重大损失，但久经沙场的怯的不花

并没有因此慌张，他麾下的蒙古骑兵依然保持着高昂的士气与铁一般的纪律。蒙古骑兵立即集中起来，包括蒙古军中的亚美尼亚重骑兵，对马穆鲁克军队发起猛烈突击。在蒙古骑兵凶猛的冲击下，包围者也遭到了非常惨重的损失。

之前蒙古骑兵战无不胜的阴云一直笼罩在这些埃及精英骑兵的心头，特别是马穆鲁克的左翼，在蒙古骑兵的冲击之下几乎崩溃。讽刺的是，本来相对马穆鲁克骑兵，蒙古骑兵在移动射术上应该更胜一筹，而近战搏击则逊色于马穆鲁克。可当时则完全是反过来，蒙古军队在箭雨下遭到重大损失，反而依靠凶猛的冲锋和肉搏让马穆鲁克军队几乎崩溃。

古突兹看在眼中，直接扔掉了他的头盔，

巅峰时代的草原重骑兵及他们唯一的对手：蒙古重骑兵与马穆鲁克重骑兵

上图：马穆鲁克重骑兵在艾因贾鲁特战役中与蒙古重骑兵厮杀

105

让所有的士兵都能看到自己的位置，然后驱马猛冲蒙古骑兵军阵，带头冲杀。他的个人勇气鼓舞了整个马穆鲁克军队，也跟随主帅奋勇厮杀。

古突兹稳住全军阵脚，并率领军队向自己的左翼移动，让那些在之前损失惨重的左翼单位跟随自己。逐步稳定军心的马穆鲁克逐步在和蒙古骑兵的搏斗中，发挥了自小训练的肉搏战特长，使用钉锤和重型战矛压制对手，使蒙古骑兵在骑兵间血腥的贴身战中纷纷落马。蒙古人又被马穆鲁克骑兵逐步逼了回去。白热化的战斗中，蒙古主帅怯的不花阵亡落马（另一种说法是被俘后杀死）。

失去主帅的蒙古军队仍保持着他们骄傲和倔强的斗志，企图先撤到比森附近地区重新整队再谋反击。古突兹和拜巴尔的马穆鲁克军队则紧追不舍，在这个地区再次爆发激烈的骑兵对战。但这时候，士气和信心已经转向马穆鲁克这一边，他们有信心在这场战斗中彻底瓦解对手。最终怯的不花的蒙古军队几乎全军覆没，在战斗结束的那一刻，马穆鲁克骑兵们做到当时世界上谁也没有做到过的事情——第一次在大规模的野战中，以重骑兵对重骑兵的方式击败蒙古人。

艾因贾鲁会战的胜利有旭烈兀率主力离开这个重要因素，因此我们不能认为马穆鲁克骑兵的战力就超过了蒙古骑兵，但他们对蒙古的胜利也绝不是偶然的。蒙古—马穆鲁克的战争又持续了数十年，拜巴尔之后又统帅马穆鲁克军队，在1260年的第一次霍姆斯之役和与1271年的埃尔比斯坦之役中，二度重挫蒙古军势。

每一次与蒙古交战，在重创蒙古军队的同时，马穆鲁克也往往遭到较大的损失，但坚韧的他们努力将胜利维持到最后——收复叙利亚

全境，转而将蒙古人赶回东部。在这个阶段，埃及人也意识到了蒙古骑兵的重大弱点——对草场的依赖。因此，在夏季马穆鲁克对抗蒙古的一个战术就是烧毁幼发拉底河南岸的草场。因为蒙古成群的小型马更依赖于广阔的草场，马穆鲁克的马匹则更依赖于饲料，因而后者受到的影响小得多。在随后面对蒙古伊尔汗国的战争中，马穆鲁克依然赢得了绝大多数的战斗，让后者在1323年与马穆鲁克王朝签订了和平条约。

在叙利亚地带的蒙古军队被击败后，被称为"瓦菲达恩"（Wafidiyah）的蒙古游民，组成了一支新的马穆鲁克军队，伟大的苏丹拜巴尔就负责这个正式的组织军事机构，蒙古游民当时成了马穆鲁克自由军的主要来源。埃及马穆鲁克苏丹不得不承认，这些过去可怕的对手确实是令人尊敬与合格的战士，蒙古游民们熟练掌握着复合弓和马术，并且愿意遵守纪律。

上图： *1. 马穆鲁克骑弓手；2. 马穆鲁克重骑兵；3. 蒙古瓦菲达恩*

他们共有 3000 人在叙利亚被训练成熟练的勇士。当然虽然他们如此受欢迎，蒙古人还是不能保持自己独立的军事单位，分散在苏丹和其他埃米尔的马穆鲁克军团中。

获得艾因贾鲁特战役胜利的英雄之一拜巴尔，他不仅仅是一位军事胜利者。在他作为苏丹统治之前马穆鲁克仅是一支能征善战的军队，在他之后却是一个强大的王朝。拜巴尔死后，马穆鲁克苏丹继承者们一如既往地继承着扩张的势头。之后又一位强悍的马穆鲁克苏丹夸拉温即位后，继续维持着对中东十字军国家的攻击态势。

1291 年，夸拉温的儿子克哈利尔集结了庞大的军队，围攻十字军控制的最后堡垒——阿克城。马穆鲁克军队在各种攻城投射武器狂轰滥炸的掩护下，不停地向城墙逼近。尽管十字军的增援部队从塞浦路斯的基地不断赶来增援，但仍是实力不足。4 月 15日，十字军以骑士团为主力的军队对马穆鲁克军队展开反突击，但猛烈冲锋的骑士被马穆鲁克骑兵用精准的定点射击和优秀的近战搏杀击退，一些骑士的战马还被营地间的绳索缠住，大量的十字军被杀死。之后另一骑士团也发动了一次夜间突击，同样以惨败而收场。在 5 月 18 日，克哈利尔发动总攻命令，阿克城被攻破。一些居民和骑士团乘船向西逃去，另一些十字军躲入城堡继续抵抗。最终在激烈的战斗后，阿克城被完全占领了。之后，克哈利尔的军队由阿克城北上，将残余十字军零星势力全部消灭，十字军在中东

上图：阿克城之战中马穆鲁克与骑士团之间的战斗

200年的历史随之结束，而马穆鲁克王朝的强大则一直持续至15世纪末。

事实上，马穆鲁克王朝的统治区域，并非拥有天然建立庞大而优秀的重骑兵军团的良好条件。这些地区气候炎热，沙漠地带密布，首都附近广大的开罗平原是重要的种植农业区，真正适于养殖战马的区域并不广大，但王朝各统治者依然执着依靠各种制度，从阿拉伯、北非、印度大量进口优良马匹。在骑兵训练上，即使在首都人口如此稠密的开罗，马穆鲁克王朝仍建立了著名的梅丹马哈训练场，甚至在开罗，这样大型的骑兵训练场还不止一处。首都之外的各地也有大量骑兵训练场。事实上，作为一项王国的重要传统，马穆鲁克的训练几乎是埃及王国每一个大城市中最吸引观众的运动。是的，大部分马穆鲁克也只有一匹战马，

比他们对手蒙古的资源要少，但以上的努力，也足以让这个王朝在当时世界上最强大的扩张者面前保护自己了。

在这场浩浩荡荡的大扩张中，除了马穆鲁克王朝外，几乎整个东欧及亚洲大陆的主要文明区域均遭到沉重打击，但西欧则几乎置身事外，14世纪初的西欧各国军事力量也在十字军东征结束后缓慢发展。训练有素的步兵——比如早期的长枪兵开始在西欧的土地上零星崛起。在一些战斗中，他们对具备传统优势的封建骑士形成了一定的挑战，但很快14世纪末，一种重大的盔甲技术革新在重骑兵上开始应用。虽然不成熟阶段是痛苦的，但在不断的盔甲技术改进后，骑士在战场上逐渐又找回了优势，而更重要的是，西欧真正的职业化重骑兵将在下一个世纪末期兴起。

第六章

钢甲包裹下的骑枪冲刺

逐步板甲化的西方重骑兵

双方弓箭手对射时，这一阶段的枪骑兵只能低下头，并隆起肩膀尽可能地利用板甲保护自己，同时耐心等待自己出击的命令。

——亲历者瓦尔夫对于维尔纳伊之战中英法两军重枪骑兵的描述

13世纪末，因电影《勇敢的心》而闻名的苏格兰英雄华莱士指挥的苏格兰军队在斯特林桥大败英格兰军队。虽然战役的过程与电影中并不同，但在这场战斗中，崭露头角的苏格兰长枪兵在对抗英格兰骑士时确实发挥了重要的作用。14世纪初的"金马刺之战"，比利时地区使用"古腾塔克"长矛的弗兰芒长枪民兵，更是给予号称欧洲最优秀骑士的法国骑士以重大打击，连同法军指挥官在内的1000名骑士战死。最能体现步兵逐步崛起的标志是英法百年战争的前中期阶段，1346年著名的克雷西会战及1356年的普瓦提埃会战，英格兰享有盛名的长弓手与步兵，让法

国骑士几乎遭到了灭顶之灾。

欧洲中世纪后期专业化步兵的崛起，几乎湮没了重装骑兵在这个时代的重大发展。事实上，英法百年战争确实是一个非常重要的时代，这场战争也见证了骑兵装备的重大变革。在人类历史上已经占据了1300年统治地位的重型盔甲——鳞甲、札甲与锁甲，在西欧正在向一种防护更强的盔甲过渡。

板甲，或者称之为钢甲，这个在各种文艺作品上被作为中世纪及文艺复兴时代骑士象征的代表性装备，登上了历史舞台（虽然骑士时代的大部分时期都在使用锁甲）。事实上，在13世纪时期，单独的板状盔甲配件就已经使

上图：弗兰芒民兵在金马刺之战中攻击法国重装骑士。1.法国骑士；2.使用"古腾塔克"长矛的弗兰芒资深民兵；3.弗兰芒城市民兵弩手

用在骑士们的锁甲上，当时主要是保护关键部位或者小腿。随着中世纪盔甲的增强，锁甲中的板甲组件越来越多，保护延伸至身躯，甚至是骑士胯下那些带着纹章装饰的战马的马铠。板甲马铠也随即诞生。但早期的马铠主要是保护骑士坐骑的头部，对于防御远程投射攻击基本没有作用。

当然，这个时代的板甲还属于早期板甲，制造上较为复杂，在防护上无法达到全身覆盖的状态，也无法制作细致的弧线或者关节。实际上这个时代的板甲主要是"半板甲"（当然不是17世纪之后流行的真正半身板甲），之间的连接是靠传统的锁甲或亚麻软甲（aketon）来完成的。链甲衫或亚麻软甲一般用来保护腹部。

板甲锻造师提高了他们制作各个人体部分，特别是关节处板甲的技术，使之更加灵活，就像裁缝一样给使用者提供合身的板甲。这样同样产生了一些问题，为个人定做的高品质全套板甲相对于那种可以大量制作的锁甲或札甲，造价非常高昂。也就是说，当时的板甲只限于非常富有的武士能用。多数的战士，即使是穿得起盔甲的战士，还是穿着锁甲或者是板甲部件与锁甲部分混穿。

在英法百年战争的早期，英法两国骑士只是"可能"拥有一些板甲胸甲来取代锁甲，而且这种胸甲很可能是单面的，还无法证实拥有那种有前板与后板的板甲。之后过了很久，大约在1410年左右，完整的套装板甲才开始出现。

13世纪时十字军们所钟爱、中间使用"T"字观察槽的柱状桶型头盔，在14世纪继续被大量使用。但在14世纪，头盔前方有了一片加固的、拥有视觉槽的保护板，并且可以打开这个作为保护板的面罩。这些头盔的顶部变得更圆，有的则更尖，往往闪闪发光。

当然，头盔里面依然是12世纪开始在西欧流行的链甲头巾，以提供头部的二次保护。更先进的头盔则是被称为"bascinet"（贝斯奈特头盔，有译为中头盔），由铁质无边头盔发展而来。这种钢制头盔的顶部更尖，较高的盔顶可以偏移对头部的打击。这种头盔里面用一整片金属围绕颅骨，取代链甲兜帽在骑士头盔下方的保护作用。这是个伟大设计——甚至可以参见现代头盔的夹层。

贝斯奈特头盔在1330年左右，开始延伸保护脸的侧面。在接下来的20年里，贝斯奈特头盔保护延伸至脖颈的底部并覆盖整个头部。14世纪早期的这种头盔的面罩，还像传统面罩一样有一个较为平坦而稍微突出的轮廓，而在14世纪后半叶，面罩被设计得非常突出而巨大，被拉成一个锥形，保护性更好。这种被称为"klappvisor"的面罩也变得更为夸张、怪诞甚至是奇异。贝斯奈特头盔逐步变得越来越坚固，而顶部尖端则向后倾斜。特别是冲锋的时候，骑士头部向前倾斜时，夸张的面罩形象获得"猪嘴"、"猎犬的嘴罩"一般的形容。

贝斯奈特头盔取代了老式的头盔，当然，这是一个非常漫长的过程。这两种头盔并行使用了很长的时间，后者在14世纪的大部分时间及15世纪前半叶仍在大量使用。而贝斯奈特头盔成为当时"全副武装"的代名词，甚至当时西欧各国的步兵也愿意使用这种头盔的轻型版本。最早贝斯奈特头盔在德国与意大利北部流行。德国骑士特别钟爱这种设计，一直使用至15世纪。而意大利地区的骑士在1380年左右，停止了使用这种头盔。

1350年左右，法国最先使用了板甲制成的护喉。板甲护喉并非取代而是加强了之前

钢甲包裹下的骑枪冲刺：逐步板甲化的西方重骑兵

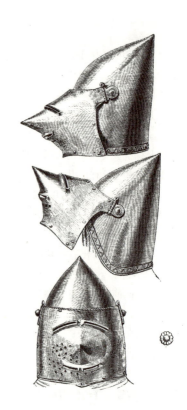

▌上图: 骑士们使用的早期板甲部件与锁甲混穿的状态 **▌上图:** 重型带有面罩的德国式贝斯奈特头盔

的锁甲护颈防护，同时也为头盔的面罩（有时候是很大的）提供了支撑。当然这个头盔是较重的，而且绝大部分重量由头部支撑，这显然是很难受与不便的。于是在1400—1410年左右，板甲护喉下面延续至肩膀的锁甲护颈最终被取消以减轻重量，板甲金属块作为置换覆盖在脸颊的下方。也就是说，当头盔向上旋转打开时，骑士的嘴部依然是受保护的。晚期贝斯奈特头盔往往与后部板甲护颈直接锻造成一整块，这样前部板甲护颈在这个时代也常常直接被固定在胸甲与背甲的板甲上。这样，骑士头部就从沉重的头盔中解放出来，大部分重量转嫁至肩膀。但是，这种设计比起德国式，骑士

在头盔中的脸转动幅度变小，也限制了观察时的视线与作战的敏捷度。

一般来说，重型的贝斯奈特头盔提供了高度的保护，而轻一点的贝斯奈特头盔则允许骑士拥有更好、更自由的灵活度与视觉，孰优孰劣很难评判。但对于英法百年战争，1415年阿金库尔战役中的英雄，英格兰国王亨利五世来说，他对选择前者倍感幸运。在1403年的战斗中（他当时还是威尔士亲王），他的头部遭到法国人的攻击，头盔外部损坏了，但这种重型头盔则让英格兰国王免于残废和死亡。

14世纪中期的板甲胸甲几乎没有任何装饰。对于四肢的保护，既有使用单片的、带有

钢甲包裹下的骑枪冲刺：逐步板甲化的西方重骑兵

上图：战场上使用了重型贝斯奈特头盔的英王亨利五世

凹槽的板甲臂甲和腿甲，也有在传统的锁甲衣上的手、腿、肩部关节部分覆盖圆形的护板。这个时期，板甲护手也逐步代替了锁甲护手，一片板甲护住手腕与手背，一些更小的重叠甲片护住手指，每一个护指被单独缝合进一个皮手套中。板甲手套后面往往还有锥形的隆起，除了装饰功能外也有徒手攻击的作用。

骑士们下肢的保护逐渐从锁甲衣的包裹中脱离出来，取而代之亚麻或其他织物制成的软甲来覆盖，大腿则覆盖着两块巨大的板甲甲板。在后期腿甲的板甲甲板为一整块，但在十四世纪中叶，这个过渡时期这几种组合都在使用。金属战靴也一样，既有锁甲靴，也有板甲靴"solleret"——由窄的金属板巧妙

▌上图：同时代德国与意大利骑士也是使用板锁甲混合的方式

铰接成的长靴。

骑士的长剑往往悬挂在左边，而匕首或者短剑挂在右边。这些不起眼的轻装备在重甲骑士之间的战斗中也是非常有用的——可以用来插入盔甲间的缝隙。骑士长剑在这个时代也有了新产品，出现了一种剑刃较细，剑柄更长，长度兼于长剑与步兵新武器"双手巨剑"之间的剑，被称为"半手剑"。这种武器非常适合重骑兵用来对付同样盔甲厚重的敌人，大部分情况下是单手使用，但也可用双手推动剑柄进行猛刺。到了15世纪初，一种手半剑往往设计成凸起的剑脊，更容易推动穿透铠甲。

大部分历史学家认为，在13世纪——但很难断定在哪个时代——夹枪冲锋骑士们的骑矛出现了重大变革，而14—15世纪这种变化更为明显。骑矛被设计成专业冲击的武器，而不再兼顾格斗功能。骑矛往往不是特别长，但较传统的骑矛粗大，后端有一段明显的凹面，让骑士们便于单手持握，骑矛之前还有环或者突出形成护手。在15世纪，骑手右胸甲部会设计一个枪托，防止骑枪在反冲击的作用下向后滑，同时还能承受一部分骑枪的重量。应该说，当时流行的骑士比武比赛应该对此产生了较大的影响，不过战争用的形制一般没有比赛中夸张。

盾牌在这个时代依然是鸢尾盾的形状，但由于盔甲保护技术（特别是对于腿部保护）的提高而变得更小了。到15世纪初，盾牌上面往往有意设计出凹口，以便骑士在冲锋中举起盾牌时也承受一部分沉重骑矛的重量，并且整个盾牌表面的曲线更明显，以便让对手刺杀过来的骑矛偏转。

不过，板甲在重骑兵装备上引起的革命，才刚开始。恰如公元前2世纪全具装骑兵刚从继业者王国诞生初期一样，看似很先进，但并没有带来使用者在战场上的充分优势。事实上，这样的板甲除了价格高昂以外，实用性也堪忧。当时板甲大约25公斤，穿着也不够舒适，不能长时间穿着。一旦开始进行战斗准备，披挂这样一件包含有头盔、护喉、护臂、护手、两片腿甲、板甲靴、胸甲及背甲的板甲（胸甲及背甲还需要随从帮助穿戴），需要花费大量时间——远多于一个身穿重札甲或是重锁甲的重骑兵。这样一来，战斗反应就会变得非常迟缓，且当发动进攻时，对方早已了解你的战斗位置。我们会发现一件有趣的事情，这个时代的板甲骑士的战斗准备时间可能远大于10世纪末—11世纪初的拜占庭超重装骑兵，后者平时就可以穿着锁甲内衬，并且在没有随从的情况下就可以更快地披挂札甲胸甲以及大衣般的软甲外套。这样的三层复合装甲提供的防护并不比这个时代的早期板甲骑士差。

14世纪晚期战争中的英国与法国，就像以往的西欧传统那样，重骑兵披挂着绘有纹章的罩袍，却不太喜欢披挂马铠。英国骑士有着下马作战的传统，所以这是可以理解的，但喜爱在马上冲刺作战的法军似乎也如此。当时虽然也有锁甲马铠使用，但却被军官们诟病。如前所说，自14世纪中期以来，早期的板甲就已经被用于保护马匹头部。这个时代的板甲马铠要么只能防护马匹的要害部分，比如头部与胸部，要么就是与以往口碑不佳的锁甲马铠混合披挂。或许在近战中这样也足够了，但事实上遇到敌方有效箭雨覆盖——非常典型的如英格兰长弓手专业的射击，防护不完全的马匹冲锋照样被阻挡，更别提那些更大量的、马匹毫无保护的重装骑士。受伤的马匹会抛下沉重的骑士，而早

上图：克雷西会战中法军骑士冲向英军长弓手

期板甲的工艺让这些摔落的骑士动作迟缓——他们的命运可想而知。

　　早期板甲骑士战术也是较为僵化的，很明显的分为两个波次。第一波是用密集队形猛冲敌人的阵型。因为重量，他们的冲击速度并不快，很可能不会比小跑更快。当然，这种笨拙的方式冲击力还是相当巨大的。"抬起盾，平举骑矛"，骑士的第二波次攻击就是实现突破，通过随后英勇的战斗来打破敌人的队列，让受到震慑的敌军逃跑。不过，突破点的骑士也是易受攻击的，特别是突破骑士兵力不足的时候。在随后产生的混战中，如果敌军步兵是勇敢而专业的，可能就会杀死他们。

　　因此，当时骑士的战术是避免过深的冲击渗透，以便骑士撤退可以再冲一次，"冲、杀、砍翻一切东西，直到你已经突破了敌人的阵型，

上图：板甲骑士的冲锋场景

然后就再攻击他们一次。"

　　骑士们之间的冲击是相当可怕的，骑士与战马摔倒在地面，然后被他们的骑士战友们踩过，这些人还会拥挤在一起打斗。每名骑士都在自己的盔甲中喘着粗气，通过狭窄的面罩缝

上图：法军骑士及其侍从大规模冲锋的场景

隙来搜索敌人。有的时候两边都一起撤退，重组军队再次互相冲锋。匹夫之勇而不是战术能力，始终被看作是最高的军事美德。

当时的骑士普遍组成相当大的编队。当然根据战争规模，编队也会被拆分成小的单位。所有单位中最小的被称作"骑矛"，在英军的编制中，这大致相当于一名骑士，一名全副武装的战士及两名骑马弓箭手（英军的骑马弓箭手属于骑马步兵，射箭时还需要下马作战）。法军这个规模则是一名全副武装的战士、一名随从、三名骑马弓箭手及一名骑着轻型马、被称为"hobelars"的轻型骑兵。再往上的单位，就是中世纪骑士惯常使用的25人至80人的单位。当时的重骑兵也并非只由骑士组成，一些全副武装的骑马战士也是重装，他们中的一部分持剑而不使用骑矛。由于这个时代的骑矛已经基本去除了格斗的属性，因此使用骑矛的骑士往往占据冲击队形的中央部分，而持剑掩护的骑兵则在两翼。

因此，当时的法军骑士与10世纪后期强调配合的拜占庭超重装骑兵作战方式是有根本性区别的。后者更愿意用楔形队（这样会深入敌阵）冲破敌军的阵列，然后后阵的拜占庭重步兵赶上协同作战，或是迂回的拜占庭快速重骑兵——突骑兵来攻击被打破的敌军阵列使敌人溃败。法国骑士更愿意编制成横队，直接依靠骑士来杀伤对方，经过二次或者多次成功攻击后，步兵才出动分享战果。当然，这是由法军的社会结构决定的，缺乏专业化步兵来完成真正的"步骑协同"。同时，即使是精英骑士部队之间也缺乏配合及军事操演。

因此，法军指挥官在使用他的军队时往往也没有太多选择，再加上贵族骑士固有的傲慢及固执的勇气，即使是拥有想象力的指挥官，也无法解决这种缺乏谋略和弹性的状态。拥有如此优良装备的法军骑士在战场上表现得不尽如人意，最主要的原因与他们完全倚重于骑士的冲击是分不开的。且在冲击不能成功之际，也不变换冲击方式，只是一轮再一轮地冲锋，直到骑士们都精疲力竭。当然，这似乎很有"骑士精神"，但不能在面对拥有较为优秀步、骑、弓配合，而装备相对差一些的英军面前取得胜利。

事实上，由于骑士冲锋战术的粗糙（英格兰骑士战术系统也并不比法国更好），装备精良的骑士下马作战往往较普通步兵更优秀，从而能用来攻城或在复杂地形作战中，强化并不够专业的步兵。除了克雷西之战与普瓦捷之战，1333年，"黑王子"爱德华三世同样用下马骑士击败了苏格兰人，法国骑士也同样在多次战役中采用了下马骑士战术。但是就步兵来说，英军中的威尔士长弓手及矛兵逐步在多次战争中锻炼成为欧洲较为优秀的步兵。当然，比起同时代开始崛起的一些享有盛誉的步兵，诸如弗兰德长枪兵、苏格兰长枪兵、瑞士长戟兵（这个时代瑞士步兵即将以长枪方阵为主力），英国的专业化步兵似乎缺乏重武器技能。但依靠其著名的大量长弓手，也足以压制法国缺乏训练的步兵了。且长弓手的训练费用较组建大规模贵族骑士要低得多。法国军队顽固地拒绝这些"低等身份"的步兵在战斗中发挥重要作用，因此法军必然要在战争中付出惨痛的代价。

英法百战战争中期，法国为了挽回局势，大量雇用外国步兵——比如著名的热那亚弩兵，来弥补步兵素质低下的缺陷。他们十四世纪后半叶在战场上确实挽回了一些局面，但一方面，他们产生了大量的社会问题；另一方面，他们在战争中仍很少与法国骑士达成良好的协同配合。虽然英军方面，爱德华三世麾下的专业化步兵威尔士长弓手也是雇佣制，但是管理严格，将民兵制度体系与雇佣制度良好结合的英国军队，和法军中纯粹的外国佣兵所呈现的效果显然是不同的。长弓手在战场上与英军骑士配合明显要出彩得多。

外国佣兵并没有解决主要问题，法国人仍旧没有改进他们最需要改良的事情——骑士们真正的作战素养，毕竟骑士部队才是法军的军事核心。我们知道，曾经统治重骑兵历史数百年的拜占庭铁甲重骑兵更依赖于严格的军事训练与纪律及协同作战能力，而非在所有时期以装备压制对手。于是，法国骑士最大的悲剧在1415年著名的阿金库尔会战中展现得淋漓尽致。这场战斗中，实际上面对在 15 世纪板甲装备又得到改善的法国骑士，长弓手的箭矢没有造成像克雷西之战那样的伤害。法军骑士真正的失败原因是其乱哄哄地挤开自己的热那亚弩手，一拥而上，将自己陷入泥潭及英格兰长弓手设置的"拒马"尖端上。既没有行之有效的调度（法军指挥官进行了调度但无法执行），也没有纪律，这两点不改变，法国骑士永远无

上图：英格兰精英长弓手

法登上重骑兵的王者地位。

在阿金库尔的军事惨败后，法国终于开始重整他们军队最重要的武装人员。1422 年，在一次小规模对英军的博热之战胜利之后，后来成为查理七世的王太子创立了一支直属于国王的百人枪骑兵卫队。这些重型枪骑兵在未来即将发展成为著名的法国常备军骑士部队"敕令骑士"。不过这个时代，其规模还很小，不能对战局造成决定性影响。不久，法国骑士在 1424 年的韦尔纳伊之战又败给了英军。当时，英国长弓手由于战场地面过于坚硬，携带的木桩无法顺利建筑成拒马工事，无法使用他们一贯的"拒马掩护下射击"战术。所以右翼长弓手在法军重骑兵的冲锋下，伤亡惨重并溃退。起关键作用的是英军下马骑士，他们在凶猛的肉搏战中对法军下马骑士的胜利，挽救了这一切。

下马状态的骑士有他们自己特殊的武器，一种被称为长柄矛斧（pollaxe）的双手武器，这种武器一般长1.2—2米，有矛头，正侧面有一块"斧"或"锤"面，反侧面则装着钢钉或倒钩。这种武器在14世纪至15世纪较为流行，设计的初衷在于良好的穿甲性能可以对付骑士身穿的板甲。这种武器乍看起来类似于瑞士人最先开始用直至文艺复兴广泛流行的戟（这种欧洲戟与前面叙述过的中国戟完全不同），但事实上，无论是哪种长柄矛斧，他的"斧"部分较戟小得多，可以将动能集中在较小的区域上进行攻击，以便击穿装甲。此外，大部分戟的斧刃与矛尖是一体化的，而长柄矛斧各个部分，如矛尖、斧面、侧面钢钉是组合安装的。虽然英法双方都拥有这种武器，但在战绩上，有下马传统的持长柄矛斧的英军步行骑士显然更胜一筹。

但随后圣女贞德的出现，1428—1429年奥尔良与帕提的大胜，让士气低落的法军重新获得信心。特别是帕提战役，狂热的贞德在一定程度上改善了法军战略机动缓慢的懒散作风。我们知道，真正开始战斗时，法军骑士一贯是富有勇气的，而英军没有适应法军的突然变化，无法准确了解到法军部队的真正方位，从而发生了严重的判断失误。

下图： 帕提战役中法军重骑兵冲垮了英军步兵

钢甲包裹下的骑枪冲刺：逐步板甲化的西方重骑兵

119

上图：阿金库尔战役中在英格兰长弓手拒马面前损失惨重的法国骑士

在英军指挥官决定派遣士兵们转移阵地的同时，在贞德的督促下，快速奔袭的1500名先锋法军骑士突然发动了冲击（据称最开始冲击的法军骑士只有50到100人）。猝不及防的英军长弓手来不及设置著名的"木桩拒马"，最先到达大路上的500名长弓手，瞬间就被淹没在法军骑兵雷霆万钧的冲刺中。接着，崩溃就开始波及英军其他的部队，几乎在没有像样的有组织的抵抗下，整个英军防御崩溃了。英军总指挥被俘虏，其他资深军官要么被杀要么被俘（有资料显示高级军官仅一人逃走）。英军在此战中拥有的资深长弓手老兵，一下减员近一半，这对于英军是不可估量的损失。

就这样，英军在法军重骑兵的冲锋中遭到了毁灭性打击。法军以百人的损失歼灭了英军2500人。查理七世也趁机重组他的军队并稳固自己的统治，他在1429年成为真正的合法君主，并通过承认勃艮第独立结束了勃艮第一

阿马尼亚克内战，让勃艮第从英国的阵营转入自己这边，从而让法国较英国更强大的国力可以集中到英法战争中来。

在这个时期，查理七世除了王室卫队骑兵之外，趁机继续更职业化地重组军队。除了重组的王室骑兵与职业化军队之外，法军还拥有了欧洲第一支较为先进的职业化炮兵部队。使用射石炮攻城是军事史上重大军事革新，让之前极难攻克的城堡很可能在几天内陷落。法军炮兵建立了"最好的攻城炮兵"的声誉。在这种背景下，法国骑士大反攻的机会也到了。

1450年的福米格尼战役展现了法国骑士与炮兵的良好配合。此战中7000英军中三分之一都是弓箭手，且既挖了工事，也设置好了拒马木桩。法军骑士先发动了一次试探性攻击。显然现在法军骑士不会再像阿金库尔时代这么鲁莽了，观察了敌军的防御之后，他们就转身离开了。而法军指挥官立即调来了两门射石炮，

射程较长弓手更长的火炮给予英军一定的杀伤。陷入被动的英军发动反击，向大炮发起冲锋，甚至夺取了大炮。法军为了夺回大炮，与英军展开了激战。

这个时候法军的布列塔尼军队——1200骑兵到达了战场，并迂回至英军的侧翼发起冲锋。败退的英军指挥官企图在河流边重组军队，又遭到大炮的轰击而混乱。这个时候法军骑兵发起一连串的猛烈冲锋，彻底终结了这支英军。英军约3500人阵亡，900人被俘，而法军和布列塔尼骑兵伤亡不超过1000人。

1453年，在作为百年战争结束标志的卡

钢甲包裹下的骑枪冲刺：逐步板甲化的西方重骑兵

上图：身穿全身板甲的圣女贞德

斯蒂永战役中，法军再次展现了大炮—骑兵之间的良好配合。法军展开的堡垒推进战术，让当时机动性还不佳的火炮大显神威。据说有300门大炮参加了这次战斗，而且法军在这场战斗中还使用了带火绳的新式火门枪。新式的远程武器在这一刻宣告了长弓的没落，英军冲锋的下马骑士也被轰得血肉横飞。法军中的1000名布列塔尼重骑兵又进行了惯用的侧翼冲击，终结了百年战争。法军此战伤亡仅100人，而英军有4000人被杀或被俘，统帅也在此战中身亡。

克雷西、普瓦捷直至阿金库尔确实都是英军非常辉煌的胜利。但过去一部分学者过分的颂扬，已经将英格兰长弓手塑造成中世纪重骑兵毁灭者，甚至"宣告了重骑兵的衰落"。所幸这种论点已经被现代大多数历史学家所放弃。因为真正板甲骑士最顶峰的时刻——文艺复兴时期还未到来。无论是放眼整个世界重骑兵发展史，或是欧洲重骑兵发展史，甚至仅英法两国的重骑兵发展史，这种论调都是站不住脚的。即使是使用长弓手的英国，军事核心也依然是全副武装的重骑兵，或是下马作战的重骑兵。

之后百年战争的局势走向更能说明这一切。越至战争后期，长弓手的地位就越不利，他们的箭矢越来越难以射穿骑士们不断改进的板甲，而火炮与火枪的加入则是决定性的。虽然是一项优秀的传统，英国本身在16世纪末也彻底淘汰了长弓手。

这个时代英国的重骑兵规模显然较法国小得多，但在一些优秀英军统帅的带领下，比如早期的"黑王子"爱德华三世，和15世纪初的亨利五世，他们或是乘马伺机出击，或是下马作为最优秀的重步兵作战，与己方步兵密切协同作战取得辉煌的战绩。

上图： *福米格尼战役中法军骑士在大炮的帮助下获得大胜*

英格兰骑士在作战时，还往往会使用"田忌赛马"式的布局，在与法国作战时尽量发挥优秀步兵或下马骑士的作用；而在与北方缺乏重骑兵，却擅长使用长枪步兵大方阵作战的苏格兰军交战时，英格兰军的重骑兵就发挥了更为主动的作用，即在长弓手的箭雨掩护下，对阵型出现混乱的苏格兰步兵发动重骑兵突击。

英法百年战争后期，源自于意大利的新式板甲出现在两军的骑士装备上。"米兰式板甲"诞生于1420年，在身躯防护上，米兰板甲那优美而弯曲的弧线，提供了更加优越的攻击偏转功能。其肩甲也变得更大，叠在了背铠甲片之上，而腿甲也延伸至腿根部，提供了更全面的板甲保护。可以说，米兰板甲已经几乎让骑士的板甲去除了锁甲部分，可以开始提供"全身板甲"的保护。

米兰式板甲与之后齐名的哥特式板甲作为最有代表性的产品，引领了此后欧洲的全身板甲设计潮流。当时的英法还未有自己独立设计

上图: 1. 女装的圣女贞德; 2. 法军骑士; 3. 英法百年战争后期为法军多次立功的布列塔尼重骑兵

的整体板甲款式，比如英法百年战争末期英格兰爵士亨格福德还穿着特征明显的哥特式板甲。当然，英法也对板甲部件设计做出了一些贡献。如前文所述，法国在 1350 年早就率先发明了板甲护喉。英国的板甲设计出于自身使用的考虑，也有一定的特色，臀部的甲片与大腿正面甲片对接这种方式，也好像仅在英格兰看到。

新式板甲常使用的"阿莫特头盔"在当时的西欧应用广泛，特别在意大利地区、法国地区与英国地区。比起相对传统的贝斯奈特型头盔，阿莫特头盔创新式减小主盔的面积，变成了圆顶盔，而面罩却非常巨大并向后折叠。在 16 世纪的时候，阿莫特头盔逐

步发展成为文艺复兴时期的新式"全封闭头盔"。不同的是，文艺复兴时代的全封闭头盔，面罩链接是用的一根轴，而非铰接在主盔上，而且全封闭头盔自带颈甲。

随着板甲的更加普及和工艺的提高，全装的板甲马铠出现在英法百年战争末期。现存最早的马匹用全板铠甲锻造于 1450 年左右。在这一时期英、法、神圣罗马帝国及意大利诸城邦的重骑兵中，板甲马铠的数量开始提高，至文艺复兴时期达到高峰。也就是说，冲击型具装骑兵的终极装备状态出现了——一名骑士连人带马都包裹在坚不可摧的板甲中。这样的骑士与 10—11 世纪初的拜占庭铁甲重骑兵一样，也可以完全无惧人

 上图：阿莫特板甲头盔

力投射武器（如著名长弓）而冲锋。这种影响甚至广泛影响了东欧的骑士们——包括匈牙利或波兰的骑士。这点在未来的章节还要详述。但是，在15世纪中期，这样顶尖装备的骑士各国数量都较少。

随着百年战争的胜利，法国将英国势力完全驱逐至海峡对岸，获得独立的勃艮第也建立了自己的专业化军队，特别是新的野战炮部队。但勃艮第在"大胆"查理的统治下，盲目地向瑞士人开战，结果在被称为"中世纪晚期最恐怖的步兵战争机器"——瑞士长枪方阵面前遭到惨败，查理阵亡。瑞士戟兵与长枪兵组成的方阵由此名声大振，成为整个欧洲最炙手可热的雇佣军。瑞士方阵在今后的岁月里极大地影响了整个欧洲的专业化步兵走向，可谓文艺复兴时代诸国流行步兵大方阵的最重要的影响者。

"大胆"查理死后，勃艮第的领土被法国与神圣罗马帝国瓜分。法国从而开始走向欧洲霸权之路。当然，他们遇到了一位著名的军事家，或称之为军事建设者，"大胆"查理的女婿、神圣罗马皇帝——哈布斯堡王朝的马克西米利安一世的挑战。后者也建立了一支野战炮兵，极大地提高了炮兵的机动性，且模仿瑞士人建立了由本国雇佣军组成的德意志方阵步兵国土仆从军（Landsknechts）。虽然不如瑞士人彪悍凶猛，且德意志、奥地利、丹麦南部地区的国土仆从军素质良莠不齐，但他们普遍较一般步兵可靠性高得多，证明了这是称职的军事力量。马克西米利安也非常热衷于盔甲的改良与制作。在1483年，他就介入板甲的生产，让铸甲师们制作了600件使用夏雷尔式头盔的哥特式新式板甲。

15世纪20至40年代出现的，与米兰式板甲齐名的哥特式板甲也是板甲技术的重大进步，标志当时的技术已经发展到了全身板甲阶段，板甲部件甚至可以提供较为灵活的关节。而且提供如此超卓防护的全套全身哥特板甲，也就25公斤。哥特板甲实际上在意大利与德国两地都能制造，只是在德国地区更受偏爱，所以很容易被当作"德国式"。除此以外，波兰、匈牙利及英国地区似乎也更偏爱哥特式板甲。

上图: 全套的米兰式板甲

15世纪中后期的哥特板甲由于锻甲技术的提高,拥有更弯曲的表面弧线,盔甲表面敲有大量的棱条。这些都是为在相等材质下提供攻击偏转功能。

15世纪的哥特式板甲常使用的夏雷尔式头盔原先是被轻骑兵与轻步兵钟爱的,特别是弓箭手与弩手。但后来,这种拥有优美弧线的头盔被重装部队使用,头盔用延伸增加的金属板遮挡住眉骨部分。意大利地区制作的夏雷尔式头盔的面罩更喜欢设计像"风箱"一样的多个通风缝隙,同时保护嘴部。头盔下部带了一个锁甲领,被称为"立柱"以保护颈部与喉部。较为豪华的意大利式夏雷尔

头盔往往还覆盖镶着金、银、铜边的天鹅绒。

德国风格的夏雷尔头盔则在1450年后出现且更为著名,德国夏雷尔头盔的外形没有意大利的弧线那么"婀娜",其最明显的特征就是头盔后部有一条"尾",这个尾部有时候也包括重叠的金属片。1495年晚期,德国式夏雷尔头盔的尾部变得更加明显,且可活动的防护金属板面罩更大,一直保护整个上脸部,穿戴者通过横向的眼型狭缝来观察。不过因为面罩不保护下脸,嘴部是靠护颈的延伸部分来保护的。德国式夏雷尔头盔一般不使用锁甲护颈而是用"勺"型的板甲护颈,称之为"bevor"。其从鼻子下方一直

延伸至胸的上部。而这样有了面罩与护颈的缝隙，就不需要专门的通风口了。英国、法国、勃艮第的夏雷尔式头盔则兼于意大利式与德国式之间，有着不太长的尾端，也有着较为优美的整体弧线，被称为"短尾夏雷尔"。

和固定在胸甲上的同时代法国颈甲相比，德国式的颈甲就像他们过去著名的贝斯奈特头盔一样与头盔是一体，因此颈部活动范围大，也更适合步战，但同样这样头部负重较大，因此各有优劣。之后，随着板甲材料工艺不断提高，防护更好及更轻的金属材质被应用在盔甲上，德国式的优势便逐步体现出来。中世纪晚期至文艺复兴早期，包括法国人自己也使用颈甲头盔一体化的全封闭式头盔。那种固定在胸甲上限制头部转动的颈甲完全消失了。

到了文艺复兴时期，德式夏雷尔头盔的颈甲改为铰接在面罩上，头盔后的长尾也被缩短。之后这种头盔逐步在16世纪前20年被全封闭式头盔及拥有宽檐的勃艮第夏雷尔（burgonet）头盔所代替。

最著名的哥特式板甲就是以他的倡导者马克西米利安一世命名的马克西米利安甲。不过这种甲与15世纪时代的哥特式板甲已经有了较大差别。马克西米利安板甲也在之后16世纪早期产量达到顶峰。

根据留存下来的盔甲与资料复原图，显示了马克西米利安一世无论是皇帝本人的戎装，或是他麾下军官的装备，常常连人带马全身包裹在哥特式板甲之中。重甲骑士身穿典型的哥特式板甲及夏雷尔头盔，马鞍前方也附着钢片，保护着骑士的耻骨区，战马也在板甲的保护下。但这样的装备在神圣罗马帝国皇帝的麾下，仅限于精英军事人员如军官才有，所以他的对手——法王的骑士部队仍占据较大的优势。

15世纪末马克西米利安一世对阵法国的吉

上图： 全套哥特式板甲

上图： 德国式的长尾夏雷尔头盔，常与哥特式板甲一起使用

纳盖特之战的胜利，并非得益于他的重装骑兵，反而是他对于步兵方阵的重视——他不像过去西欧国王或公爵那样伴随着自己的骑士，而是把自己与200名贵族置于国土仆从军（landsknecht）的长枪方阵中，这在中世纪西欧战争中是闻所未闻的。事实上，马克西米利安的骑士——由哈姆斯堡与勃艮第人组成——很快就被法军骑士击败了。而当时主要由弗兰德人组成的仆从军们表现出色。长枪方阵先是击溃了整个中世纪一贯战斗素养不佳的法国步兵，之后也挡住了法军骑士，从而赢得了最终的胜利。

这次失败让当时法国国王路易十一意识到，尽管过去那些桀骜不驯、各自逞勇的封建骑士已经被战技高超、配合操演纯熟的常备军骑士军队所取代，但成为军队新主力的这些精英骑士仍需要优秀步兵的配合，而不可能单独统治战场。

不过，法国鉴于其自身条件，没有与马克西米利安走同样的道路。法国继续选择雇佣军来填补他们专业化精英步兵的空白，但不再是热那亚弩兵，而是整个欧洲最精锐与遵守佣兵信誉的专业化步兵——瑞士步兵。瑞士方阵不仅过去击败并毁灭了勃艮第"大胆"查理的专业化军队，之后在1499年著名的"施瓦本战争"中又大败马克西米利安一世。由火炮、骑士、国土仆从军方阵组成

的神圣罗马帝国与施瓦本联盟军，再次被欧洲最可怕的步兵击败。国土仆从军方阵在与他们的"老师"瑞士方阵面对面激战中连续败阵。施瓦本战争中，瑞士步兵几乎赢得了每一场胜利，而且每一场战斗都是以少胜多。这也让法国坚定了对瑞士人军事素养的信任。

而作为将出口兵源作为主业的瑞士人，也不会拒绝当时欧洲大陆最富有国家的征召。瑞士步兵长期在法军中服役，并在法军中享有崇高的地位，甚至"卢浮宫禁卫队"也是由100名瑞士精锐戟兵组成。到了15世

纪末的法王法兰西斯一世（弗朗索瓦一世）时代，更是拥有数量极其庞大的瑞士步兵。瑞士步兵的内部军事纪律则是根据《瑞士法典》来维持，较法国正规军队更加严厉。从此之后，欧洲最强大的骑士和最专业化步兵，以及一支专业化炮兵开启了法国的霸权之路。

法国之前由路易七世建立的"百枪骑士"，这个时代演变为"敕令骑士"（gendarme）。最初敕令骑士在1349年的法令中扩建起来，是为了对付阿马尼亚克人及他们的英军支持者。15世纪后期，这支军队由出身贵族的法国军人组成，不同于服役单位时间过短的封建贵族，也不同于雇佣军，他们是国王的常备军，为法王提供了一支拥有强大武装的正规军部队。他们主要是由全身板甲的重型枪骑兵组成，成为15世纪末—16世纪中期重骑兵新的统治者。

敕令骑士虽然也是国王常备军，但与过去如拜占庭帝国昔日的皇家卫队铁甲重骑兵相比是存在差异的。虽然后者中也有大量的贵族，但他们的随从（后勤人员、轻骑兵）是编制在其他部队中，军队严格按编制来作战而非人身关系。

法国敕令骑士还有昔日的采邑式结构的影子，将这些常备军骑士与他的随从编制成为一个类似"班"的组合。这些出身贵族的敕令骑士本身的装备是全身板甲，坐骑也披挂板马铠，当然不保证一定是全具装板甲马铠。随从是二至三名弓箭手，以及一名轻骑兵。所有的人都乘马，但只有敕令骑士与轻骑兵随从在马上作战。早期三名骑马弓箭手是下马发射箭矢作战的，而从15世纪末起，三名骑马弓箭手就成了一种较敕令骑士本身装甲稍轻的，在马上作战的骑兵。他们使用剑，有的也使用轻型骑矛，在必要的时候甚至也可以发动一次猛烈

上图：**战场上勇猛的瑞士佣兵**

的骑兵冲锋，但名称还是叫作"弓箭手"。

从15世纪的这种敕令骑士组织不难发现，他们虽然名义上是常备军，实际上还有大量封建时代的结构，而这种情况在16世纪文艺复兴时期开始逐步消失了。1534年，法王法兰西斯一世宣布一个敕令骑士连由40名敕令骑士、60名中装的弓箭手（请注意这里的弓箭手已经是中装近战骑兵了）及随从轻骑兵组成。实际上，这终结了过去以每一个枪骑兵为中心建立的旧军事比例，更满足专业化骑兵的需求。到了1550年，随着火药武器技术的发展，每一个敕令骑士的联队，又有50名装备火绳枪的轻骑兵加入。

法国敕令骑士的数量始终在变动。在路易十一统治的后期，他们达到过最大的数量4000名。在他去世不久的1484年，敕令骑士减少至2200名，之后的数量始终在这个基础上浮动。在战争时期，法国往往会再增加1000名敕令骑士，当战争结束的时候，会减少敕令骑士连的数量，也会减少每个连的骑士数量。当然每个连的连长都会尽量施展影响力，

来减少自己部队的裁员——因为这会影响他的声誉及收入。

救令骑士们一般住宿在法国各镇，在战时则聚集进王室军队。如果驻军的城镇没有资源来维持他们，他们就会在附近地区借宿住下来。在和平时期，住宿问题也困扰着他们，特别是在冬季宿营时，他们往往会返回自己的家园。到了他们的连长官再征集部队时，往往要在省政府的命令下，由连长官将他们带回军队，所以缺席一直是困扰救令骑士的一个固定问题。

另外，虽然勃艮第的军事兴盛被瑞士人奇迹般地终结。但事实上，他们在欧洲也是较早建立专业化军队的地区。这既包括著名的野战炮兵，也包括他们成立于1460年的救令骑士。其骑兵很明显在仿效法国。至15世纪后期，其总人数大约为1250名枪骑兵。因为“大胆”查理的阵亡，到了1490年，这些勃艮第枪骑兵组合已经为马克西米利安一世的哈布斯堡王朝服务了。勃艮第每个枪骑兵班与法军一样也是6人组

合，同样都有乘马，但成员不尽相同，包括一名重装枪骑兵、一名轻骑兵随从、一名非战斗随从、一名十字弓步兵、一名手炮步兵与一名长枪步兵。也就是说，勃艮第的组合中有三名专业化步兵。

1494年，法国国王查理八世宣称他有权继承那不勒斯的领地。在8月，他率领着一支37000人的军队，包括著名瑞士佣兵方阵、强大的救令骑士及当时先进的野战炮兵开进了意大利，拉开了著名的“意大利战争”的序幕。面对意大利地区装备优良但专业化较差的军队，法王的军队势如破竹，1494年底已经穿越了罗马地区。

如本书第一章所述，意大利地区从古老的9世纪后期就出现了“城邦分裂”的局面。这种局面在15世纪末仍是如此，只是互相争斗的城邦骑士现在装备着板甲而非过去的锁甲。意大利的骑士单元一般由雇佣兵组成，每个班大约是二名枪骑兵、一名重装甲战士、一名战斗随从或加一名非武装随从。某些时候，一名骑马弓箭手会代替那名战斗随从。在1450年左右，有一些被称为“残枪骑士”的雇佣重骑兵已经从那些佣兵团分离出来，以个人身份被军事组织雇用。

意大利城邦之间的战争多数是因为直接的利益纠纷，很少涉及大规模的征服与占领，因此会出现一些不同于西欧中部与北部的作战风格。佣兵们为各个领主战斗，很容易转换阵营，今天的敌人可能就是明天的雇主。因此，往往战斗都点到为止，大部分的时间用在了劫掠乡间财富上，省得过度剧烈的战斗影响了潜在雇主的财政潜力，从而影响这些雇佣兵团的发展前景。

意大利北部富裕的新兴城市，为骑士们及富有的战士们提供了大量精良的板甲，包

上图：救令骑士与他的骑马“弓箭手”随从

钢甲包裹下的骑枪冲刺：逐步板甲化的西方重骑兵

上图: 勃艮第敕令骑士及其武装侍从

▌上图： 圣罗马诺之战——意大利各城邦之间由骑士主导的并不剧烈的战争

括著名的米兰板甲与哥特板甲。拥有阿莫特头盔的米兰板甲在这个地区显然更受欢迎。在诸城邦作战时，常常骑士数量大于步兵，而双方的骑士往往不进行你死我活的战斗。如 1432 年的圣罗马诺之战中，参战双方佛罗伦萨与锡耶纳的兵力分配竟然是 4000 名骑兵，仅 2000 名步兵。且在六至七个小时的战斗中，仅有骑士互相持续地冲来冲去，争取将对方骑士击落马下，以便抓获得到赎金而非杀死对方。在这场类似"演习"一般的战斗结束后，最终失败方有 600 名骑士及数量不明的步兵被关押，而胜利者也有 400 名骑士被关押，骑士们的伤亡微乎其微。

因此当 15 世纪末，法王查理八世开始率领他的战争机器——武装至牙齿的敕令骑士、欧洲大陆上最凶猛的长枪步兵及专业化野战炮兵开启意大利战争时，足以令这些更习惯于"演习"的意大利军队感到极大的震惊。但欧洲的战事从不会这样简单。拥有专业化军队，同样真正的军事强国——神圣罗马帝国及西班牙很快加入法王的对立面，在意大利开始板甲骑士巅峰时代的对决

但在此之前，我们还要来关注东方，比起西欧兴起较晚的专业化步兵，真正最早的规模化专业步兵复兴并非出现在欧洲。这个复兴伴随着强大的新兴势力也同时崛起于东方，其优势是依靠新式专业化步兵及新崛起的武器——火药装备来完成的。他们的重骑兵虽然装备精良，但相对较为传统并无重大的战术革新，主要是为了配合专业化步兵作战。关于他们，我们将在后面的章节详述。

第七章

火药时代的停滞

发展缓慢的东方重骑兵

十个同生共死的勇士并肩奋战，直可笑傲心怀异志的上万大军。

——"毁灭王子"帖木儿，中亚著名统军帝王，帖木儿汗国创立者

早在 3 世纪波斯萨珊帝国的统治开始，东方以及远东的重骑兵，以其形制与装备优势，一直是重骑兵世界的统治者，西方的重装骑兵纷纷采用东方的新技术，比如重要的马镫，比如披挂札甲与鳞甲的具装重骑兵。直至兼顾东西方装备与战术的东罗马帝国——拜占庭帝国，用他们的重装骑兵引领了数个世纪的重骑兵历史。虽然在 11 世纪末之后，西方诺曼骑士的站立式冲锋技术对重骑兵战术做出了一定的贡献，但这谈不上是特别伟大的发明。在未来三个世纪的表现中，他们也没有压倒以马镫时代古典重骑兵与弓骑兵武装起来的东方重骑兵。

拜占庭帝国在 13—14 世纪不可逆转地衰落，让这个过去惯常产生新式装备与战术，并与周边民族互相传播和学习的地域开始沉默了。更早的阿拉伯帝国大分裂与混乱，也使得中亚难以提供拥有重大提升的军事新技术。突厥人则建立了各种苏丹国，用各种装备的弓骑兵统治着这片地区。如上文所述，蒙古入侵虽然以极快的速度吸纳了各地区的军事技术，但很少将之广泛发展，他们的军事核心依旧是原先的模式，且通过征服，将整个东方以古典重骑兵与弓骑兵为核心的模式变得更为广泛，无论是游牧民族还是定居民族。事实上，不考虑游牧民族在骑兵训练与军事战略迁徙上的优势与特点，这些地区定居民族在重骑兵战术与装备上，比起 3 个世纪前的拜占庭帝国马其顿王朝的黄

上图：上为居住在黑海北岸的切尔克斯贵族骑兵。左为诺盖鞑靼骑兵，右为克里米亚贵族骑兵，处于 16–17 世纪的骑兵依然与中世纪时变化不大

右图：马穆鲁克骑兵晚期头盔

金时代，没有什么值得称道的提高，甚至在一些方面是退步的（包括拜占庭帝国本身）。

即使那些成功抵抗免于遭到蒙古统治的地区，比如埃及的马穆鲁克王朝，其军事精英也是以古典式重骑兵与弓骑兵组成的核心部队，这种军事模式也让他们难以接受新的军事技术。马穆鲁克王朝对于14世纪末发展起来的西欧世界有足够多的接触，但直至15世纪，拥有优秀传统的马穆鲁克骑兵才有了一些微小的变化——穿着垫着铁片的"铁甲衣"取代了链甲，开始戴拥有链甲护颈的铁盔，头盔开始拥有滑动的护鼻等等。马穆鲁克地区很可能一直没有真正意义上的板锁混甲的组合。更重要的是，马穆鲁克在火药武器方面也称得上是停滞不前。

但地缘优势还是让一些势力得以崛起。蒙古的势力在西亚逐步消散之际，一支突厥人势力——奥斯曼开始崛起。他们吞并了原来的突厥罗姆苏丹国，将军事目标指向西方——本来在14世纪就走向全面军事衰弱，又经过臭名昭著的"两约翰内战"而无法复原的拜占庭帝国及临近的地区。帝国的疆域现在仅是一个中小型国家规模且许多地区接近自治，而周边的各种势力，如塞尔维亚、保加利亚、罗马尼亚的瓦拉几亚等地区，也是诸多势力分散而混乱。这都给予了奥斯曼各个击破的绝好机会。在占领了几乎整个小亚细亚后，一支强大的军事力量开始建立起来。

奥斯曼军队在13世纪刚崛起时也对东方模式不能免俗，依然是一支以中装甚至轻装弓骑兵为核心力量的突厥骑兵，其中还包括大量的土库曼游骑兵。其骑兵核心组织是阿拉伯帝国晚期留下的"伊克塔"转变为的"西帕希"

上图：正在用火绳枪射击的奥斯曼耶尼色里亲兵

制度。在初期这种有征税权，自行筹办马匹与装备的轻型或中型弓骑兵构成了奥斯曼早期的主力军。但在成功扩张之后，其军事组织也在变化。

众所周知，奥斯曼军队中最得意的成果并非在骑兵上，而是建立了强大的炮兵部队，以及呈大军事建制的、早于欧洲的专业化常备步兵，特别是其精锐奥斯曼新军耶尼色里（土耳其语 yeniçeri；也叫加尼沙里军团，英语 Janissaries）或卡皮库鲁炮兵，之后一部分耶尼色里亲兵还装备较欧洲军队火绳枪口径更大、射程更远的火绳枪。由于本书的重点是重骑兵，这些内容不再详述。

奥斯曼帝国以专业化步兵、炮兵为军事核心再度成功进行扩张，从而扩大各占领地区辅助军队的征召，将更庞大的军事机器与人员投入战场。1453 年，奥斯曼十数万大军攻克早已奄奄一息、由 6000 佣兵守卫的东罗马帝国首都君士坦丁堡（事实上当时的帝国几乎仅剩下首都及临近地区），也是依靠着庞大的军队人数、绝对优势的海军、专业化的炮兵及耶尼色里兵亲军的勇猛作战。

奥斯曼军队的骑兵在这个阶段理所当然地重型化，既包括直属于苏丹的奥斯曼宫廷骑兵，被称为"卡皮库鲁骑兵"的"西帕赫骑兵"，也包括传统的有着采邑制度传统的骑兵部队"西帕希骑兵"。其辅助部队中，大部分是来自各地的轻骑兵。也有来自东欧如塞尔维亚地区的、使用初期混合板锁甲的西方式重骑兵。直属的卡皮库鲁重骑兵毋庸置疑是苏丹手中最信赖的骑兵力量，他们显然与西帕希骑兵不同，不是主要依靠着封地收入而是不菲的薪俸。

卡皮库鲁这种组织的模式，可以追溯至早期塞尔柱王朝的少量重骑兵卫队古拉姆近

卫骑兵，或是身份几乎相同的埃及马穆鲁克骑兵，同为地位崇高的苏丹"仆人"，也有人将此译为"奴隶"。事实上，中东骑兵的这种身份与西方及远东的都是不同的。他们较一般自由民拥有高得多的社会地位，但作为主人的苏丹，却可以没有任何理由并且不经法庭判决来随意处决他们——理论上说，苏丹甚至不可以这样对待一个普通的自由民农民。如果一个自由民加入了卡皮库鲁，他在得到了崇高地位的同时，也让苏丹获得了对他生杀夺予的权力。且卡皮库鲁的战术方式也与前辈马穆鲁克有很多类似的地方，他们熟练掌握着弓箭、弯刀、短剑、骑矛、战斧、钉锤的用法，是东方式的双重重骑兵。事实上，当奥斯曼帝国在 16 世纪征服了马穆鲁克王朝后，许多精锐的马穆鲁克骑兵直接转变进入了卡皮库鲁骑兵。

卡皮库鲁骑兵分成六支部队，最早的两支可能是由发动"加齐圣战"的志愿军雇用而来，被称为"古力巴"。他们的装备也是相对其他四支最差与最轻的。另两支被称为"领薪者"，在 14 世纪由穆拉德一世与巴夏用自己的直属部队建立。最后两支中，其中一支"武器大师"是苏丹的早期卫队，他们作为苏丹卫队的功能，在之后交给了建立最晚，可能由穆罕默德一世的卫队在 15 世纪转变的被称为"西帕希之子"的部队。武器大师与西帕希之子是所有卡皮库鲁骑兵中最精锐的战士。任何奥斯曼军人在战场上有重大的表现都有可能晋升为卡皮库鲁中的武器大师，当然他们最主要是从另外四支卡皮库鲁骑兵中选拔。而且也只有武器大师与西帕希之子在伊斯坦布尔附近是有封地的。在16 世纪后期，卡皮库鲁骑兵的人数达到了6000 人，逐步接管原先的采邑制度，并且做

上图：在卡皮库鲁重骑兵中服役的精锐马穆鲁克的盔甲及马铠

上图：使用著名的"科拉津"混合铠甲的卡皮库鲁重骑兵

到了平衡行省骑兵西帕希的作用。

卡皮库鲁骑兵中除了古力巴外，其余四支都可能是整个奥斯曼帝国最重装的骑兵。他们显然是没有全身板甲的，且与他们的东方式对手马穆鲁克或是波斯萨法维王朝重骑兵也不完全相同，后两者也钟爱大片铁甲叶组成的札甲，或是后期产生的铁甲衣。奥斯曼重骑兵早期像他们的古拉姆重骑兵先辈那样习惯使用鳞甲、札甲或锁甲，之后其中轻一些的骑兵使用皮甲与锁甲的混合甲，重型的骑兵偏爱板甲片与全身链甲混合的一种铠甲"板链甲"。

这种板链甲和14世纪末—15世纪初欧洲式的板链组合不同，主要成分是锁甲，板甲片外形要小得多，整个盔甲里板甲成分也少得多。"科拉津"是奥斯曼最著名的混合铠甲，用细密的锁甲环片将各块防护板甲片连缀起来。另一种板链甲，在锁甲基础上胸口加装圆

形护板的"镜甲"，也同样在大量使用。此外，一般来说他们也会携带一面圆盾。重装的卡皮库鲁骑兵在有的时候，也会使用链甲或者同科拉津骑手身甲一样的板链马铠，用于具装形态的作战。奥斯曼具装铁甲重骑兵则使用至17世纪，较西欧更晚。

一般在作战时，卡皮库鲁骑兵被安置在军队的后卫位置，作为苏丹的卫队以及总预备骑兵队投入战场，同时也包括在战斗中加强与支援大军的侧翼，如果行省中的西帕希骑兵没有做到这点的话。

规模大得多的西帕希则是奥斯曼传统的行省骑兵，依靠采邑的封地来供养自己与装备。15世纪—16世纪，西帕希骑兵的数量大约是40000人左右。超过一半以上的西帕希骑兵都在欧洲地区服役，以供应主要战场的需求。西帕希的装备就像过去阿拉伯帝国的"伊

克塔"一样，是以地产收入决定装备水平的。早期的西帕希骑兵大都是轻装的弓骑兵，装备好一些的西帕希骑兵往往身穿全套链甲，而随着不断征服带来的收入，重装的西帕希也渐渐增多。实际上，就如同拜占庭帝国马其顿王朝时期，最富裕的军区重骑兵与皇家卫队重骑兵装备大致相同，装备最顶尖的西帕希重骑兵与卡皮库鲁重骑兵装备也几乎没有区别。只不过，后者的头盔拥有更高的尖顶，衣饰会更华丽，且武器上可能会镶嵌有装饰。

行省西帕希骑兵的战斗方式往往也是有倾向的。一般安纳托利亚的西帕希骑兵更喜欢经典的骑兵弓箭手作战方式，即骑马在奔驰中射出箭雨。当然，比起轻弓骑兵，他们的装甲大部分时候是中型的。巴尔干地区的西帕希骑兵，往往偏爱枪骑兵的作战方式，身披锁甲，使用骑矛或者枪枪进行作战。16世纪末的时候，许多西帕希装备非常良好，

与卡皮库鲁骑兵不相上下，是奥斯曼骑兵的主力战斗力量。当训练有素的西帕希骑兵达到一定数量时，他们是非常可怕的。当时的西欧在专业化步兵上，反而胜过了奥斯曼。因此这个时代西方人在面对奥斯曼军队时，在制定战术时会更加考虑西帕希的威胁。

奥斯曼重骑兵是较为强大的，拥有良好的纪律与训练，也可以说是称职的，但仅此而已。与曾经那些15世纪—16世纪初期，诸多领先于欧洲的项目——炮兵、重型滑膛枪手、专业化耶尼色里亲兵步兵相比，奥斯曼的重骑兵战术与装备反而是滞后的。

奥斯曼重骑兵基本只是良好地复制了在15世纪被其轻易击败的对手拜占庭帝国——当然是5个世纪之前黄金时代的重骑兵状态。16世纪的奥斯曼帝国拥有6000名卡皮库鲁骑兵，而11世纪初的拜占庭帝国根据不同现代历史学家的观点，也拥有少则10000名，多则20000名皇家近卫骑兵。采邑的奥斯曼

上图: *1. 奥斯曼巴尔干"亚亚"步兵；2. 奥斯曼装备精良的西帕希重骑兵；3. 奥斯曼重步兵*

上图: 全副武装的奥斯曼具装重骑兵

西帕希在 40000 名以上，但同样使用地产武装的 11 世纪初身穿札甲或锁甲的拜占庭军区骑兵，也要超过这个数字，也同样有着大量有装甲的枪骑兵与弓骑兵。

在骑兵的装备上，奥斯曼重骑兵的"科拉津"重甲或是皮锁混合甲比起黄金时期传统的拜占庭超重装骑兵以链甲衣、铁质札甲、棉甲组成的复合装甲，并没有防护上的优势。当然，科拉津可能稍微轻便一些，同时考虑了火器时代的防护（胸口连缀的板甲片）。比起同

帖木儿精锐的重骑兵部队

时代发展至顶峰——拥有全身或是四分之三文艺复兴时代板甲的西欧重骑兵，奥斯曼帝国重骑兵也实在不能算"重装"。事实上，在奥斯曼帝国的征战中，无论是在面对传统的优秀东方重甲骑兵，如马穆鲁克或者是波斯萨法维王朝的"红帽军"中的重骑兵，还是西方开始使用板甲的骑士，甚至是塞尔维亚、罗马尼亚或匈牙利地区一些著名的轻骑兵，单独的骑兵战奥斯曼并不能占据足够的优势。

在1402年著名的安卡拉之战中，奥斯曼帝国"闪电"巴耶济德苏丹对战著名而残酷的游牧统帅"毁灭王子"帖木儿。后者率领着一支庞大的，由传统蒙古—突厥式古典重骑兵与弓骑兵组合的队伍。这场大会战奥斯曼军队遭到了重大失败。当然，奥斯曼军右翼大批土库曼骑兵倒戈向帖木儿也是重要原因。

之后，帖木儿虽然只建立了一个短命帝国，但他统治期间，他的军队似乎在西亚与中亚所向披靡，没有任何对手可以阻挡。帖木儿帝国衰落后，这个地区兴盛的波斯白羊王朝，骑兵仍是帖木儿模式——精锐的中亚与蒙古式重骑兵与弓骑兵组合。甚至有的文献称，白羊王朝的军队是15世纪中期西亚中亚纪律性最好的军队。以后再接替白羊王朝，在16—17世纪与奥斯曼帝国长期对抗的伊朗波斯萨法维王朝，也依然保持了传统的优秀中亚重骑兵系统。其"红帽军"重骑兵尤为闻名。

15世纪中期之后，奥斯曼军队在面对拥有蒙古—中亚式重骑兵的中亚诸国时，完全成型的专业化步兵及炮兵压制了对方的优势骑兵。1473年，拥有骑兵优势的白羊王朝军队在埃尔津詹会战面对奥斯曼的军队，奥斯曼步兵的火枪与大炮让奥斯曼帝国再次获得决定性胜利，白羊王朝精锐的土库曼骑兵在一天之内被完全摧毁。

16世纪，白羊王朝的接替者萨法维王朝经过与奥斯曼多次交战发现，精锐的萨法维重骑兵同样不能抵消奥斯曼帝国的专业化步兵与炮兵优势。于是波斯萨法维王朝的著名领导者——阿巴斯大帝于16世纪末在欧洲人的帮助下，以较短时间建立了一支炮兵与滑膛枪步兵部队，与自己的传统骑兵协同，和奥斯曼帝国进行长期拉锯战。

如果说，15世纪的安卡拉之战等失败，或是与中亚王国交战时骑兵处于不利状态，应归咎于奥斯曼帝国的西帕希骑兵不够强大，或是卡皮库鲁重骑兵还未组建完全，那么1516年，谢里姆一世在达比克荒原面对马穆鲁克苏丹率领的骑兵时，他的宫廷近卫骑兵已经基本组建完全，西帕希骑兵也不可谓不强大。这场会战对于奥斯曼是一场大胜——却又不是骑兵的。

当时，奥斯曼军队利用50门大炮，很快将马穆鲁克缺乏训练的杂牌步兵轰得溃不成军。但皇家马穆鲁克骑兵，这些最精锐的重骑兵在埃及苏丹的带领下猛冲奥斯曼军

上图：曾经让西欧十字军闻风丧胆的马穆鲁克重骑兵

上图: 帖木儿具装重骑兵及土库曼辅助军

阵，埃及精锐骑兵排山倒海的冲锋，造成了奥斯曼军中大量伤亡，让谢里姆一世一度想让军队后撤。但最终，专业化的奥斯曼军队让他赢得了这关键的一战。奥斯曼的专业步兵最终挡住了孤军深入的皇家马穆鲁克骑兵，并使后者完全溃败。但此战奥斯曼军队也付出了 13000 人阵亡的代价。

在 1517 年，在马穆鲁克军队又被奥斯曼重炮完全压制的时候，又是孤独而勇敢的马穆鲁克亲卫队，在他们新苏丹土曼·贝伊的率领下冲破了奥斯曼军队的防御，并杀进了谢里姆一世的帐篷附近。无畏的马穆鲁克骑兵们竟然阵斩了奥斯曼帝国的宰相息

南·巴夏。对马穆鲁克的英勇，连谢里姆一世都给予了充分肯定，他说："我们赢了，但我们却失去了息南·巴夏。"当然，奥斯曼通过这两次重大战役赢得了整个埃及王国，却并不是依靠着骑兵，而是依赖着拥有火炮及专业化步兵的各军种良好配合。而这些，正是马穆鲁克王朝所极度缺乏的。

在面对西欧军队时，如 1444 年的瓦尔纳战役，1448 年的科索沃战役，奥斯曼军队都取得了胜利，但在骑兵战中却是西欧的重骑兵占据了上风。瓦尔纳战役中勇敢的匈牙利名将匈雅提——可能是那个时代东欧最出色的。他亲率麾下两支匈牙利重甲骑士连队

上图： 16 世纪初的马穆鲁克王朝军队

所发动的强力冲锋，几乎瓦解了奥斯曼帝国的军队。但过于鲁莽的（当然也是勇敢的）波兰国王没有听从他返回再一起进攻的忠告，盲目单独冲锋，致使自身阵亡，整个会战也功亏一篑。

当时欧洲军队存在各支军队各自为政，纪律性差，步兵素质低下，火力逊色于敌军等诸多严重的问题，整体数量也较奥斯曼军队人数少。纪律与战场的统一调度，各军种的协同配合，拥有高素质的常备军步兵，却正是奥斯曼军队的优势。因此，奥斯曼重骑兵就像过去罗马帝国军队中的辅助重骑兵，他们只需要称职即可——即使没有对手的重骑兵强悍，奥斯曼军队依然可以不断取得胜利。

不过，奥斯曼步兵与炮兵的素质优势，逐步在文艺复兴时期受到了挑战。西欧军队在16世纪后半叶，逐步形成以火绳枪与长枪方阵为核心的专业化步兵，实际上逐步超越

了奥斯曼帝国原先占据优势的耶尼色里亲兵。火药武器上，奥斯曼军队也不再占据优势。等到17世纪之后，西欧棱堡的发明，也让奥斯曼帝国昔日的大炮不再像过去那样有效，而整体骑兵素质的劣势依然存在。奥斯曼帝国在16—17世纪庞大的疆域与国力还可以支撑这一切，但在1683年维也纳之战失败后，帝国的混乱与衰落就越发严重了。卡皮库鲁逐步衰落，耶尼色里亲兵则经常发动叛乱，而西帕希的质量也呈下降趋势。欧洲步兵最终在1697年，于神圣罗马帝国欧根亲王指挥的森塔战役中全胜奥斯曼大军。此后，燧发枪与刺刀逐步成为西欧的制式步兵装备，同时显示了奥斯曼军事在欧洲近代化军队面前的全面衰落。

在远东，蒙古人建立的元朝军队，依然是以马镫时代古典式重骑兵与轻型弓骑兵为核心。当然，在13世纪—15世纪初，这种组合

上图: 瓦尔纳战役中获胜的奥斯曼军队，年轻的波兰国王在冲锋中阵亡

如果良好运行，依然能发挥出非常强悍的战斗力，往西一些的金帐汗国或是帖木儿帝国就是典型。但他们的"草原系统"在中国地区遭到了较大的挫折。中原的牧场已经长期荒废了，由于缺乏牧场，无法供给草原民族庞大的牲畜群，很多牧民都成了农民，这对于军事召集也造成了阻碍。他们不再像过去那样保持着庞大的马群，而所剩数量不多的马群也被政府征用了。马匹仅从蒙古地区以及东北地区输入是不足的，因此过去蒙古引以为豪的军事系统在元朝统治中后期是严重削弱的。

元末起义建立的明朝军队最终将蒙古人驱逐出中原，重建了王朝。作为从中国江淮一带崛起的势力，朱元璋麾下的明朝军队重步兵是非常优秀的，与曾经缺乏主动性、战术较为消极的宋朝重步兵不同，14世纪末的明朝重步兵具备非常高昂的士气以及主动攻击精神，更依赖于肉搏冲击与防御，而非宋朝步兵的弓弩射击。根据《太祖实录》与《国初事迹》，明军步兵非常重视长枪军的使用与训练，"持枪角胜负，胜者始得升擢。"

在明早期步兵的组合阵型中，"一百户，铳十、刀牌二十、弓箭三十、枪四十"——

上图： *古画上的明军禁军重骑兵*

100名士兵中长枪步兵占到了40%，此外还有10%的火铳手。他们在内地战场上面对蒙古骑兵屡屡得胜。1367年，明军名将傅友德多次用步兵击退蒙古骑兵的攻击。明初近战步兵得到了良好的声誉，"淮北劲卒，虽燕赵精骑不及也。"

值得一提的是，为了对抗蒙古的重装骑兵，明军发展出了一种被称为"手铳"的单兵重型火门枪。根据内蒙古乌兰察布盟凉城县南部明代长城遗址内出土的洪武五年（1372）铜手铳、1971年内蒙古托克县出土洪武十年（1377）铳、1971年内蒙古托克托县出土洪武十二年（1379）铳等的统计，洪武年铜火铳长度一般在32—45厘米之间，口径在2—3厘米之间，铁制弹丸（这点值得注意，使用铁制弹丸而不是铅制弹丸，说明火铳更重视穿甲能力）直径也在2—3厘米之间，重33—110克之间。同时，明初火铳已经开始考虑火器气密性的问题，使用"合口铁弹丸"。另外，根据内蒙古自治区首府呼和浩特市西南托克托县出土的20余枚球形铁壳地雷里的残留颗粒状黑火药，说明洪武年间明军已经开始使用颗粒化火药。这种武器给予了明军火铳步兵一定的对抗蒙古重装骑兵的能力。

明初骑兵，由于可以得到自己优秀的近战步兵的增援，往往也非常主动。在1380年的蔡家庄之战，甚至40名骑兵也对1000名蒙古骑兵发起攻击，正是对自己阵后步兵素质有信心。虽然这40名骑兵遭到了较大的损失，但明军重步兵竟然高速移动，包抄蒙古军后方，并且两面夹击，大胜蒙古骑兵并杀死了他们的统帅。虽然对具体的阵型没有记载，但明显这些步兵阵型拥有高速机动能力，并且严密到令对方骑兵无法寻找其被冲击的破绽，同时富有攻击性，非常重视"进退熟练"的步伐协调。欧洲15世纪末逐步崛起的专业化长枪方阵步兵，与明初阵列重装步兵其实有很多相似的地方。比如之后西班牙方阵也是以长枪兵为核心，剑盾军为辅，同时配合火枪。

明初的重骑兵呈现一种双重骑兵的属性，显示了蒙元统治时期的影响，明初重骑兵骑矛的具体形态可能是多样化的，根据明中期著名军事家戚继光的《练兵实纪》记载，当时的骑矛"柄长七尺，粗仅一寸，锋用两脊两刃，形稍扁，至锋稍薄，一谓之透甲枪，最利马上直戳"。这种骑矛锋刃的形制顾名思义，明显是为了便于骑兵冲击格斗时击穿敌方的甲胄。加上刃的长度，应该约为2.5米。虽然这是明中

期的长度，但考虑到同时代13世纪之后整个东方的格斗骑矛普遍长度较12世纪及之前的长骑矛有所减短，很可能明初骑兵骑矛也类似这个形制。这种长度的骑矛很可能是主流，而《武艺图谱通志》则提到了另一种4-5米长的骑矛的存在。

明军骑兵使用的弓，根据《大明会典》，1403年三月的军械制造记录，大约为40-70斤左右的骑弓。副武器偏重使用当时较为流行的刀背偏直、刀刃向上扬起带有弧线的轻便腰刀，会典中称之为"马军雁翎刀"。这种曲刀和过去刀背较短、重量偏重的曲身刀剑在一同使用，到了清前中期则完全成为主流军队刀剑。对于防护，明骑兵盔甲主要是继承蒙元形制，大多是铁札甲，种类繁多。会典里也记载有"并

上图: 明朝身穿锁甲的重骑兵

上图: 明朝使用三眼火铳的步兵及使用长刀的重装步兵

枪马赤甲"和"黑缨红铜镜马甲"两种马铠的制造记录，证明传统的具装甲骑还是存在的。另外，蒙古时期引入的锁子甲现在可以在中原生产了，另一种同期在欧洲与中亚开始盛行的铁甲衣也被明朝重骑兵使用。

然而，由于"丝绸之路"在几个世纪前就已经衰败，明军又一直与蒙古交战，明朝的马匹很难得到来自中亚优良马种的补充，而且成功的马政持续时间也很短，使得其马匹数量与质量都不令人满意。这在日后也严重制约了明军重骑兵的发展。

不过，早期明朝对于养马业与骑兵的重视，还是得到了一定的效果。骑兵的数量在建设下得到了充分的增长，"骑兵或三万或二万，常兼数万步卒。"久经沙场的明初骑兵与步兵一样，也是士气高昂富有主动性，"而五将咸听一将之令往来折冲以摧贼阵"。

在14世纪末—15世纪初的世界范围比较，明军拥有较同时代欧洲甚至奥斯曼（耶尼色里亲兵也还处于初级阶段）更强的专业化近战步兵，并大量装备重型火门枪（火铳）作为单兵远射武器；同时装备了大量重型火炮（洪武大炮[1]）；拥有可靠的、富有攻击精神的双重功能重装骑兵（马匹数量和质量是短板）。可以说，当时的明军是整个世界上最强大的陆军之一。

明军的战斗力，在被《草原帝国》的作者勒内·格鲁塞称为"明朝最好战的皇帝"的永乐帝朱棣时代，有了更进一步的提升。

永乐年间，朱棣在征服安南后，根据镇守云南的名将沐英的成功经验[2]，组建成建制的火器部队神机营，并创立了著名的"永乐枪阵"（束伍法）。这使得在永乐年间，中国火器发展史又迎来一个高峰。

在技术上，永乐手铳在药室的火门外，加铸了一个长方形的曲面活动盖，可以转动，以防止风雨侵入药室。不仅如此，手铳还增加了木马子（沐英的另一大发明），这是在药室中装填火药后，可以筑实火药的附件，使之更为紧密封闭，极大增加了火铳的威力和射程。

战术上，永乐枪阵进一步发挥了明军步兵攻击性强、火器众多的特长，具体分为三层结构：

一、神机队每队五十七人，队长副各一人，旗军五十五人，内旗枪三人，牌五人，药桶四人，神机枪三十三人。遇敌，牌居前，五刀居左，五刀居右，神机枪前十一人放枪，中十一人转枪，后十一人装药，隔一人放一枪，先放六枪，余五枪备敌进退，前放枪者即空转枪与中，中转炮枪于前，转空枪于后，装药更迭而放，此第而转。擅滥放者，队长诛之，装药转枪怠慢不如法者，队副诛之。如此，则枪不绝声，对无坚阵。

二、弓箭队亦每队五十七人，队长副各一人，旗军五十五人，内旗枪三人，牌十人，长枪十人，长刀十人，弓箭二十二人。遇敌列队，牌居前，弓箭两行，前行射多，手疲；后行代射，五枪五刀居左，五枪五刀居右，如贼突入，则牌迎马，而前枪左右刺击，弓箭迭射，虽贼猛马健，进无不毙矣。

三、马队亦每队五十七人，队长副各一人，旗军五十五人，内旗枪三人，牌十人，长枪十人，长刀十人，其余枪叉、刀斧随其所用火器十人，杂兵二人，弓箭四十二人。如敌退却，马即追袭，冲突往来，出奇制胜，巧在临时不敢预定，此乃束伍法大略也。

显然，这是一支配备了火铳、弓箭、长矛、盾牌、长刀，以及骑兵的"冷热混合部队"。

据宣德三年（1430）记载永乐时神机营编制："神机营设左哨、右哨、左掖、右掖、中军十一右五司及随驾马队官军。"

永乐大帝正式依托于明军的建设，连续五次亲征漠北草原，先后取得斡难河（今俄罗斯赤塔州鄂嫩河）之战、飞云塞（今中俄边境额尔古纳河北岸附近）之战、回曲津之战、忽兰忽失温（今蒙古国乌兰巴托东南）大战、屈裂儿河之战的胜利，重创蒙古鞑靼部、瓦剌部、兀良哈部。比如《卫拉特三大汗国及其后人》对瓦剌的惨败总结道，"卫拉特几万人战死，几乎是灭顶之灾。"

但在朱棣去世后，明朝军队的衰落也开始了。宋朝开始的注重文官官僚的内部管理，忽视外部交流与技术进步的文化气息，再次笼罩在中原地区，技术人才与军事人才的社会地位也无法与进行内部管理的文官相比。在军事上，"以文制武"的核心思想严重限制了军队的活力及技术发展。"卫所"制度也在崩坏，普通的士兵也很难得到社会中的地位，并且经常在和平时期被当作纯粹的劳动力。

虽然在航海上，明朝走在了前列，但显然明朝的社会结构模式让这些活动很快就停滞

了。同时明军在消极的边疆防御中，忽视武装技术的进步，最直接的结果就是导致悲剧性的1449年"土木堡之变"。

值得一提的是，作为明军的对手——蒙古军队特别是瓦剌部骑兵，非常重视重骑兵。

比如在土木堡之变后的北京保卫战中，明军就记载，瓦剌军夜晚宿营的时候用精锐重骑兵将其他瓦剌军围在当中，作为"铁骑屏障"。另外每骑随一犬，有警则以犬吠为号。

而根据《经世文编》记载，16世纪的蒙古俺答汗时代，具装重骑兵是其主力与核心，"精兵戴铁浮屠。马具铠。长刀大镞。望之若水雪然。"

土木堡之变后，明军对蒙古的战略转向防御，而中后期的主要边防则是九边防御体系。此体系从东到西把整个明朝牢牢包在里面。但是九边将近七千公里，明军分散到各个堡垒、墩台、道关、隘口也就所剩无几了。基本上，延边堡垒守军少的几十人，多的几百人，超过一千的很少。所以大部分情况下，蒙古骑兵都能对明军形成数量优势，再加上远超明军的机动能力，明军在漫长的边境线上往往陷入以少打多的被动局面。

为了保证整个九边防御的主动性，明朝

不得不组建以精锐轻骑兵为主的小规模机动部队，即游兵与奇兵，以求快速截击来犯的蒙古骑兵和增援被攻击的小股明军。因此在明代中后期的边防线上，经常爆发规模不大，但异常残酷的骑兵小规模战斗。出身自世袭武将家的将门后裔、以战功获职的行伍军士、通过武举成为军官的考试武将等身份的明军军官，往往要带着数量很少的明军精锐，对人数众多的蒙古骑兵发动决死冲击。据《明实录》记载，成化八年（1472）正月，蒙古各部纠集数万人入寇劫掠，延绥西路左参将都指挥钱亮仅带不到三百人前去拦截，苦战五昼夜，最终突围返回，清点之后只剩下一百五十人。嘉靖十三年（1534年）二月，数万蒙古骑兵入犯宁夏，总兵官王效先带着所部士兵八百人击败蒙古侦骑一千余人，之后又与在灵州劫掠的万余蒙古骑兵展开殊死搏斗，迫后者离境而去。嘉靖三十一年（1552年）四月，蒙古诸部兵两万余人入寇，百户常禄和指挥姚大谟率两百人拦截，死战不退，战至最后一人。

在这样的边防形式和作战条件下，明军处于完全被动的局面。而随着马政的废弛，

战马质量的下降，具装骑兵更加不被重视。根据《武备要略》记载，明代中后期，由于马匹质量太差，具装骑兵大部分仅是半具装，且只能披挂皮装，还"只护紧要之处"，认为"铁甲且重，不能久驰"。

提及明朝中后期，自然无法跳过最著名的军事家戚继光。这位招募新军使用"鸳鸯阵"击败了倭寇的英雄，于1568年在北方利用改进的车载轻型火炮与火绳枪武装的"偏厢战车"，配合骑兵对抗蒙古骑兵，并期望能用他的训练方式来重建一支富有真正军事纪律性与训练水准的专业化军队。可在他去世之后，虽然一些军事成果，比如发扬轻型火炮火力的"车阵"得以保留与发展，

上图： 明军重骑兵在冲击日本步兵

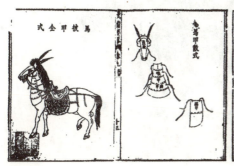

上图：《武备要略》中明军半具装马铠

但一些核心的技术元素，如轻型火炮的发展及火绳枪的普及工作仍严重滞后。更重要的，戚继光对于军官与士兵们训练的要求大都没有保留，也没有继续进行后继的延续发展。晚期明朝军队的素质急剧下降，而武备也是废弛的。

此时的明军重骑兵的情况如何，因为资料的缺乏已经很难理清楚了。不过根据朝鲜人学自明军，于18世纪编撰的《武艺图谱通志》显示，明军依然有使用长骑矛、夹枪冲击的训练，"柄长十五尺，其法初出马。右手执辔。左腋挟枪。"

然而已知的是，明朝重骑兵在1592年对抗日本军队时，依然确立了自己的战场优势。不过当明朝骑兵接着面对真正的强敌——后金骑兵时，优势就明显不在明军一边了。

虽然，很多人认为入主中原的后金——后来的清军是依靠骑射打天下的，但其实后金真正强悍的军事单位是步兵。

特别要提出的是，在农业社会体系下的女真人作为集体劳动者，拥有着比以游牧为主的散居蒙古人更好的组织纪律性。努尔哈赤曾下令所有士兵平时必须同吃同住，这毫无疑问极大地增加了部队的凝聚力。另外八旗军队军纪极严："临战每队有押队一人，配朱箭，如有喧呼乱次，独进独退者，即以朱箭射之。战毕查检，背有朱痕者不问轻重斩之。"

明人记载，八旗军在平坦地形上，队伍整齐，层次分明；如果地形狭窄，八旗军则会合并成一路行动，层次不乱。临战时，八旗军

▌上图：清军前期的重骑兵在冲锋

士令行禁止，队伍齐整。战斗时，穿戴重型铠甲、手持利刃的肉搏士兵冲锋在前；穿短甲（两截甲）、擅长射箭的弓箭手在后面掩护；巴牙喇（八旗最精锐者）则骑马于侧后观望，随时接应和支援，起到督战队和预备队的作用。因此八旗军"一闻攻战，无不欣然，攻则争先，战则奋勇，威如雷霆，势如风发，凡遇战阵，一鼓而胜"。名臣徐光启也曾说，"奴之步兵极精，分合有法；而谈东事者，但以为长于弓马而已。"

而后金骑兵的装备依然是蒙古式的古典重骑兵与轻弓骑兵的组合，只是古典重骑兵更多，而且经常下马作战。另外，后金重骑兵也有具装作战，并喜欢身穿多重铠甲，"英明汗之军士，先以重甲外披棉甲，盔外戴大厚棉帽者，在前执盾而进。"

后金，或者说清军重骑兵的战术方式、训练程度与装备其实并不比4个世纪之前的金朝重骑兵更优秀。重装骑兵携带的仍然是骑矛、马刀与弓箭，部分清军骑兵拥有火门枪和火绳枪。当然，清前期的重骑兵是士气高昂而英勇善战的。同时，如前文所说，清军骑兵所能获得的步兵支持，也要较12世纪的金朝好得多。而且后金清军步兵除了传统的冷兵器之外，还有火器与盾车两大利器。比如在天命八年（1623年）四月一日，努尔哈赤规定，"每牛录遣甲兵百人，以十人为白巴牙喇，携炮二门，枪三枝；剩余的九十名甲兵，其中四十甲兵为红巴牙喇，携炮十门，枪二十枝，其中十人携盾车二辆，水壶二个。黑营五十人，携炮十门，枪二十枝，其中二十人携盾车二辆。"可以看出，在努

149

上图：清军武士

上图：18世纪的清军弓骑兵在攻击准噶尔火枪骑兵

尔哈赤起兵八年后，火器在八旗军中的比例已经很高了

17世纪末—18世纪初，清朝对于东蒙古的征战也是成功的。在战斗中，康熙皇帝甚至在深入草原的情况下，一度将步兵与炮兵留在后方而坚决进行骑兵追击并取得成功。这最主要的原因是当时的蒙古已经较为衰落，无论是斗志还是实力根本无法与昔日的"黄金家族"相比，而处于兴盛时期的清军也同样擅长于古典式重骑兵与轻弓骑兵的组合。这样，当时的蒙古游牧部落就无法像《重骑兵千年战史(上)》第一章就提到的斯基泰人那样，利用后方广阔的草原战略纵深长时间机动，从而削弱并瓦解对方。明朝前期的蒙古人就利用这点制止了明朝骑兵深入草原，让永乐皇帝的多次北伐没能真正消灭蒙古势力。而现在蒙古骑兵的退路被截断后，无法躲避从正面而来的，占据优势的清帝国军队，从而遭到失败。

其实纵观中国历史，也只有汉帝国与唐帝国的军队，才能于强盛时期，在游牧民族还掌握大战略机动纵深的条件下，通过远征击败、征服对手。

在18世纪，统一中国后的清朝在军事领域虽然落后于欧洲，但在18世纪前期军事还是较为强大的，并且愿意做出一些技术革新。但之后也很快衰落了，包括乾隆皇帝重振军事力量的努力也很快失败了。

同时，从18世纪到19世纪，整个欧洲较之前更加飞速地进步，扩展迅速的殖民地地区使得欧洲文化或多或少带给了远东地区一些信息。这让晚清的军事比起明朝，仍然有一定的发展，但这显然是很不够的，因为现在整个世界的运转速度与明朝时期完全不同了，欧洲各国正以一种更高的发展速度将清帝国远远地抛在后面。

乾隆五十七年（1792年），马戛尔尼率领使团以给乾隆皇帝祝寿为名，抵达中国的时候，这位英国特使认为当时的清朝军队已经大为落后欧洲了。当时的中国重骑兵规模大为缩小了，就像当时欧洲骑兵"无甲化"一样的状态。但两者的原因并不相同，欧洲是因为各种装备与技术之间的互相竞争、各自提高，直至发展到极限的铠甲不得不让位于不断强大更加有利的火器，欧洲骑兵只能寻求更为有效的方式，比如近代化的骑兵线列冲锋。

而信息闭塞，让清帝国的重骑兵与火器也呈现出较低级别的竞争，造成后者同样发展缓慢。因此在重骑兵消失的时候，清军在英国使者到来时，还在使用大口径火绳枪——这应该是欧洲16世纪的产物。到了19世纪中期，这种火绳枪也不是普遍装备的，大多数士兵只是有刀与弓。至于骑兵——即使是满蒙骑兵，也缺乏马匹。

即使是教条与刻板的明朝政府，在16世纪依然缓慢地接受火绳枪、欧式火炮这些能够直接提升军队战斗力的外来事物。但马戛尔尼访华时带来的信息，已经证明当时欧洲对中国有巨大的技术优势，这竟然不能让清庭有任何动摇。当时的清朝处于一种极度封闭状态下的自我催眠与颓废，这也就意味着，王朝崩溃之时已经不远了。

总之，与同时代先进力量相比，这个时代中国地区的军事力量走向一个可怕的低谷。晚清时代声势浩大的"洋务运动"，试图重新与世界先进力量接轨，但其军事力量仍经对外战争被证明是一个虚幻而美妙的泡沫，低谷也依旧持续了百年以上。

而就在东方重骑兵技术从15世纪开始变得发展缓慢，甚至停滞时，西欧板甲重骑兵正

在走入他们最后的巅峰——文艺复兴时期。职业化重骑兵的钢铁防护，在这个板甲时代被发挥到极致，他们的集群冲锋也是当时这个世界最恐怖的。但欧洲板甲骑士的封王之路，却不似中世纪岁月的拜占庭超重装骑兵那样无可争议，而是充满了坎坷，因为这个时代也同样是欧洲专业化步兵飞速崛起时期，大口径火绳枪、机动火炮，特别是训练有素的长枪大方阵，让再凶猛的板甲骑士也无法轻易主宰战场。

职业化板甲具装骑士的巅峰

法国敕令骑士

神圣罗马帝国军的火绳枪手进行齐射，企图阻止我们的战马接近，但他们看见我们的骑兵仅在400步之外，并且已经准备冲锋时，帝国步兵扔掉了手中的长枪并向敕令骑士们投降。

——此战中担任顾问，之后成为法国元帅的蒙吕克对切雷索莱之战尾声场景的描述

中世纪晚期已经非常精良的板甲，在15世纪末—16世纪初达到了它的巅峰时期，许多著名的板甲类型在这个时期又有了更加适应战争的新演化。如前面章节所说，15世纪中期出现的哥特式板甲演变为以马克西米里安一世命名的"马克西米利安甲"。与以往的哥特式板甲或米兰式板甲相比，原本不着装饰，被称为"白甲"的板甲风格似乎不再流行，文艺复兴时代的人着重对于上等板甲进行诸多的装饰与设计。

当然，这样一来板甲造价也有所提高，为皇室与富有的贵族、骑士所精心雕刻装饰的板甲数量开始增大。比如为法王亨利二世，在1555年所制作的、生产于法国的板甲，就拥有非常细密的花纹，抛光并使用镀银与镀金。这些精美的盔甲会被称为"阅兵甲"。不过这个词本身是有些误导的，因为"阅兵甲"一样保持着超卓的实用性，并且在部队中服役。文艺复兴时期，高等级板甲的最大特点就是：不但提供最大量的保护，同时也保持着让人视觉上赏心悦目的外形。

与法式板甲的华丽相比，马克西米利安甲的装饰则显露了当时德国地区相对简洁的风格，胸甲仍保持了中世纪晚期开始的、富有弧线的棱角与线条，以增加打击偏斜效果。马克西米利安甲在原哥特板甲的基础上，打

上图： 法国为亨利二世制作的精美的文艺复兴板甲

右图： 著名的马克西米利安式板甲

造了更多更密集的棱条与凹槽，甚至一直延伸至头盔（但不包括腿甲），这样有助于加固板甲的基础结构。同时该盔甲带有非常明显的收腰，并使用方形的胫甲。就如同过去的哥特板甲一样，马克西米利安甲并不只在德国流行，意大利地区的马克西米利安甲，往往腿甲更长，使用夏雷尔式头盔的面罩，更喜欢设计像"风箱"一样的多个通风缝隙，同时保护嘴部。

哥特板甲发展到马克西米利安甲这个阶段，最重要的变化就是用文艺复兴时期流行的全封闭头盔（closed helms），代替了之前盛行的夏雷尔头盔。这种在文艺复兴时期为西欧绝大多数重骑兵所使用的头盔，是由常与米兰板甲配用的阿莫特头盔发展而来。其就如前文所述，是用一根轴来支撑面罩的活动。文艺复兴时代，颈部的保护部分被称作"Falling buffe"，由中世纪晚期附属在头盔上的颈甲发展而来，现在已经成为封闭式头盔的一部分。其最主要的变化是喉部有个明显的弧线，紧贴喉咙并且几乎完全封闭，同时分成两个部分，用机械的方法进行开启或关闭面甲。当打开面甲的时候，颈甲的前半部分跟着面甲一起向上旋转，当关闭的时候，以颈部两侧的旋转钩固定在面罩两边的钉上。当然，有的也采用弹簧锁或者是皮带作为固定方式。

最早的全封闭头盔的外形很像过去的阿莫特头盔。到了1510—1525年，法国、意大利、英国流行"雀嘴"式的面罩。德国地区马克西米利安型的全封闭头盔面罩则是打着许多棱条，且表面较为平坦。当然，这也不是一定的，纽伦堡地区打造的头盔就是较平的，有风箱式的透气孔；而奥格斯堡地区在1520年左右的头盔，则拥有巨大怪诞的"猴子脸"型的面罩。到了1520年后，封闭式头盔由于使用了一根

上图：文艺复兴时代全封闭头盔

轴来固定面罩，产生了一种新的，在一根轴上将面罩分成好几部分，各部分均可以旋转的封闭式头盔。这种头盔面罩的上半部分设计成一个船头的形状。颈甲则由原来的单片部分变成了层叠的板甲，这样产生了防护更高的夹层。头盔整体也变得更高，头盔顶的脊也更加明显。

不仅是头盔，文艺复兴式板甲的各个部件的保护与精巧已经到了顶峰。因此重骑兵的盾牌在这个时代几乎完全消失了——这种重骑兵使用了长达20个世纪以上的重要防护装备，在15世纪末全身板甲出现之后，就逐步退出了西欧重骑兵的防具行列。

文艺复兴时代的诸多西方王国中，法国板甲骑士力量尤为突出，也是法国争霸时代最核心的军事力量。1494年，查理八世的军队进入意大利后势如破竹。这支军队拥有历史上最早装备炮车的炮兵，同时伴随着强大的重装骑

士与瑞士步兵。法军用极为严厉的方式对待意大利的反抗者，让习惯于不流血式"贡多铁里战争"（即前文说过的几乎不流血的战争）的意大利人大吃一惊。

法军穿过罗马城后，于第二年2月进入那不勒斯。法国的扩张让意大利的威尼斯、米兰、教皇国等意大利城邦纷纷结成"神圣同盟"来对抗强大的法军。最主要的是，西欧两大军事巨头——神圣罗马帝国的马克西米利安一世与西班牙王国加入了同盟，甚至连英国的亨利八世也愿意参与，为法国的崛起制造挫折。法王在这种不利的局面下，只能被迫离开那不勒斯向法国撤退，意大利城邦联军在后紧追不舍。撤退中，法军由于疾病造成了军队的巨大损失，一些火炮也被放弃。

在1495年7月4日，联军在帕尔玛西南30公里处的福尔诺沃村追上了法王的军队。查理八世的法军共有12000人，其中拥有敕令骑士1000人、瑞士方阵军3000人，以及28门火炮。他的对手意大利联军则拥有将近两倍兵力——20000人，其中有4000名全副武装的意大利重骑兵。

此战的具体过程虽然在记载上不甚详细，但因为大雨让法军无法使用炮兵，所以敕令骑士与瑞士枪兵是法军鏖战的主力是无疑的。总之，意大利重骑兵虽然超过法军敕令骑士4倍，但最终仍被击败。法国最勇猛的传奇骑士"无畏的"贝亚尔还夺取了一面军旗。但法军在敌人强大的压力下也只能自保，最终两军均收军回营，法军此战伤亡1000人。联盟军损失了2000多人，同时阵亡许多贵族，只能让缺乏给养的法军疲惫之师返回了法国。

几乎在同期，1495年6月，进入意大利南部地区的新军事强国——西班牙的军队与那不勒斯联军，在意大利南部卡拉布里亚附近的塞米纳拉与法军交战，企图将法军赶出意大利南部。

法军是一支由敕令骑士、瑞士雇佣步兵以及一支苏格兰弓箭手组成的队伍。那不勒斯国王统领自己的军队，而著名的"西班牙之母"女王伊莎贝拉一世挑选的西班牙名将冈萨洛·费尔南德斯则带领着来自西班牙的分遣军。尽管冈萨洛很年轻，但他很受西班牙人的喜爱，并深受女王器重，同时也是非常著名的战士。

下图： *福尔诺沃之战中联军的大群重骑兵在渡河*

职业化板甲具装骑士的巅峰：法国敕令骑士

西班牙军队拥有 600 名枪骑兵，但枪骑兵的盔甲与法军相比是较轻的；另一部分则是西班牙传统的标枪骑兵；步兵则是 1500 名"西班牙持剑重步兵"（Rodeleros swordsmen），他们未来在新大陆面对装备低劣而数量庞大的南美原住民时，将大显神威。不久，西班牙舰队又运送了另外的 3500 名西班牙士兵登陆。那不勒斯国王的军队成分不明。当地卡拉布里亚人也提供了 6000 名志愿军加入了国王的麾下。不过除了主力以外，西班牙军队的一批援军被那不勒斯国王安排用于守卫堡垒。对此冈萨洛也只能同意，毕竟西班牙舰队的全部补给都仰仗那不勒斯国王。

之前盟军的舰队摧毁了一支法国军队，且威尼斯的舰队也突袭了法国的海岸，击败了法军在那里的驻防军。对于法军来说，祸不单行的是，卡拉布里亚的法军指挥苏格兰人德·欧比尼得了疟疾，没办法回击联军的挑战。他只能通过联络那些孤立散落在卡拉布里亚各处要塞中的法军驻军，集结自己的防御，并且向上级要求，希望得到由年轻贵族普雷西指挥的瑞士雇佣军的增援。

所幸的是这一切都做到了，欧比尼将集结的军队派向塞米纳拉，迎战西班牙与那不勒斯的联军。那不勒斯国王听到这个消息，立即派军迎战，但他并不知道法军援军，特别是瑞士雇佣军已经到达的消息。国王也拒绝了冈萨洛的建议，后者建议他在对法军部队做一次完整的侦察后再做决战的决定。

法军在平原上的小溪后列阵，朝向那不勒斯。那不勒斯国王将自己的步兵布置在左翼，骑兵布置在右翼。法军统帅欧比尼虽然病得很重，但依然骑在马上指挥战斗。他在左翼布置了 400 名著名的重装敕令骑士及 800 名装甲稍轻的骑兵面对联军的骑兵。年轻的贵族普雷西放弃带领瑞士长枪方阵而协助生病的欧比尼指挥。法军的右翼则是 800 名瑞士雇佣军，后阵还有一支规模微小的战斗力较弱的法军后备

左图：福尔诺沃之战中法军敕令骑士（左边赶来的 5 名）在与意大利重骑兵交战

军。这次瑞士人不像往常那样使用纵深非常大的方阵，而是组成了三列阵型，用他们的18英尺（约5.5米）长枪对着敌军。显然，法军中的瑞士佣兵一开始就摆出了攻击阵型而不是防御。随着一声令下，法军开始进军，敕令骑士与瑞士方阵一齐向联军扑去。

西班牙骑兵立刻上前，用他们惯用的"投掷标枪再转向离开"战术，攻击渡河的敕令骑士，并且让这些重装骑兵遭受到一定的阻碍。但是，这让意大利卡拉布里亚的步兵们惊慌失措，他们以为这是西班牙骑兵败退了，加上瑞士长枪方阵凶猛地压制过来，立即就造成了意大利步兵们的败退。那不勒斯国王企图重整队伍，但这时候法军敕令骑士们已经渡过了小溪，排山倒海一般冲锋过来，将阵脚不稳的意大利步兵瞬间全部冲垮。那不勒斯国王和属下换了衣服之后，才得以逃离战场。

战局对联军来说很快变得绝望。瑞士长枪方阵立刻从正面压制住了西班牙持剑重步兵，而敕令骑士在骑兵对决中也打垮了西班牙与那不勒斯的骑兵。那不勒斯军中拥有穿着精良全身板甲的著名雇佣重骑兵——"贡多铁里"骑兵。他们以优良的装备与低战斗力而闻名，于是很快被敕令骑士杀得丢盔弃甲。

之后，敕令骑士转向联军的背后发动了致命的冲锋。一千八百三十年前，亚历山大大帝在卡拉库尼斯河，用马其顿方阵这个长枪如林的"砧板"进行冲击，将对方的步兵战线缠住，精锐骑兵则迂回到侧后方发动冲击，将被缠住的敌军屠杀殆尽的一幕，就这样再现在文艺复兴的战场上。敕令骑士从背后对西班牙重步兵的毁灭性冲刺，直接锁定了战局。

这场胜利对于法军则是战术性的，继续

职业化板甲具装骑士的巅峰：法国敕令骑士

上图：左为西班牙重步兵剑士，西班牙大方阵建立前的重步兵主力

上图：装备精良的法军敕令骑士

157

上图: 法军敕令骑士凶猛的集群冲锋

展示他们的敕令骑士与瑞士长枪方阵的统治地位。对于西班牙名将冈萨洛来说，这个刻骨铭心的教训则让他返回西班牙后，重整西班牙军队，建立一种较瑞士方阵更为先进，并包含火枪部队的"西班牙大方阵"。这种方阵不但让西班牙军队脱胎换骨，甚至引导了整个欧洲军事技术与战术的走向，预示着专业化方阵步兵在火药枪支的充分加入下，在未来会给予仍旧统治战场的重装骑兵以更大的压力。

没有经过太多时间，在第二次意大利战争中，冈萨洛在1503年的切里尼奥拉之战与加里利亚诺之战中卷土重来，连挫法军。在切里尼奥拉之战，他使用了6300人，拥有20门火炮。他与神圣罗马帝国一样，建立了自己的国土仆从军式西班牙方阵，总数约2000人。但不同的是，西班牙人的方阵中还有1000名火绳枪手。法军则由内穆尔公爵指挥，同样是经典配置，主力由敕令骑士、瑞士长枪手及40门火炮组成。

这是欧洲第一次以火绳枪为主导赢得胜利的会战。西班牙军队夺取了切里尼奥拉的高地，在小山前面用壕沟环绕保护他们最前方的火枪手，此外还使用了矮墙工事加固，火炮则放置在高地的顶点上。实际上，法军的火炮更多，但他们急躁的心理，总让他们的炮兵不能及时

跟上整体的作战。当炮兵还未赶到之际，先到达的法军重骑兵就对西班牙中央阵线发动了两次猛烈冲锋。可以说，这又犯了过去克雷西式的错误。结果两次，敕令骑士都被火绳枪与火炮射得人仰马翻。法军骑士又企图攻击西班牙阵地右翼，结果许多骑士连人带马陷在战地工事中，成为西班牙火枪的活靶，连法军统帅都被击毙。随后，法军中的瑞士长枪方阵也没有等待自己的火炮及援军，而是紧随其后发动了冲锋。

在凶猛的瑞士方阵逼近之际，西班牙火枪手及时撤出了前线，而让他们的国土仆从军方阵向瑞士方阵迎了上去。也许西班牙方阵并不如瑞士方阵勇猛，但他们的火枪手与标枪骑兵很快转到了瑞士方阵的侧翼，不断地射击杀伤瑞士人。在伤亡惨重之际，法军敕令骑士与瑞士步兵只能后撤。利用敌军的混乱，冈萨洛命令他的预备队——持剑西班牙步兵及重骑兵出动发起反击，企图将法军一网打尽。

这时，一种新式西班牙骑兵也出现了。"骑马火绳枪手"包围剩下的敕令骑士，并用火绳枪打垮了这些曾经统治战场的重骑兵。伤亡惨重的瑞士人以有序的方式最终退出了战场。这场会战，西班牙人仅损失100人，而法军付出了4000人的代价。西班牙人利用阵地工事，用火绳枪将8年前血洗他们的瑞士人及敕令骑士打得丢盔弃甲。这也宣布了法国在第二次意大利战争的失败，而西班牙开始称霸意大利地区。

这种惨痛的教训也足以再次逼迫法军敕令骑士抛弃他们的骄傲，与炮兵密切合作了。在1509年5月的阿尼亚德洛战役，法军敕令骑士也很快意识到不能再走过去"愚蠢的克雷西"老路。这次法国的对手是趁意大利地区混乱企图争霸的威尼斯公国。作为航海共和国的

上图: 切里尼奥拉之战中西班牙火绳枪手射得法军重骑兵人仰马翻

他们，有长达 4 个世纪非常优秀的海军声誉。现在，他们在陆上也期望大有作为。在 1507 年—1508 年，依靠优秀的佣兵将领阿尔维亚诺，击败马克西米利安的神圣罗马帝国军队（这时候他的国土仆从军缺乏经费而解散了一部分）的胜利，更让他们信心倍增。

威尼斯的军队由当时负有盛名的两名雇佣军统帅统领——阿尔维亚诺和皮蒂利亚诺，但是他们之间无法统一规划，结果遭到了灾难性后果。前者期望与法军决战，而后者只愿意依靠袭扰来削弱法军。在阿尔维亚诺到达他认为理想的阵地——一处位于葡萄园的高地时，皮蒂利亚诺却继续撤退。不久，阿尔维亚诺的分遣军遭到了法军的前锋攻

击。他立刻率领他的 8000 人进入阵地开始防御，这里由于水利需要被挖得到处都是沟渠，确实是一处天然良好的防御地点。

法军先锋查理率军发动攻击。一开始，他又是老战术，敕令骑士协同瑞士长枪军发动猛攻。但地形产生的泥浆及倾盆大雨，很快让法军受到很大阻碍，无法突破威尼斯军的火力狙击防御。法军似乎又陷入了过去惯有的失败路线中去。

但幸运的是，皮蒂利亚诺根本没有来援助阿尔维亚诺，而是继续后撤。法王路易的主力也已经赶到，制止了先锋鲁莽的行为，并要求法军几面合围威尼斯军队，并等待炮兵。大炮到达后，法军充足的炮兵火力开始

压制后者，而强大的敕令骑士也绕到背后发动冲锋，再一次向意大利重骑兵显示了谁才是重骑兵的王者。意大利骑兵被打得丢盔弃甲逃出了战场，而威尼斯其他部队被压缩在不断缩小的阵地中。最终他们4000多人丧生，主帅阿尔维亚诺也被俘虏。之后法王的军队几乎占领了整个伦巴第地区。著有《君主论》的意大利学者马基雅维利对此则有夸张的表述："威尼斯人800年的征服今天毁于一旦。"

之后，法国由于胜利，很快又成为众矢之的。庞大的同盟又来遏制法国。米兰公爵甚至买通了瑞士联邦，后者派遣一支瑞士佣兵对法作战。联盟军这次的主力则是法国的老对手西班牙军队。1512年4月的拉文纳战役，他们决定复制名将冈萨洛在切里尼奥拉的胜利①，在隆科河右岸建立了与冈萨洛一样的胸墙与战壕的复合工事，同时背水阵地还能预防被法军强大的重骑兵包抄，不会出现阿尼亚德洛战役中威尼斯军队的惨痛景象。

法军由著名的富有才华的年轻统帅加斯东统领。或许是看穿了西班牙人会复制过去西班牙名将冈萨洛的战术，他大胆地将河岸西边的法军全部渡河，仅留下两门火炮留在西岸作为牵制。

在靠近河流的区域，法军布置了900名重骑兵，后面是大量的步兵。法军步兵分成三个部分：第一部分包括3500名加斯科涅（《三个火枪手》中达达尼昂的故乡）弩手；由于瑞士人转换阵营，第二部分法军长枪方阵主力是雇用的德国地区的国土仆从军，他们大约有5000人；此外还有第三部分，3000名来自皮

---

①：西班牙名将冈萨洛由于威望过高被排挤，当他的保护人伊莎贝拉女王去世之后，他就被解除了军事职务，虽然1507年他又被征召入军队，伊莎贝拉的丈夫斐迪南经常称赞他却什么也不让他做，直至他在1515年去世。

卡尔和加斯科涅的步兵。另一些历史学家认为，法军步兵的兵力应该是两部分：9500名德意志国土仆从军、8000名加斯科涅弓弩手及皮卡尔长枪兵在前方，后方则是4000名意大利费拉拉步兵及2000名轻骑兵。

法军最好的780名敕令骑士在主阵。由上文所述最勇猛的骑士"无畏的"贝亚尔统领。这个英雄除了在1495年福尔诺沃战斗中勇猛的表现以外，在1503年加里利亚诺战役中，对抗过冈萨洛取胜的西班牙大军；在守卫加里利亚诺桥梁时，曾经单枪匹马对抗200名西班牙人。虽然这场战斗法军最终惨败，但他却赢得了极好的名声。1508年，他陪同法王路易十二进攻热那亚。他带领一支数量很小的敕令骑士队，作为突击的矛头，以极快的速度冲上热那亚长枪民兵驻守的山丘，致使敌军直接崩溃而随后热那亚城就宣告陷落。他则作为最荣耀的法军英雄进入热那亚。

西班牙军队及教皇国联军在营地中防御，针对法军河流附近的900名重骑兵，则布置了670名意大利重骑兵，另派遣565名重骑兵对阵法军主阵中最精锐的780名敕令骑士。此外联军还有490名重骑兵作为后卫。联军步兵则分成四个部分，前三个部分都是西班牙步兵，每部都包括四个"长枪和射击"方阵（这种方阵是混合了火绳枪与长矛的步兵大方阵），每个方阵包括500—600名步兵。第四个部分，也就是教皇国那个部分，有步兵2000人。联军的步兵阵型平行于河流，位于骑兵的远侧，并垂直于防御工事。

在总体布阵上，联军兵力分为三条战线，第一战线人数未知，第二战线拥有4000人，第三战线则是"三支西班牙团"及教皇国的2000步兵。在阵型的末端，还有1500—1700名新式轻骑兵"骑马火绳枪手"。

法军的步兵在靠近敌军两百步后停住，双方的炮兵也从开始的零星对射，发展成为超过两个小时的大规模炮战。这种开阔地形下的大规模野战炮兵互射，也是开了历史的先河。法军统帅加斯东将大量的火炮放置在法军的右翼，猛烈地向联军的营地射击。西班牙统帅纳瓦罗则让他的步兵躲在战壕中，或趴在河堤上躲避炮火。但教皇国的重骑兵没有可以使用的庇护，法军火炮的射击让他们伤亡惨重。西班牙的火炮也还以颜色，集中火力猛轰同样没有工事掩护的法军中央阵线中的加斯科涅步兵及德意志国土仆从军，法军步兵也遭到惨重伤亡，超过2000人被炸死。加斯科涅步兵开始动摇，而法军中的德意志国土仆从军则用长枪方阵将他们逼回去，继续维持阵线。

之后，法军不满足于轰击联军营地的一边，开始进行炮兵机动发起纵向射击。法军的意大利盟军费拉拉公爵，又带来了24门攻城炮，从法军后方转到左翼加入炮战，轰击那些阵型边缘的联军骑马火绳枪手，也同时炮击作为后卫的490名意大利重骑兵，两者同样遭到了重大伤亡。与此同时，法军另一部也使用相似费拉拉的计策，将两门重炮

上图：文艺复兴前期最传奇的骑士"无畏的"贝亚尔在单枪匹马防守加里利亚诺桥梁

职业化板甲具装骑士的巅峰：法国敕令骑士

也弄过河，以便从侧后方抵近射击离河岸最近的那密集布阵的670名意大利重骑兵。这造成了惊人伤亡，"一发炮弹炸死33名骑兵"的典故就源自这里。

终于，联军骑兵再也无法忍受了，纷纷冲出营地。最先冲出营地的就是作为后卫的意大利重骑兵，他们的攻击方向是费拉拉公爵的24门布置在法军左翼威胁最大的火炮。接着，那些遭受损失的骑马火绳枪手及主战线的重骑兵也加入了反击队伍。但他们的冲击是缺乏秩序的。混乱中，意大利重骑兵从正面冲锋，而骑马火绳枪手则从侧面迂回。

冲出的意大利骑兵遭到法军敕令骑士从两翼的夹击，敕令骑士在"无畏的"贝亚尔率领下，凶猛地对意大利重骑兵迎头对冲。骑兵大战中，又是更加强大的敕令骑士占了绝对上风，当然之前的炮击对意大利骑兵的士气影响也是不可忽视的，联军重骑兵大量被杀并开始溃逃。而当意大利骑兵全面压上，同时开始攻击法军右翼之后，法军其余重骑兵与后备步兵也开始反击，联军骑兵开始在多重打击下瓦解。一部分意大利重骑兵逃出了战场，一部分撤离到西班牙骑兵开始驻扎的地方。

一些敕令骑士追击着联军骑兵，又遭到西班牙骑兵绝望的抵抗，但当又一批之前作为"先锋"的敕令骑士赶到时，西班牙骑兵也被打垮了，两名骑兵统帅也被俘虏。教皇国军队统帅则返回了西班牙工事中，剩下的联军骑兵逃向西南方，而背后法军的骑兵仍在无情地追击。

在西班牙骑兵发动首轮攻击时，法军统帅加斯东就命令步兵出击，向联军营地发起冲锋。但当加斯科涅弩手及皮卡尔长枪手到达工事前，西班牙火绳枪依然火力猛烈，一轮就打退了他们。随后法军的德意志国土仆从军也赶到了，使用长枪攻击西班牙阵地，结果他们的指

挥官和副官都被射死，但一部分国土仆从军还是穿过了战壕，与西班牙长枪手展开了步兵肉搏战。方阵对决中，西班牙方阵中的剑盾步兵这时候在贴近战中发挥了明显的优势，而国土仆从军无法用长枪应对这样近距离的壕沟战，结果也被击退，超过1000名德国佣兵被杀死。

之后，加斯科涅人与国土仆从军继续发动进攻，结果遭受了更大的伤亡。这个时候，教皇国的统帅又重整他在营地里的骑兵赶回战场，攻击法军步兵的侧翼，据他自己说，"给他200名枪骑兵他就可以力挽狂澜。"两支西班牙步兵将一部分法军步兵反推回河岸，冲乱了他们的阵型，并且向法军的炮兵方向前进，而其他的西班牙步兵依旧与法军步兵在战壕中混战。

这时战役似乎进入了僵局，但在这关键时刻，将西班牙骑兵逐出战场的敕令骑士及时返回了，从两翼猛烈突击西班牙步兵阵型，并且与重整旗鼓的德意志国土仆从军及加斯科涅步兵一齐杀入西班牙营地。法军敕令骑士冲垮了西班牙军队的方阵，造成了可怕的人员伤亡。西班牙统帅与教皇国统帅全部被俘虏。只有约1000人的西班牙步兵逃出了营地，其他或被杀，或被俘，或互相践踏死亡。

但是，法国在拉文纳的胜利却由于最后的事件蒙上了阴影。那两个追击加斯科涅步兵的西班牙连，这时发现自己北方的退路已经被法军截断了，就沿着河向营地前进。结果他们碰上了法军主帅加斯东率领的一支正在追击的15人小规模法军骑兵。大意的加斯东勇猛地发动了攻击。在随后的混战中，法军的骑兵被击退，而加斯东竟然被杀，法国因此损失了一名非常具备才华的年轻将领。

这场会战法军有3000—4500名士兵阵亡，4500人受伤，而联军阵亡者就达到了9000人，

▌上图: 拉文纳之战中联军骑兵无法忍受炮击而反冲击法军左翼

▌上图: 强大的法军敕令骑士

▌下图: 拉文纳之战中法军敕令骑士与联军重骑兵展开激烈战斗

职业化板甲具装骑士的巅峰: 法国敕令骑士

还不包括被俘者与受伤者。事实上，这支西班牙与教皇国大军几乎完全被摧毁了。虽然代价也不小，但法国还是赢得了一场大规模的战役。此战中，法军再次展现了他们的传统优势，专业炮兵与敕令骑士的良好配合，而敕令骑士对于西班牙骑兵及意大利重骑兵的优势，也再次证明了他们是当时欧洲当之无愧的重骑兵王者。

虽然辉煌的胜利一再昭告板甲重装骑兵仍然是这个时代最强大的机动力量，但我们从上述的多次战例可以隐约发现王者的尴尬与阻力。专业化方阵步兵的崛起，专业火枪步兵的大量使用，枪支性能不断改进，这一切让敕令骑士不能复制前任重骑兵历史统治者——6至11世纪初的王者拜占庭铁甲重骑兵曾经的辉煌。6—8世纪，拜占庭重骑兵以灵活的战术面对那个时代战术落后，并缺乏专业化素养的敌方步兵。到了10—11世纪步兵的素养有所提高，但同时代拜占庭铁甲重骑兵演变为超重装骑兵，以超强的装备与战术素养仍占据绝对巅峰，继续压制对手，既可以依仗高度重装的铠甲与使用沉重的钉锤打垮对方的重骑兵，也可以从正面冲垮重步兵的防线并碾碎他们的长矛。

敕令骑士与拜占庭铁甲重骑兵一样，依然是这个时代压制对方机动兵力，特别是敌方重骑兵的最佳武器，多次战役中敕令骑士都证明了这一点。但面对步兵时，拜占庭超重装骑兵同样的战术已经不可能复制在敕令骑士身上。板甲骑士们现在面对的是真正专业化，拥有高机动性、全方位防御且训练有素的方阵步兵，重装骑兵在大规模会战中已经不可能独立取得胜利。时间仿佛又回到了亚历山大大帝的时代，重骑兵与方阵协同作战，而方阵的重要性似乎越来越高，只是在1800年后，用另一种方式在展现。

在法国敕令骑士1512年大胜后仅过了一年，历史就证明了这一点。1513年6月6日的诺瓦拉之战，法国军队面对转为敌人的瑞士联邦军队，当10000名瑞士方阵长枪兵冒着炮火，凶猛地冲杀并击溃法军的佣兵方阵——以德意志国土仆从军长枪手组成的步兵（师傅再一次击败了弟子），并将火炮一扫而光的时候，敕令骑士不能做任何事，他们只能撤离出战场以免遭到无谓的损失。也就是说，当己方的步兵被对方步兵逐出战场时，重骑兵就几乎对战局无能为力了。

不过，一直缺乏本国优秀步兵的法军基于重骑兵—火炮的传统优势，在接下来1515年9月的马里尼亚诺战役中，面对大量瑞士军采取了新的战术。不过，当战役刚开始时，法军并未意识到这点，并遭到了相当大的损失。凶悍的瑞士长枪方阵再一次以极快的速度席卷而来，击退了法军中的德意志国土仆从军，并缴获了一些火炮。这使得法军敕令骑士不得不对瑞士方阵发起冲锋，将瑞士军突前的"敢死队"赶回方阵本阵，但同样敕令骑士也无法向长枪如林的瑞士方阵本阵发动较为有效的冲击。由

上图：拉文纳胜利后的阴影：法军主帅加斯东阵亡

164

上图：法国敕令骑士

于法军步兵方阵又如诺瓦拉之战中被击败，敕令骑士们不得不在法王法兰西斯一世及"无畏的"贝亚尔带领下，向瑞士方阵发动勇猛甚至是绝望的冲锋。激烈的战斗让许多法军军官受伤或者阵亡，贝亚尔为了救出陷在里面的罗琳公爵，甚至冒死冲入密集的方阵中。法军中的德意志国土仆从军再次重整冲向瑞士方阵，却再次被打退。但敕令骑士的决死冲锋让法军避免了当天的失败，得以两军收兵回营。

第二天，法军重整自己的 72 门大炮对瑞士方阵进行轰击。之后法军发现，即使他们的德意志国土仆从军被一次又一次打退，但他们敕令骑士的冲锋，却能够让瑞士方阵不得不将他们"放低长枪冲锋"的状态停滞下来，转而进行密集队形的防守。而对于停滞而密集的方阵，法军火炮的命中与杀伤就会倍增，这就让瑞士人面临两难境地。大批的瑞士长枪兵没有死在敕令骑士的冲锋下，却在密集队形中被炸得血肉横飞。最终，当法军的威尼斯盟军赶到时，他们成了压倒骆驼的最后一根稻草。瑞士人付了 10000 名步兵的代价，这是"中世纪末最可怕的步兵战争机器"的第一次失败。

上图: 马里尼亚诺战役中法军敕令骑士在火炮掩护下对瑞士方阵勇猛冲击

上图: 传奇的骑士"无畏的"贝亚尔

虽然马里尼亚诺战役法军取得了胜利，但用重骑兵冲锋逼迫对方方阵集中，从而让后者更容易被己方炮兵火力打击的战术，暂时仍是粗糙的。敕令骑士并没有主动有意识地驱赶方阵，让他们集中起来受到己方的火力杀伤，当然，更加灵活的骑兵更适合这么做。在17世纪法军将这种战术发展成熟起来，而当时更加灵活的重骑兵——装备了"四分之三甲"的骑兵，围绕步兵方阵发射轮簧枪并且驱赶他们，让他们集中起来遭到己方的火力杀伤。如果方阵企图分散反击，骑兵们就会发动冲锋。事实上，最伟大的军事家拿破仑在线列时代也发展了这一方案，只是更加精巧。而当时已经是重骑兵全面衰落的时代，法军灵活的骠骑兵更适合处理那时战场上的这种情况。

马里尼亚诺战役制止了瑞士联邦的扩张，法国得到了米兰与威尼斯地区的绝对控制权。

但是，马克西米里安一世的孙子、伊莎贝拉一世的外孙——查理五世成为神圣罗马帝国的主人。这个依靠伟大联姻产生的君主将西班牙—神圣罗马帝国的力量紧紧结合在一起，同时还联合了英国的亨利八世，对抗企图争霸的法兰西。这个形势让法国好不容易获得的伦巴第优势又恶化了。

之后，法军继续雇用瑞士佣兵作为他们最有效的步兵主力。不过，没有火绳枪掩护的方阵很快也证明是过时的。1522年4月27日的比科卡会战，虽然法军统帅获得一大批新锐的瑞士雇佣兵（16000人），但是由于到达伦巴第的瑞士人暂时没有获得报酬，他们要求法军统帅劳德雷克立即发动对神圣罗马帝国军队的攻击，以便获得战利品。由于劳德雷克当前手中绝对的主力就是他们，只能同意瑞士队长的要求。

上图： 比科卡之战中，瑞士方阵急躁地发动了凶猛的冲击

当时，法军的兵力占有优势，重骑兵更是占据了绝对的优势（神圣罗马帝国军队此战中的重骑兵数量仅在百人左右）。劳德雷克原先的计划可能是有效的——以一支意大利著名佣兵"黑衣火绳枪兵"为先导开路，炮兵进行掩护，瑞士军从正面进攻敌人的营地，法军重骑兵从南部米兰的大路进行侧翼迂回打击，法军主力及威尼斯盟军随后跟进。但瑞士人发现前方阻挡他们的是无数次的手下败将——德意志国土仆从军时，急躁的瑞士长枪兵立即拒绝了法军统帅让他们停止前进等待炮兵的命令。在没有任何炮兵的掩护，并且处于地形不利的局面下，两支瑞士纵队争先恐后地直接发动了冲锋，想像以往一样将德国人冲垮。不过，他们也许该意识到，这次 10000 名德意志国土仆从军与西班牙方阵的相似性，即前者同样配合了数量合适的火绳枪手。

没有炮兵掩护的瑞士人在无遮挡的地形下，很快遭到帝国炮兵的轰击，在到达帝国军阵线时可能已经阵亡了 1000 人。等他们到达帝国军面前，帝国军队学习西班牙模式设置的胸墙以及下陷的不利地形，让瑞士长枪阵的攻击停滞下来。在这个"死亡距离"上，瑞士人遭到了帝国军队火绳枪的猛烈射击，出现了大规模的伤亡。

孤注一掷而悍勇的瑞士长枪兵仍企图突破帝国军的阵地，一部分甚至仍冲到了胸墙的顶端。但这时火绳枪手背后的国土仆从军长枪方阵压了上来，瑞士军队的一名队长被帝国军队统帅，著名的德意志国土仆从军名将冯·弗伦茨贝格杀死。最后，瑞士军队在工事里因无法编队，被国土仆从军的长枪赶回了地形低洼处——第一次"徒弟"在火绳枪的帮助下战胜了"师傅"。瑞士人超过3000人阵亡，超过22名瑞士队长战死，还包括2名著名的瑞士军统帅。法军统帅劳德雷克在不利的情况下，只能选择让他的重骑兵及时从战场上无奈地撤退。

马里尼亚诺战役与比科卡战役不仅造成了曾经天下无敌的瑞士人的失败，甚至造成了瑞士方阵士气的巨大挫伤（特别是后一战），这实际上严重影响了他们在法军中服役的状态。在1525年，法王法兰西斯一世率领的敕令骑士与瑞士长枪军则遭遇了一场更著名的战役——帕维亚战役。

这场战役从开局起就诸多不利，法军遭到了帝国军队的成功迂回与突袭，而法兰西斯一世作为一名全军统帅所展现的反应也是缺乏冷静并且过于轻率。他派出了自己所有的敕令骑士发动反冲锋以争取主动。虽然他的敕令骑士在战场上再一次击败了神圣罗马帝国的重骑兵并将其逐出战场，但实际上法军骑士的冲锋阻挡了自己占据绝对优势的炮兵——72门火炮的发射（而帝国军队的火炮仅17门），让炮

上图： 比科卡之战中，借助火绳枪与工事，德意志国土仆从军方阵击败了瑞士方阵

兵在这场战役中没有发挥任何作用，同时也脱离了本来应该与敕令骑士协同作战的4000—5000名德意志变节者长枪兵"黑衣长枪兵"（请注意他们与意大利的佣兵黑衣火绳枪兵同名）。但法军战力超卓的敕令骑士冲锋最初仍是成功的，他们不但击败了对方的重骑兵，也逼迫着一部分西班牙步兵退向树林。

但步兵战中，帝国军队的胜利是决定性的。瑞士人显然没有从比科卡的惨败中恢复斗志与士气，他们遭遇了老对手——帝国军名将冯·弗伦茨贝格率领的德意志国土仆从军的攻击。消极的瑞士方阵被德国人击败，并撤离了战场。这让德意志国土仆从军转而支援西班牙步兵，大量的火绳枪兵与长枪兵包围了法军敕令骑士，同时周围的树林也让法军王牌骑士毫无回旋余地，在火绳枪的射击与长枪的刺杀中被有条不紊地屠戮。这个时候赶到的黑衣长枪兵已经无回天之力，遭到了帝国步兵的全面围攻，弗伦茨贝格率领的国土仆从军则尽情屠杀他们，也许是出于对变节者的仇恨，所有的黑衣长枪兵都被屠戮殆尽。

残余的瑞士人逃离了战场，而大量的法军敕令骑士与高级贵族死在帕维亚的战场上。除了迟到战场的后卫外，法军几乎被全歼，约15000人被杀、受伤或被俘。法王法兰西斯也在战场上被俘，而帝国军的代价仅为伤亡500人。法军的失败自然是决定性的，这也许是法军敕令骑士所有失败中最严重的一次。

帕维亚之战前一年1524年的塞西亚战役，法国最著名的勇猛骑士"无畏的"贝亚尔被火绳枪杀死。用这两次貌似代表性的事件来表现板甲重骑兵在走向衰落，从表面来看似乎是合理的。但我们仔细分析战例，诸多不利条件，包括遭到突袭，法王轻率的指挥致使炮兵无法

上图： 神圣罗马帝国德意志军队中的英雄。**1.** 国土仆从军的冯·弗伦茨贝格；**2.** 冯·伯利欣根（儿童绘本《骑士城堡》中的主角）

发挥，瑞士军此战中罕见的消极状态等等，才是这场帕维亚战役失败的最主要原因。法军敕令骑士反而是所有法军部队中表现最出色的——他们再一次完全击溃了帝国军队的重骑兵。但就像我们以上所述，不可能单独依靠他们来取得胜利。

就仿佛证明历史并非如此绝对。在1544年，意大利战争中又一场规模空前的会战——切雷索莱战役，似乎证明敕令骑士依旧是战场上的重骑兵王者，而瑞士方阵在火绳枪的协助下也并未在帕维亚之战后衰落。在双方中央阵线及南线的方阵步兵对决中，瑞士人再次撞上了他们的宿敌德意志国土仆从军，而法军与神圣罗马帝国的重骑兵都企图冲击对方方阵步兵的侧翼。

结果是王者仍未没落，两军步兵相持之际，法军中央阵线的80名重骑兵从侧翼冲垮了国土仆从军，而瑞士人方阵挡住了帝国军重骑兵的冲锋并将他们赶出战场，同时俘虏了后者的

上图: *切雷索莱胜利后法军敕令骑士接受德意志国土仆从军的投降*

重骑兵指挥官。这个胜利也让瑞士人无情地追杀着逃亡的德意志国土仆从军，让后者尸横遍野，为比科卡与帕维亚的复仇证实了老牌的方阵王者依然强劲。

但此战北线的情况却完全不利于法军。法军的一支来自格吕耶尔的"准"瑞士军，很可能因训练不足，与意大利步兵一起被帝国军方阵主力逐出了战场。虽然法军主帅昂吉安手中拥有多达450名敕令骑士，但由于北线的步兵已经被逐出战场，他们面对重型火绳枪与方阵长枪的防御，数次冲锋都一筹莫展，大量骑士在长枪与火枪的攻击下阵亡，直至敕令骑士仅剩下100名。昂吉安甚至认为这场战役已经失败了。

但中央阵线与南线取胜的瑞士军及法军步兵向北迂回而来，攻击帝国军方阵，直接导致了后者的全面失败。当法军的敕令骑士赶到离败退的帝国军约400步左右的位置，正准备冲锋时，大批的帝国方阵步兵扔下他们的长枪投降了——他们必须抓紧时间向敕令骑士投降，因为随后赶来的瑞士步兵按照惯例会处决所有俘虏。

这场战役神圣罗马帝国军约有3150人被俘，约6000人在战场上被杀或受伤。法军的伤亡约为1500—2000人。这场战役再次证实了，当双方都拥有重型火绳枪与长枪的专业化混合方阵时，当一方的步兵方阵被击溃而仅拥有骑兵时，无论是多么强大的重骑兵，面对"长枪与射击"（pike and shot）的方阵，几乎无法做任何事。或许炮兵的有效掩护能改善这一窘迫的状况，但此战由于双方炮兵都距离过远而发挥的作用微不足道。同时16世纪的野战炮兵机动在多次战役中也证明不那么理想。中央阵线的法军80名重骑兵取得了决定性战果，正是由于瑞士长枪军作为"砧板"的作用，他们才能发挥"铁锤"那一锤定音的效果。北线由于法军步兵溃退失去了"砧板"，主帅亲率的多达450名重骑兵则无所作为。

现代史学家普遍认为，在16世纪的欧洲文艺复兴战场上，重骑兵的重要地位并没有被打破，而反倒是"长弓"等优秀的中世纪武器在被逐步淘汰。英国在亨利八世的支持下，使用大量德国、弗兰德、意大利地区的优秀工匠，创立了英国自己的文艺复兴板甲"格林威治甲"，也仿效法国建立了一支文艺复兴式的重骑兵队伍（当然规模小得多），并趁法军主力与西班牙、神圣罗马帝国交战的时候，从北部入侵了法国，取得了"马刺之战"（请注意不是14世纪法国与弗兰芒长枪步兵交战的战役）一次小规模战斗的胜利。

但与10—11世纪的超重装骑兵不同，由于专业化步兵特别是火药轻武器的兴起，板甲重骑兵已不能成为绝对主宰战场的力量。无论是法国、神圣罗马帝国或是英国等西欧主要大国，虽然依旧坚定地在发展他们的重骑兵，但是重骑兵越来越难在战场中突破由火绳枪手及长枪步兵组成的专业化方阵。至16世纪末，包括法国在内，西欧各国的重骑兵，即那些装甲已经发展至极致的板甲重骑兵，逐步开始出现了轻装化。

16世纪下半叶，西欧各国的具装马铠越来越少，在有的军队中几乎被完全放弃，以便让重骑兵能在对方更大的火绳枪射击频率下冲锋，也更适合迂回包抄。武器上，骑兵的剑依然是重要的武器，但重型骑矛的训练成本与效能比不够理想，让这种统治重骑兵历史无数个世纪的主武器作用越来越有限，几乎被轻型骑矛所代替，大量的重骑兵则干脆放弃了骑矛。这个时代，一种新式的专为骑兵制作的手枪——轮簧手枪将带给重骑兵完全崭新的战术方式。另一种可以由军工厂更加容易进行大量生产的板甲——四分之三甲，以及更加简易的重甲——胸板甲将成为重骑兵更青睐的装备。它们让重骑兵们继续在欧洲17世纪的战场上保持了最后一个世纪的辉煌。

第九章

东欧的战马咆哮

波兰与匈牙利重骑兵的辉煌历史

两支大军中那些最让人恐惧的骑士都像疯狮一样向军旗猛扑过去，周围仿佛
起了一阵势不可挡的大风暴。

——波兰著名学者显克微支对于坦能堡战役的描述

在《重骑兵千年战史》之前的章节中，相对于地中海地区、中亚、东方和西欧地区，东欧地区一直着墨甚少。这主要是因为直到 1000 年左右的东欧波兰地区，军事组织还是较为落后的。他们不仅相比当时发展至黄金时代的拜占庭帝国大为落后，即使相较于还未真正崛起的西欧也是如此。当骑士采邑制度在西欧已经成为成熟制度的时候，波兰地区的军事制度还近似 5—7 世纪的西欧，有很多初级动员的早期部落传统，即依靠征召军和相对精锐的"王公亲军"。

波兰式的采邑制度是 11 世纪下半叶才开始有了雏形，"王公亲军"逐步解散，早期的"初级总动员"演变为一种更为有限，但装备更佳的骑士征召，这个时代波兰的重型骑兵开始多了起来。以"骑士条例"为封建义务的骑士阶层成员已成为重要的社会和经济变化成果，这在总体上与西欧或中欧社会的封建军事制度基本相同。

虽然封建军事制度在波兰开始较晚，但之后整个中世纪波兰的军事水平与风格基本与西欧大陆同步。在西欧重骑兵的锁甲时代，波兰重骑兵也使用相似的锁甲。如同前文蒙古重骑兵那一章所述，1241 年，波兰及其他欧洲联军在莱格尼察会战中被蒙古名将拜答尔击败。但由于诸多原因，蒙古人向东撤走了他们的军队。因此，波兰的军事实力并未因这次失败受到后续的影响。

14 世纪后半叶—15 世纪，波兰也与西方一样开始增加重骑兵盔甲上的板甲部件比重。这个时期波兰骑兵最大的军事组织称为"旗队"，但请注意，这更近似西方的组织而非过去拜占庭帝国标准人数的旗队。因为各个旗队规模各异，旗下的战斗人员数量由领导这些旗队的领主财力来决定。波兰编队组织也与英国、法国和德意志地区类似，同样使用"骑矛"来作为波兰骑士作战的最小单位，由一名骑士与若干名骑马弩手组成。

在 14 世纪波兰国王卡齐米日三世改革之后，骑矛这个单位通常由一名波兰骑士与两名轻装的扈从组成。扈从可能是轻装骑兵，也可能仍是骑马弩手。重骑兵与轻骑兵的比率一般是一比三。请注意这里的波兰轻骑兵也包括那些骑在马上但下马作战的步兵。一支被称为"Goncza"的王室旗队一直作为整个波兰军队的先锋，而另一支被称作"Nadworna"的近卫

上图： 波兰 14 世纪的军队。1. 波兰贵族；2. 波兰北部骑士；3. 骑马弩手

■上图：蒙古人侵时波兰的军队。1. 波兰皮雅斯特王朝中的西里西亚骑士；2. 骑士团骑士；3. 波兰东部的步兵

旗队则是君王的卫队，几乎全部由宫廷侍臣组成。骑士们的领地分散在王国各处，因此他们有权选择他们想要去效力的部队。唯一例外的就是"大克拉夫旗队"，他们历来由最精锐的波兰骑士组成。

波兰重骑兵除了本国骑士之外，在15世纪，也有一些雇佣军在波兰军队担任重骑兵。他们的结构与波兰本国征召军队基本相同，也同样几乎完全由骑士与弩手组成。根据其中的重骑兵数量，旗队还分为"轻旗队"或"重旗队"。

当时，反倒是波兰雇佣步兵与这个时代的西方步兵有很大的不同。他们是由大量掩护在阔盾之后的弩手，以及全副武装用来抵御骑兵的长枪步兵组成。这些弩手，在14世纪末之后则由手炮兵代替，他们都较征召步兵优秀得多。但佣兵的数量从来就不够用。因此，无论是锁甲时代还是板甲时代，波兰的重骑兵历来是整个波兰军队的核心力量。

虽然波兰重骑兵的装备一直具备东西方两种性质，但西方的因素显然要重得多。在14世纪—15世纪时期，这种因素就更加明显了。除了波兰东北部马佐维亚地区的重骑兵，展现出近似他们东方邻居罗斯人或立陶宛人的特征——使用札甲，其他地区都展现出非常西式的特征。在14世纪后半叶—15世纪，他们与西欧骑兵一样开始增加重骑兵盔甲上的板甲部件比重，并也使用这个时代西式专业冲击型骑矛及类似西式的剑。

另外，在13世纪蒙古入侵的威胁消除之后，波兰王国的主要敌人便是德国北部普鲁士地区的强大的条顿骑士团。在13世纪初，随着中东基地陷落于埃及马穆鲁克王朝之手，条顿骑士团的所有工作就都集中在了普鲁士的马林堡，骑士团已经几乎成为一个独立的国家。随着条顿骑士团的不断扩张，不算强大的波兰王国受到了巨大的压力。

但14世纪末的一次伟大的联姻，促成了亚盖洛王朝的建立，而这个王朝促成了波兰—立陶宛大公国的联盟，将不同力量凝聚成强大的实力。这让波兰出现了可以匹敌条顿骑士团的武力。1409年，条顿骑士团大团长乌尔里希·冯·荣京根因双方争端，向波兰与立陶宛宣战，并期望能够分别击败波兰与立陶宛。但后者的反击让骑士团并未如愿，之后双方均在一些表面的外交斡旋下尽力集结兵力。1410年6月，波兰国王亚盖洛与立陶宛大公维陶塔斯均集结了庞大的军队并合军一处，进军骑士团首府马林堡。为了这次联合大作战的成功，亚盖洛和维陶塔斯组织了边境上的各种袭扰战，以便让条顿骑士团不能集中所有力量。

条顿骑士团大团长乌尔里希·冯·荣京根仍尽力集中了自己的主力，前来与波兰—立陶宛联军交战。双方的主力军在7月15日相遇

东欧的战马咆哮：波兰与匈牙利重骑兵的辉煌历史

于格林瓦尔德与坦能堡。骑士团拥有 51 个旗队的兵力，波兰拥有 50 个旗队的兵力，立陶宛拥有 40 个旗队。但就如上文所述，旗队的兵力并非是统一的。虽然双方的精确兵力数量难以确定。但现代历史学家一般都同意波兰—立陶宛联军拥有约 39000 人兵力，而条顿骑士团拥有 27000 人兵力。

虽然条顿骑士团人数相对较少，但普遍拥有更好的军事训练与军事装备。条顿骑士团最核心与最优秀的就如同其他的军事骑士团一样，是他们的条顿骑士组成的重骑兵部队。在 15 世纪，条顿骑士们的铠甲也从十字军东征时代的锁甲进化为当时的板锁混合甲。条顿骑士团的雇佣军部队主要担任步兵，由威斯特伐利亚、弗里西亚、奥地利、施瓦本

以及波兰斯德丁地区的佣兵组成，他们的装备与训练也不错。此外，条顿骑士团还拥有一些大炮，这是东欧战场上 15 世纪的新式兵种。早期的大炮还没有大型辐条车轮和牵引前车，无论是战场机动性还是瞄准都非常简陋。骑士团的对手也拥有一些大炮，但一些学者估计少于条顿骑士团。

相对于条顿骑士团，波兰—立陶宛联军人数更多，同时也拥有大量佣兵，主要来自东欧。捷克人带来了两个旗队，值得一提的是当时的捷克军队将领中有一位未来将崛起，成为东欧的头号名将之一——著名的"胡斯车阵"创造者杰西卡。不过这场战争中，当时捷克军队还属于小角色，且没有任何直接资料明确指出杰西卡已经在坦能堡会战的将领序列中，但大多

▌上图：波兰—立陶宛军队和条顿骑士团在坦能堡大战前集结

数历史学家还是倾向于他参加了这次规模宏大的会战。此外，摩尔达维亚统治者亚历山大指挥一支来自罗马尼亚的远征军也加入进来。

作为波兰—立陶宛联盟的重要一方，立陶宛大公维陶塔斯集结了来自立陶宛、白俄罗斯、乌克兰及俄罗斯土地上的军队。来自斯摩棱斯克的三支罗斯人旗队由国王亚盖洛的弟弟 Lengvenis 统领。这时的罗斯骑兵，往往戴着高高的尖锥形铁盔，其中的重骑兵身穿札甲或锁甲，受蒙古风格影响很大。但也有一些罗斯重骑兵混合了西方重骑兵的板甲部件。金帐汗国也派遣了一支分遣队参加，风格显然是典型的古典式重骑兵与轻弓骑兵的组合，当然更偏重于轻弓骑兵。

这支混合了多民族大军的联军总司令是亚盖洛国王。他在军阵后方指挥战斗，前线指挥则是立陶宛大公陶塔斯。

联军虽然与条顿骑士团相比人数众多，但他们的佣兵步兵，以及来自立陶宛及罗斯偏重于轻骑兵的东欧骑兵，战斗力均低于敌方条顿骑士团中的西欧佣兵及条顿骑士。因此，联军最核心的力量就是波兰本土的骑士。这个时代的波兰骑士与条顿骑士都身穿重型的板甲锁甲混合甲，他们的装备与训练也可以算得上不相伯仲。

实际上，波兰骑士与条顿骑士的装备几乎没有本质上的区别，双方骑士装备的差异更多的是由于等级、地位、财力的不同。甚至与西部的德意志、奥地利骑士，乃至更遥远的法国与英国骑士也类似。

第六章已经提过，当时悬挂链甲护颈的贝斯奈特头盔被大量使用，重型的贝斯奈特头盔也可能被双方骑士使用。骑士们的板甲正在向全套板甲过渡，锁甲成分越来越少，

上图：装备重型贝斯奈特头盔的条顿骑士

而手臂与腿部的板甲部件已经基本完成。双方的那些身份显赫或杰出的骑士的战马上，全身覆盖着华丽的、表现自己家族或旗队标志的马衣，而双方那些贫穷与地位较低的骑士则使用较为轻装的铁甲衣。

最后，双方的军队在坦能堡列阵。联军方面由波兰骑士组成的波兰重骑兵构成了左翼；立陶宛与罗斯偏重于轻骑兵的部队构成了右翼；各种佣兵被放置在中央阵线，组成三条线，每条战线拥有 20 人纵深。条顿骑士团则将最精锐的条顿骑士放置在自己的左翼，由骑士团大元帅冯·瓦伦罗德指挥，对阵立陶宛的军队。由于骑士团总人数较少，他们更希望引诱或激发对方先发动进攻，因此先在烈日下穿着沉重的铠甲等待了几个小时。而天气却对骑士团不利，之后下了小雨打湿了火药，导致骑士团炮兵仅有 2 门火炮可以开火，因此炮兵的杀伤在战役中的作用微乎其微。

但即使如此，炮兵的开火似乎也做到了激发联军先行攻击的作用，立陶宛大公维陶塔斯在几个波兰旗队的支持下，命令右翼的

东欧的战马嘶哮：波兰与匈牙利重骑兵的辉煌历史

立陶宛骑兵攻击左翼最精锐的条顿骑士团，而骑士团立即发动反冲锋。

立陶宛骑兵虽然可能会拥有一些西部罗斯城邦支持者的波耶骑士，并且拥有一些重骑兵，但立陶宛骑兵总体还是由轻骑兵组成。在激烈的正面冲突中，他们面对装备着板甲、武装到牙齿且训练有素的条顿骑士，处于明显的下风。在经过一个小时的激战后，立陶宛骑兵被杀得丢盔弃甲、全面溃退。条顿骑士们开始追击，而本阵的条顿骑士在大统领冯·李奇登斯坦的率领下，也同时对失去支持的波兰右翼发动攻击。

冯·瓦伦罗德的6个条顿骑士团旗队可能充分考虑了立陶宛骑兵中高速轻骑兵较多的特点，没有参与追击，而是重点猛冲右翼波兰的重装骑兵本阵。当时，条顿骑士团集中重兵在波兰右翼，期望在一翼先打垮最难对付的敌人。重量级的对决爆发在同样高度重装的条顿骑士与波兰骑士间，右翼的波兰骑士此刻承受了巨大的压力。波兰最精锐骑士组成的大克拉科夫旗队的皇家军旗，一度成为条顿骑士们夺取的对象。在条顿骑士的猛攻下，大克拉科夫旗队的军旗被夺。但是，波兰骑士很快发动反击，重新夺回了军旗，导致相持的战斗仍在继续。

此时，波兰的亚盖洛国王开始部署他的预备队——第二战线投入战斗。为了不让波兰人在右翼扭转形势，条顿骑士团大团长乌尔里希·冯·荣京根亲率16个旗队的条顿骑士——几乎三分之一的条顿骑士团主力，驰

上图：联军右翼立陶宛骑兵与条顿骑士在交战

向波兰军的右翼发起攻击。亚盖洛也相应派遣了他最后的预备队，第三战线部队投入战斗。条顿骑士的冲杀非常凶猛，一名条顿骑士团的外籍骑士——凯克里兹甚至直冲向亚盖洛，企图通过击杀敌方的最高统帅来终结战斗。但他被国王身边密使，后来成为主教的兹比格涅夫打下马，并被国王及其他波兰骑士们杀死。

就在双方相持不下的时候，之前被条顿骑士团几乎逐出战场的立陶宛骑兵，在远方完成重组，现在又卷土重来。因为冯·荣京根几乎将骑士团主力全部投入战斗而后方空虚，导致立陶宛骑兵直接迂回，从背后攻击骑士团大团长。这样波兰骑士从正面，立陶宛骑兵从背面，在数量上占据优势的条件下两面夹击，形势开始向有利于波兰军的方向转变。

冯·荣京根转而企图突破立陶宛骑兵战线时，根据波兰的《战斗编年史》，一名叫德杜布科·奥赫维耶的波兰骑士在冲锋中用骑矛刺穿了大团长的脖子。也有人认为这是

上图：勇猛迎战的波兰骑士

上图：激战中一名波兰骑士刺死了条顿骑士团大团长

东欧的战马咆哮：波兰与匈牙利重骑兵的辉煌历史

187

另一名波兰骑士斯科任诺的功劳。总之，条顿骑士大团长在激战中阵亡。

统帅的阵亡让形势出现了一边倒，骑士团纷纷从战场上后撤，部分被追击的军队撤回了营地。结果看到骑士团的失败，营地中的随从们爆发了叛乱与冲突，同时也出现了极大的混乱。剩下的条顿骑士团士兵企图在营地中用车辆建成一个简易工事，防御潮水而来的敌军。但混乱中防御被冲垮，大量的条顿骑士在这里被杀死。

这场重量级的骑士大会战以波兰骑士的全胜告终，条顿骑士团大团长冯·荣京根、左翼指挥大元帅冯·瓦伦罗德、大统领冯·李奇登斯坦全部阵亡，270名出征的条顿骑士中，有203—211名被杀。除了战死的士兵外，还有数千士兵被波兰与立陶宛人俘虏。联军方面立陶宛骑兵损失还是很重的，但波兰骑士损失却很小，国王亚盖洛提到仅有12名波兰骑士阵亡（当然还损失了其他的步兵）。格林瓦尔德会战可算是15世纪欧洲规模最大的一场战役，在此战中，双方装备精良的重装骑士都是毋庸置疑的主力。且这场对波兰非常重要的胜利，显示了15世纪波兰重骑兵在东欧的强势地位。

波兰重骑兵在15世纪初之后的岁月里依然非常活跃，坦能堡大会战的国王及大统帅亚盖洛的儿子，瓦尔纳的瓦迪斯瓦夫三世，波兰一立陶宛和匈牙利之王，率领骑士们征战东方与南方，并与匈牙利的著名英雄，东欧传奇名将匈雅提一起致力于打击奥斯曼帝国的扩张。但在1444年决定性的瓦尔纳战役中，过于勇猛——或者说是鲁莽的年轻波兰国王，没有听从已经取得进展的匈雅提的忠告，不肯等待他返回一起发动攻击，结果在率领波兰骑士们莽撞冲锋时阵亡，整场会战也宣告失败。之后波兰继续将目光投入北方，15世纪下半叶在十三年战争中继续对抗条顿骑士团。在这些

上图：瓦尔纳战役中波兰国王鲁莽而勇猛地冲锋，但随后阵亡

战争中，各种雇佣军活跃在战场上，波兰军队也引入了著名的捷克人"车堡"战术，以及一些攻城战术，使得过去非常偏重于骑兵的波兰陆军结构得到一定的调整。

大约在1425年左右，类似西欧同一时期，"全身板甲"也从西方传入波兰。而波兰重骑兵更偏好与王国领土更近的"德国式"而非"意大利式"。波兰人使用的早期哥特式的板甲，如德国卡斯滕板甲，往往拥有第六章所述的重型贝斯奈特头盔、盒形的胸甲，以特别长的甲裙为显著风格。根据1450年左右的画像，波兰大贵族还穿着另一种来自德国南部的哥特式板甲，弧线非常明显并且有放射状的凹槽。

不过，标准的、完全发展成熟的哥特式德国全身板甲传入波兰在1475年之后。此后，随着16世纪文艺复兴早期新式板甲在欧洲的传播，著名的新式哥特板甲马克西米里安甲在这个时期也引入了波兰。同西欧重骑兵的装备情况类似，15世纪波兰重骑兵板甲马铠同样不普遍，但到了16世纪，一些波兰重骑兵也拥有了全板甲马铠。这些高度重装的精英骑兵在16世纪初数次著名的交战——特别是奥尔沙之战中多次体现他们强大的威力。

16世纪初，波兰重骑兵的骑矛与剑也具备很大一部分西式特征，比如第六章提到的设计成凸起的剑脊，更容易推动穿透铠甲的一种手半剑（穿甲剑）也同样出现在波兰重骑兵的武库中。从整体上说，很难看出波兰板甲重骑兵与西欧板甲重骑兵的区别，不过波兰骑兵自有他的东方特色——他们在15世纪下半叶之后越来越普遍地使用马刀，类似更东方或东南方的对手——俄罗斯人、奥斯曼军队或匈牙利人，展现出与西方骑兵不

上图：15世纪中期波兰骑士较为偏爱的一种德国式全身甲卡斯滕板甲

一样的东方元素。在整个波兰骑兵队伍中，马刀有着较剑更普遍的应用。但总体来说，使用马刀更多的仍是轻骑兵而非重骑兵。到了16世纪后半叶—17世纪，波兰军中一部分轻骑兵"骠骑兵"逐步转变为"翼骑兵"，实现了重装化，马刀也随即成为波兰重骑兵的主要武器。关于这点我们之后的章节还要提到。

波兰轻装的骠骑兵是16世纪早期波兰骑兵部队一个重大革新，这个名词最早的意思是塞尔维亚语"盗贼"。最早这些能力不俗的轻骑兵服务于匈牙利传奇名将匈雅提的儿子，著名的匈牙利黑军缔造者——匈雅提·马加什的军队。从某种意义上说，他们大量取代了一部分曾经在波兰"重旗队"中

担任重要作用的骑马弩手。因为轻装的马上射手或骑兵更能应对东方的轻骑兵,如克里米亚鞑靼人。

这些骠骑兵中财力能负担起盔甲的骑兵穿着盔甲(当然较重型波兰骑士要轻得多),有着非常有特色的筝形盾牌"巴尔干盾"。盾牌的一角有着向上弯曲的尖角延伸。他们也有着一般轻装骑射手所不具备的优秀肉搏能力与冲击力,同时也拥有灵活和高速的特点,是极为优秀的轻骑兵。他们在东欧匈牙利或波兰等地区非常受重视,改变了原有的"非正规骑兵"地位,是匈牙利和波兰的标准骑兵作战单位。更西部的神圣罗马帝国哈布斯堡王朝在对抗奥斯曼入侵时,也大量雇用骠骑兵,他们甚至同时活跃在西欧各个战场上。

骠骑兵与波兰传统的重装骑兵相互配合作战,形成了16世纪波兰骑兵的主要构成模式。不过,尽管骠骑兵大量加入,波兰传统重骑兵仍是非常重要的核心力量。他们继续服役，并且在多次与邻国的交锋中证明其效用。与15世纪相比，这个时代波兰的"重旗队"的重骑兵数量，往往小于传统的、有大量重骑兵的"重旗队"，但大于传统的"轻旗队"。在最常见的旗队中，骠骑兵、弓箭手与重骑兵的比例大约是一比一，也就是说这个时代波兰的骑兵结构往往被归于"重轻装"。虽然重骑兵数量少于传统的"重旗队"，但马克西米利安—文艺复兴时代全身板甲及全装板甲马铠的使用，让这个时代的波兰重骑兵较中世纪晚期高度重装得多。

"一个没有马的波兰人就像是没有灵魂的身体。"这句谚语展现着波兰人对于骑兵战马育种的重视程度。精良的坐骑、训练有素的骑手与覆盖全身的新式板甲，将波兰重骑兵武装到了牙齿，再加上大量优秀轻骑兵——骠骑兵的协同，使得这个时代波兰的骑兵队伍异常强大，在与周边对手作战时往往展现出较为明显的骑兵优势。

尽管"十三年战争"时期，波兰军队的结构得到一定的调整，但本国的职业化步兵规模与西欧各国相比仍有较大差距。16世纪文艺复兴时期的波兰军队，相较西欧，如法国、西班牙、神圣罗马帝国等国，更依赖于他们的骑兵部队。当时大行其道的"古波兰军阵"就主要由三部分组成。第一部分被称为"前锋"，由重骑兵或者骠骑兵组成，前锋的侧翼则是由骑射手或哥萨克人组成的轻旗队。第二部分则被称为"中央"，由重型骑兵，或者由更轻一些的骠骑兵组成，他们在多数场合被集中使用，形成可怕的突击力量，有的时候也会被单独使用——当需要用到骠骑兵机动灵活的主要特点时。第三部分则是步兵与炮兵，他们应当密切配合骑

上图：古画上的骠骑兵

兵们作战，见机行事。这种偏重于骑兵的作战方式至少在东欧地区被证明是有效的，特别是在面对东方的新兴对手——罗斯人建立的不断扩张的莫斯科大公国之时。

1512年，莫斯科公国逐步强大，连续扩张吞并其他罗斯小公国，并且为夺取鲁塞尼亚地区，即现在的乌克兰地区，与波兰—立陶宛联盟发生了战争。当时的斯摩棱斯克（现在俄罗斯西部）是最重要的防御东方莫斯科大公国的前哨堡垒，也曾击退过几次莫斯科人的进攻。但在1514年7月，莫斯科军队还是通过围攻占领了城堡。在这次成功的刺激下，莫斯科大公瓦西里三世命令他的军队进入白俄罗斯，占领了克里切夫、姆斯季斯拉夫尔等几座城镇。

波兰国王希格斯蒙德集结了波兰与东方立陶宛的军队35000人来应对。他军队人数较莫斯科人少，优势则是大部分都为训练有素的骑兵。国王将这支军队交给大统帅康斯坦提·奥斯特洛斯基。这支军队包括16000

上图: *16 世纪初波兰的军队。**1.** 装备全装板甲马铠的军队指挥官；**2.** 骠骑兵；**3.** 重装雇佣步兵*

万·切里亚德宁，诺夫哥罗德的总督。他认为在这种情况下，波兰军队想要渡河，就得利用第聂伯河上的两座桥梁，于是分兵去保护这些通道。然而，波兰统帅奥斯特洛斯基在更远的北方利用两座浮桥渡过了他的军队，破坏了原先莫斯科军队利用桥口优势地形的计划。到了9月7日晚，渡过河的波兰—立陶宛主力军队准备与莫斯科军队展开决战。

奥斯特洛斯基将他手中来自立陶宛大公国的16000名骑兵布置在阵型中央，大多数波兰步兵与辅助部队布置在侧翼，波西米亚与西里西亚步兵被部署在侧翼中心掩护主力骑兵部队。在他们的前方则是由波兰与立陶宛骑兵组成的先锋部队。

对于对手莫斯科公国的军队人数，虽然波兰国王希格斯蒙德宣称有8万人之众，但现代波兰历史学家伯恩认为，这只是一种宣传的夸大。他估计罗斯军队人数应为3—4万人左右。且从波兰国王希格斯蒙德的信件中可以得知，他了解莫斯科人的优势，但仍然将高达5000人的军队搁置，没有将他们投入战斗。而现代的俄罗斯历史学家，则认为俄军的人数为12000人，这个数字得到了不少支持。同时，一些历史学家认为波兰—立陶宛军队也为12000人左右，两军数量旗鼓相当。

9月8日，天亮后不久，莫斯科公国统帅伊万命令发动攻击。莫斯科军队试图通过一个钳形攻势来包抄波兰与立陶宛军的侧翼，这里布置着波兰与立陶宛的骠骑兵以及来自东方的鞑靼人轻骑兵。伊凡自己亲自统帅其中一个翼的攻击，但他们的攻击被波兰与立陶宛的骑兵击退，只得返回了攻击初始位置。不过伊凡依然信心十足，继续命令攻击（从这里笔者认为莫斯科公国的军队数量

名立陶宛骑兵、14000名波兰骑兵（包括重骑兵与轻骑兵）、3000名波兰雇佣步兵及2500名波西米亚的志愿军。波兰国王希格斯蒙德将4000—5000兵力留在鲍里索夫（现白俄罗斯中部城市），而使用30000人的主力迎战莫斯科公国。8月底，两军的先头部队在贝尔齐纳河、博布尔河、德鲁特河（白俄罗斯境内）河畔进行了小规模的冲突。双方的损失都很小。

莫斯科军队避免了正面冲突，率先控制了克拉皮夫纳河上奥尔沙和杜布罗夫诺两处的桥梁，并且在那里扎营。莫斯科军队的统帅是伊

是占据优势的），但由于他过分专注于他的钳型两翼攻击，因而忽视了各单位的协调以及应对波兰军队可能发动的反击。而波兰拥有强大战力的重骑兵与骠骑兵的反击很可能是致命的。

波兰骠骑兵、立陶宛骑兵及鞑靼人的轻骑兵见莫斯科人因发动钳型攻击而战线过长，立即发动突袭，企图直接分割莫斯科军队的中央阵线。但轻骑兵的迅速突击未取得预想战果，波兰与立陶宛骑兵开始动摇并撤退。

伊凡调动了所有的罗斯骑兵转而追击波兰—立陶宛轻骑兵。波兰与立陶宛的轻骑兵，在被莫斯科骑兵追击了约几分钟后，或许是他们本身就有一定的假撤退战术，突然转向了两侧。莫斯科骑兵发现自己遭到了隐藏在森林中波兰军队大炮的轰击，这或许没有遭到太大损失，却造成了一定的混乱。这时，波兰—立陶

宛军队的主力骑兵队开始反过来，从两侧包抄冲击莫斯科军队的骑兵。

莫斯科军统帅伊凡企图撤退他的军队，但明显军队在波兰骑兵的猛烈冲击下已经无法做到有序，有些慌乱的莫斯科军队开始逃跑。立陶宛与波兰骑兵一直追击了5公里左右，杀死了13000—40000名敌人（后一个数字有可能是夸大的），至少俘虏了5000人。莫斯科军少则140门，多则300门的大炮也没有发挥任何作用，全部被波兰—立陶宛军缴获。莫斯科军方面的统帅伊凡也被俘虏。

这场大战并非决定性战役，而只是波兰—立陶宛与莫斯科长期战争的一部分，因为反攻的波兰—立陶宛军队也未成功夺取斯摩棱斯克。但这次会战显示了波兰"轻重装"骑兵组合——装备了马克西米利安—文艺复兴板甲的重装板甲骑兵与著名的骠骑兵，互相协同的巨

上图：奥尔沙战役中的波兰军队。右为16世纪波兰全具装板甲重骑兵

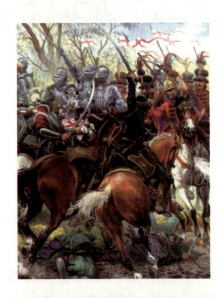

上图：奥尔沙战役中波兰重骑兵、骠骑兵（右）在与莫斯科公国的骑兵交战

大威力。在正面冲突中，莫斯科公国包括之后的沙皇俄国仍惯常使用的，有浓厚奥斯曼及蒙古风格，身披札甲、锁甲或板链甲的东方式重骑兵，显然无法与西式板甲重骑兵抗衡。优秀的巴尔干地区骠骑兵也压制着罗斯人军中东方突厥或蒙古式骑射手曾具备的轻骑兵优势。

总之，尽管处于东欧地区拥有一定的东方特色，但波兰重骑兵的风格明显更偏重于西欧。奥尔沙战役时代的波兰重骑兵与当时西方重骑兵世界的统治者——法兰西重骑兵一样，达到了板甲时代装备的重装极限。同样也在16世纪下半叶，法兰西板甲骑士开始逐步抛弃板甲马铠，提升重骑兵灵活性时，波兰也开始走向自己具有地方特色的重装骑兵"轻装化"。

但不同的是，法兰西板甲骑士逐步用"四分之三甲"代替了全身板甲，骑矛越来越少，较火绳枪更为便利的骑兵火器——轮簧手枪开始出现在重骑兵的武器库中，同时代的德意志与英国地区也开始这一走向。然而波兰重骑兵的"轻装化"，却是用原先轻装的骠骑兵"重装化"来代替传统的波兰重骑兵，并且坚持骑兵骑矛冲击战术并且将其发挥至火器时代极限，更在16世纪下半叶—17世纪获得了比传统波兰骑士更高的声望。这些重装骠骑兵也获得了新的名称——翼骑兵，几乎成为最负盛名的波兰骑兵代表，我们之后的章节还会详述。

除波兰之外，另一个东欧重要地区——匈牙利与塞尔维亚，除了为欧洲大量战场提供优秀的轻装骠骑兵之外，这些地区的重骑兵力量也不可小觑。不过，仅限于一小段历史时期。

匈牙利的前身是第一章提到的游牧民族马扎尔人后裔，在895年建立的部落联盟。9—10世纪，马扎尔游牧骑兵时常入侵德国与奥地利地区，但在955年被德意志奥托一世所击败。在1000年，匈牙利大公斯陶芬一世皈依了基督教，成为第一任基督教的匈牙利国王。此后，匈牙利人组织逐步封建化，武器装备也渐渐出现了西欧化的倾向。

这个时代正是拜占庭帝国最强大的时代，在消灭保加利亚第一帝国的战争中，匈牙利王国也作为盟友参战。当然，在保加利亚第一帝国灭亡之后，继续南进破坏与强大的拜占庭帝国马其顿王朝的友谊是不智的，匈牙利王国于是选择向西发展。但扩张之路依然被日耳曼人的神圣罗马帝国所阻挡。当然，匈牙利王国也阻挡住了日耳曼人对匈牙利的入侵，用的是过去游牧时代一直惯常使用的"轻骑兵骚扰战术"，显然，这个时代匈牙利重骑兵仍不强大。

12世纪晚期，匈牙利曾经建立了一支由西欧化封建重骑兵与马扎尔轻骑兵组成的，规模庞大的骑兵部队。马扎尔的骑射比重则越来越小，重骑兵的存在感则愈发强烈。拜占庭帝国的观察学者对他们有这样的描述，"匈牙利军队的军旗被安置在由四辆牛拖拽

上图: 匈牙利传统的马扎尔重骑兵

上图: 12世纪匈牙利重骑兵无法战胜的对手——更强大的拜占庭重骑兵

的大车上，在高细的旗杆上迎风飘扬。其完全由枪骑兵组成的军队着实令人生畏: 不仅仅是骑兵覆盖着一直保护到牙齿的护甲，他们的战马也在前额和胸部拴上了装甲。"

但在1167年，这支壮观的，包含着半具装重骑兵的庞大的匈牙利骑兵部队，被"科穆宁复兴"时代的拜占庭军队所击败。这在本书第四章已经详述。在瑟尔米乌姆会战中，匈牙利封建化重骑兵面对拜占庭铁甲重骑兵仍处于完全的劣势。当然，相对于对手，匈牙利步兵素质低下以及整体战术拙劣也是重要因素。无论如何，匈牙利重骑兵还有很长的路要走。

13世纪初，拜占庭帝国崩溃及重组后，两者恢复的同盟关系似乎给了匈牙利一个发展的机会。但很快，机会随着蒙古入侵灰飞烟灭。1241年的蒂萨河之战，虽然匈牙利骑士也造成了蒙古人较大的损失，毕竟匈牙利仍是失败者，他们的军队毁灭了。但由于随后蒙古大军的撤离，这个东欧王国还是保存了下来。在随后几十年内，匈牙利君主的权力逐渐削弱，而各地家臣们组成的封建式重骑兵则发展起来。在14世纪初，意大利—法国血统的安茹家族成员成为了匈牙利的国王，而这个时代匈牙利军队的核心思想也完全西方化了。

西方式的匈牙利重骑兵在14世纪—15世纪的最大敌人就是不断扩张的奥斯曼帝国，匈牙利在这个最危急阶段扮演了"基督之盾"的角色。当然以前在拜占庭帝国较为强大的时候，拜占庭军队已经扮演了这个角色长达七个世纪。现在轮到匈牙利军队一次次，因"唇亡齿寒"的地缘，来援助已经完全衰败的东罗马人。这也成就了匈牙利重骑兵最具备英雄史诗传说的历史。

匈牙利英雄亚诺什·匈雅提多次率领军队挫败奥斯曼军队的攻击。他麾下的重骑兵，特别是来自德意志的重骑兵，往往身穿未抛光的黑色板甲胸甲，成为后来著名的"匈牙利黑军重骑兵"的前身。此外，如前所说，与黑色板甲的匈牙利重骑兵协同作战的巴尔干轻骑兵，则是之后著名的轻骑兵骠骑兵的前身。还有，匈雅提也吸收了大名名鼎鼎的捷克人"胡斯战车"的作战方式，常使用架设火器的野战车垒阻止奥斯曼军队的攻击，再以自己的精锐骑兵两翼包抄并突击敌军侧翼取得胜利。该战术毫无疑问，十分适应特兰西瓦尼亚和塞尔维亚的狭窄谷地。

但企图挽救东欧局面的欧洲联军与奥斯曼帝国进行的两次决战，1444年的瓦尔纳会战及1448年的第二次科索沃会战，因欧洲联军诸多的联合与兵员素质问题，均以失败告终。不过，匈雅提依然保持面对奥斯曼大军时，"欧洲捍卫者"的声誉。他孤军奋战，英勇而充满智慧，却无法调和欧洲联军本身钩心斗角、各自为政、管理混乱、协同失调等种种矛盾。在1456年传奇的贝尔格莱德防御战中，匈雅提在没有外援，奥斯曼禁卫军已经攻入城市的不利局面下，依然在英勇的巷战中击败了奥斯曼军队，并趁势反过来发动突击，击退了整个穆罕默德二世的大军，让这位刚攻克君士坦丁堡，灭亡了拜占庭帝国的征服者遭到了耻辱的惨败。传奇的防御战三周之后，匈雅提就因瘟疫而去世。这些传奇经历将他一生造就为一名孤独对抗奥斯曼

上图： 15世纪捷克"胡斯军"著名的车垒战术，被许多东欧国家效仿

上图： 身穿全身板甲的匈牙利英雄匈雅提

大军入侵的圣战者。

15世纪时期，匈牙利在对抗奥斯曼入侵方面是尽力并且是杰出的。匈雅提的儿子，匈牙利国王马什加一世在1463年前后，建

战场决胜者

东欧的战马咆哮：波兰与匈牙利重骑兵的辉煌历史

191

上图： 身穿黑色板甲的匈牙利黑军骑士

上图： 黑军重骑兵冲击奥斯曼军队

立了一支较前文提到的法国常备军及勃艮第常备军都要更早的欧洲常备军。这支军队的核心由典型的西欧式板甲重骑兵、巴尔干地区著名

的轻骑兵、一支炮兵及胡斯战争中擅长火枪和车阵的胡斯步兵组成，其成员铠甲为黑色因此以"匈牙利黑军"而闻名。这支军队在1485年达到过28000人，拥有约20000名骑兵及8000名步兵。他们对抗奥斯曼军队的入侵多次取胜。据称这支黑军每四名步兵就有一支火枪，以火力强大而闻名。匈牙利黑军中的重骑兵，亦如传奇匈雅提麾下的那些先辈，身穿阴郁的黑色板甲，一般被用来保护军中轻装的火枪手及炮兵。而其他的军种，如著名的巴尔干轻骑兵，则负责对敌人零星的骚扰以及突然袭击。

匈牙利黑军面对强大的奥斯曼最辉煌的战例是1479年发生在罗马尼亚地区的布莱德福德（breadfield）之战。虽然一开始奥斯曼军队占据了上风，但布置在右翼的黑军重骑兵及塞尔维亚骑兵凶猛的反击冲锋，击垮了奥斯曼军的左翼。身穿墨色板甲的黑军重骑兵转向对奥斯曼中央阵线的再次冲击，锁定了胜局。此战造成了10000—15000名奥斯曼士兵被杀。

然而当匈牙利国王马什加一世在1490年去世后，著名而短命的黑军就随着财政无法支撑被贵族们解散了。至16世纪，匈牙利抵抗奥斯曼入侵遭到严重失败。1526年的莫哈奇战役中，匈牙利集结全国之力的军队被奥斯曼帝国击溃，整个国家解体。这个地区沦为神圣罗马帝国哈布斯堡王朝与奥斯曼帝国不断冲突的战场。虽然来自匈牙利的著名轻骑兵骠骑兵仍活跃在欧洲各个战场上，但匈牙利重骑兵在传奇的匈雅提父子时代短暂而辉煌的历史，已宣布完结。

第十章

重骑兵最后的华彩时代

德意志黑骑士与波兰翼骑兵

我身处太阳照耀下最勇敢的骑兵中间。
——波兰国王索别斯基对波兰翼骑兵的描述

在西欧，尽管 16 世纪前中期火绳枪与专业化步兵方阵给法国敕令骑士的封王之路不停带来阻碍与困扰，但板甲全具装骑兵依旧是那个时代最强大的兵种这点仍无可争议。相对于强大的法国骑士，一部分德国地区雇佣重骑兵，在 16 世纪中叶开始使用一种灵活而便宜的板甲。实际上这些板甲不仅是骑兵在使用，这些出现于 1500 年的板甲，早已在瑞士长枪军及德意志国土仆从军中流行。在英国亨利八世皇家公告中，这种板甲被英国人称为"阿拉曼尼甲"（Almain rivet）。其可以大批量生产，成本仅为准枪骑兵板甲价格的六分之一，同时也能提供一定的保护。

阿拉曼尼甲很可能从法语对古代德国人的称呼而来，它们也被称为"半身板甲"。更重一些，同时也可以大量生产的德国甲是"四分之三甲"，因为保护的面积是从头部覆盖至膝盖而非全身板甲的完全保护。这种板甲往往臂甲与腿甲也非整块板甲，而是用很多层小型板甲片铆钉连接。四分之三甲与法国重骑兵使用的文艺复兴全身甲相比，通常质量略低，但较为便宜。显然这种板甲并非为专人制作，而是规模化制作能够广泛装备军队和随从，因此也被称为"军需供应甲"（munitions-grade armour）。这种板甲往往不抛光而被漆成黑色。

一种更简单的新式板甲头盔也应运而生，虽然 16 世

上图：带着萨瓦头盔的四分之三板甲

纪初就与全封闭头盔一样在欧洲各地使用，但它的"经典样式"普及则是在 16 世纪后半叶。这种名为"勃艮第夏雷尔"的头盔是由夏雷尔头盔演变而来，最主要的变化就是在面部开口处，有一个固定或者可以活动的非常突出的帽檐，就像船龙骨的形状。其拥有铰链的巨大活动面罩一般到达下巴或喉咙的上方，再下方还有一段凸起的边缘作为颈甲保护喉部。面甲一般不放在最下方，而放置在中间一点的位置。该头盔，特别是不带面甲的勃艮第夏雷尔头盔，造价明显低于全封闭头盔，这要归功于非常少的铰链和机械锁。同时它的视觉和透气效果明显拥有优势，当然这是在减少一定防护性的条件下。它们被德意志雇佣重骑兵装备时，也一般会被漆成黑色。

装备这种黑色板甲的德意志雇佣重骑兵被称为"Reiters"，德语意思就是"骑手"。相对于拥有精美闪光发亮板甲的法国骑士，他们就是"黑骑士"。肉搏武器方面，他们拥有一把剑，并少量装备骑矛。他们的马匹几乎没有任何保护。显然，从骑兵防护而言，他们在冲锋中，根本无法与敕令骑士之类的标准重型板甲枪骑兵抗衡。因此他们真正的价值在于他们的新式骑兵武器——轮簧手枪。

轮簧手枪的最早发明是16世纪前期，一般认为是在德意志发明的，但关于最早的发明者现代历史学家仍众说纷纭。这种枪的原理源于钟表式的机械齿轮打火，类似于今天的传统打火机，有一个转轮点火机的机关。用钥匙将连接在一个小轮子上的弹簧上紧，依靠扣动扳机来驱动齿轮摩擦火石，产生火花点燃火药池中的火药使火枪射击。这种武器的出现产生了真正的"火枪骑兵"。因为虽然过去意大利地区早有了轻型的骑马火绳枪部队，但火绳枪在马上射击非常不方便。大多数骑马火绳枪手仍是下马射击，再骑马追击或者撤退。虽然据说有的火绳枪骑兵可以在奔驰的马背上射击，但非常不便利，与马上发射弓箭完全不是一回事。现在，黑骑士们可以省略最令骑兵们烦恼的火绳点火过程，准备好二把或者二把以上均装弹的轮簧手枪，有时竟然能高达六把。骑士的手枪一般被插入固定在马鞍两侧的枪套里，需要射击时可以直接开火。

轮簧枪出现之后一般仍是骑兵使用。当然，他们比火绳枪昂贵，但并非特别昂贵，在大量生产之后价格并不超过一把重型火绳枪。但轮簧枪的结构较为精密，内部的簧片结构等等往往需要定期擦拭保养防止生锈。因此，平民步兵一般仍更愿意使用简单可靠的火绳枪。而对于能负担四分之三板甲与马匹的骑兵来说，轮簧手枪在马上得心应手的使用优势，完全压倒了枪支保养的麻烦。

黑骑士与法国的敕令骑士不同，战斗中他们会排成很深的纵深队形骑马前进。有的历史学家认为，这与他们佣兵的性质导致兵员素质参差不齐有关，这种保守的阵型更能保证纪律。在16世纪中期之后，他们用这种阵型进行一种被称为"半回旋"的战术，

上图： *17世纪较为流行的勃艮第夏雷尔重骑兵头盔*

上图： *黑骑士们使用的轮簧手枪*

不需要接触敌军步兵方阵，即可将对方击溃。队列最前排的骑兵在接近敌人发射手枪后，向左或向右转向阵型的后方，伺机再次发射或者装填；然后轮到第二排发射子弹，然后再转回。他们如此反复，通过持续不断的开火将密集的敌方方阵打散。这个过程会不断持续，当敌军方阵一旦出现混乱的迹象。黑骑士们就转而发动冲锋，持剑将敌方步兵彻底击溃。

这种战术的优势，充分体现在16世纪下半叶的法国宗教战争中。在1562年的德勒之战中，胡格诺教军就雇用了德国黑骑士。

上图: 手枪重骑兵的"半回旋"战术

此战中，天主教军骑兵一开始就被占据数量优势的胡格诺教军重骑兵逐出了战场，导致了整个天主教军左翼的崩溃。但天主教军的瑞士佣兵方阵，又一次在战场上击溃了胡格诺军的德意志国土仆从雇佣军，甚至夺回因左翼崩溃而丢弃的本军大炮。

但瑞士人之后在胡格诺教军中黑骑士们"半回旋"战术的轮簧枪轮番射击下，伤亡惨重。当瑞士人最终无法承受这种损失的时候，他们被胡格诺教中的传统全板甲重装骑兵——敕令骑士猛烈的冲锋完全冲垮。不过请注意，这个时代由于步兵方阵及火药武器的盛行，敕令骑士的马铠也越来越少，以便更灵活地寻找步兵方阵的破绽，或是追击对方使用火枪的骑兵，具装马铠即将逐步在西欧战场上淘汰。

虽然最终天主教一方吉斯公爵的生力军——一支仿效德意志的，混合火枪与长枪兵的步兵方阵，将胡格诺教派缺乏训练及装备的法国步兵逐出了战场（之前胡格诺教军中的德意志国土仆从军已经被天主教方的瑞士人击溃了）。而胡格诺派重骑兵遭到天主教派方阵中火绳枪的射击，尝试发动了几次徒劳而失败的冲锋，终因精疲力竭撤出了战场，导致天主教军勉强胜利。但此战给予瑞士方阵强大杀伤的德意志黑骑士们的表现得到了双方的关注。

不过，认为这个时代使用骑矛冲击的重骑兵立即将被手枪重骑兵取代也实在为时过早，因为战场上还是要依靠前者发动凶猛的冲击。且在骑兵对决时，"半回旋"战术这个队形的运动过分复杂，很容易造成队伍的混乱，并将自己薄弱的一面暴露出来。这个时候在坚决的枪骑兵冲锋面前，手枪重骑兵往往一触即溃。且此战中，之所以德意志黑骑士们能够不断地使用轮簧手枪对瑞士长枪军造成杀伤，是因为顽固的瑞士人仍没有在他们的队列中放置足够多的火绳枪步兵。如果对方的方阵中拥有足够的重型火绳枪（事实上后来绝大多数西欧国家都这么做），往往在对射中，处于不稳定射击

上图: 三十年战争中神圣罗马帝国的黑骑士在用轮簧手枪攻击炮兵

上图: 罗科鲁瓦战役中法军手枪重骑兵在冲击西班牙大方阵

平台上的轮簧手枪重骑兵才是输家。

因此，当时一些著名的军事统帅，如胡格诺教派名将、后来成为法国国王的亨利四世，以及后来瑞典的著名军事家古斯塔夫国王等，在使用轮簧手枪重骑兵时，喜欢用更积极的方式——骑兵发动冲锋，短距离猛烈开火，然后持剑冲入敌群砍杀。这种用法经过证明是非常有效的。非常明显的例子就是1597年的帝伦豪特之战，荷兰著名军事家莫里斯麾下的轮簧手枪重骑兵，先是击败了西班牙的骑兵，然后用手枪骑射—持剑冲锋的组合，击败了曾经盛行一时的西班牙步兵方阵。这种战术，也逐步代替了之前的"半回旋"战术，成为下一个世纪的欧洲主要骑兵战术。

至17世纪，步兵在战场上的地位越来越重要，骑兵虽然依然是重要力量，但不得不承认，专业化方阵步兵及火枪对于整个骑兵的发展影响也无法忽视。这导致重骑兵的轻装化在同时进行。这些马匹不披铠甲，使用"军需量产"板甲的黑骑士们，将渐渐取代过去统治战场的重型枪骑兵。甚至很多四分之三甲都逐步被简单的胸甲及头盔的组合代替，骑矛在欧洲战场上的应用越来越少了。

不仅是德意志，很多地区与国家也都在使用轮簧手枪重骑兵，包括瑞典、法国、荷兰、波兰甚至是东方的俄罗斯。法军文艺复兴时代延续的重骑兵装备与战术优势，在17世纪身穿四分之三甲或胸甲的手枪重骑兵时代依然强劲，同时法军步兵素质也已经崛起，而炮兵则一直保持着非常优秀的状态。1643年，强大的法军在著名统帅大孔代亲王的统领下，于三十年战争中著名的罗克鲁瓦战役击溃了西班牙军队。此战成为西班牙大方阵优势被终结的代表性战役，同时宣告着法国陆军称霸时代的到来。

相对于重骑兵优势较为明显的法国、德国、奥地利地区，英国的手枪重骑兵规模要小，但装备并不逊色于欧洲大陆的骑兵。在1642年英国内战之时，无论是王党军还是议会军，两军的骑兵基本都是由两种骑兵组成：重甲手枪骑兵和火枪骑兵。使用沉重四分之三甲，携带剑与两把手枪的重装甲手枪骑兵数量非常少，绝大部分则是拥有头盔、胸甲、背甲、剑、两把手枪与远程卡宾枪的火枪骑兵。也有部分火枪骑兵使用过时的胸甲或者根本缺乏胸甲。总体上说，王党的骑兵装备

上图： 荷兰军队的手枪重骑兵在持剑与西班牙骑兵交战

较议会军要差一些。

在俄罗斯，1630 年左右，手枪重骑兵就成为这个东方新兴大国最注重发展的重骑兵。俄军虽然当时仅拥有 7000 手枪骑兵，但到了 1689 年彼得大帝亲政前夕，俄军中的手枪骑兵达到了 25 个团的 29000 人。不过，俄军手枪重骑兵装甲的形制却与西方完全不同。这些关于俄罗斯骑兵的具体情况后面的章节还要详叙。

无论如何，手枪重骑兵在 17 世纪取代了骑矛重骑兵，成为整个欧洲最主流的重骑兵。特别是仅使用胸甲的"胸甲骑兵"，在许多欧洲国家甚至使用至一战前夕。

这个时代，重骑兵的马种与采购均发生了巨大的变化。为了支持新的板甲骑士军，各个欧洲国家的中央政府购买坐骑，并且培育新的马种。过去那种爆发力强，身材高大的老品种

中世纪战马，被称为"重型温血马"，现在仅提供给极少量的冲击型重骑兵，或从事拖拽车辆的工作。手枪重骑兵们，不再以质量，而以灵活作为冲锋的追求，则大量需求更轻、更快的坐骑。欧洲引进的大量"热血"阿拉伯马，与本地传统的"冷血"马杂交培育，产生了大量的可供需求的"温血马"。我们现代所接触的很多重要马种，其实都是那个时代培育出来的，并且这些马匹将用漫长的时间参与各种军事训练。

另外，尽管在 17 世纪，特别是整个欧洲陷入三十年战争期间，几乎所有的手枪重骑兵都在逐步走向轻装化。但 17 世纪中叶之前的德意志与奥地利地区，可能是个例外。他们仍坚持着将"重甲传统"在三十年战争前期延续了一段时间，并成为西欧重甲骑兵最后一次辉煌。神圣罗马帝国的手枪重骑兵曾广泛使用过去黑骑士使用的，军械库大量生产的"军需供应甲"。不过在 17 世纪，这些板甲虽然仍是四分之三甲的样式，但为了能够提供对于当时盛行的步兵重型火绳枪攻击的防御，它们的重量和厚度明显提高了。甚至从防护力来说完全不逊色 16 世纪的文艺复兴板甲。

帝国手枪重装骑兵的四分之三甲，平均重量就达到了过去哥特式全身板甲的重量（25 公斤）。有部分的板甲，为了正面完全免疫火枪的攻击，重量甚至提高到了 40 公斤。不过，大多数帝国手枪重骑兵只有胸甲能抵御重型火绳枪的攻击。这也是其他国家——如瑞典，仅保留一件重型胸甲这种模式的原因。根据 1632 年的吕岑会战之后的一封神圣罗马帝国名将华伦斯坦的信件，他清晰地表述了装甲的作用，"可以清晰地发现装甲和无甲骑兵的区别，前者战斗，后者逃跑。因此，过了冬天，所有的上校应该给自己的骑兵装备胸甲"。请

上图：奥地利格拉茨军械库中的重型四分之三板甲

上图：身穿重型四分之三甲的黑骑士

注意，这里是胸甲，而并非一定要装备四分之三重型板甲。

除了沉重的四分之三甲外，帝国手枪重装骑兵的颈甲、铁手套、肩甲、臂甲、肘部护甲一应俱全。腿甲是由铰接起来的多层环片板甲组成，一直达到骑兵所穿皮靴的顶端。并且护腿甲在战争中变得越来越大，对经常暴露在步兵火绳枪射击下的骑兵大腿，提供了一定的保护。

头盔方面，本章提到的16世纪中期出现的勃艮第夏雷尔头盔，因对于手枪弹丸的良好防御而继续使用。17世纪初，两种新式头盔也应用在帝国手枪重装骑兵上，一种是风格朴实的面罩型头盔，这种头盔往往拥有着人脸的外形，有面具式的、带着细长的观察缝与呼吸孔的面甲，有时候口部也有这种

缝隙。因整个外形与骷髅相似，也被德国人称为"死亡之首"头盔。它的另一个名字是萨瓦头盔，名称起源于萨伏伊公爵在此地的一次恶战。另一种头盔更为著名，被称为"龙虾尾"头盔（lobster-tail）。在三十年战争或是英国内战期间，它都非常普及。这种头盔可能起源于奥斯曼的重骑兵，但欧洲版本的是圆顶，而非土耳其式洋葱型尖顶。这种头盔同土耳其版本一样，拥有滑动的护鼻，头盔两边装置护颊及护颈。"龙虾尾"之名出自于头盔后部由薄甲片叠加而成，保护头部或者颈部的防御，看起来就像是龙虾的尾部。当然这也可能是单片板甲。

神圣罗马帝国的黑骑士团，单位人数名义上是1000人，一般在战争中是600—800人。在三十年战争期间，帝国的骑兵规模庞大到可

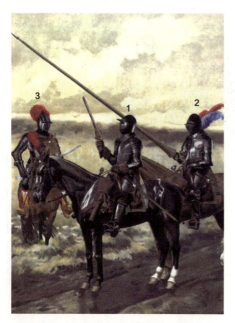

上图 三十年战争中三名神圣罗马帝国的黑骑士。1.带着"死亡之首"头盔的黑骑士; 2.为数不多的使用骑矛的黑骑士; 3.使用意大利盔甲的黑骑士军官

以组建61个团，也就是说可以提供数万名手枪重装骑兵参战。与16世纪后期长时间使用"半回旋"战术的雇佣黑骑士不同，这个时代，特别是在帝国名将华伦斯坦与帕彭海姆（勇敢而较为鲁莽的猛将）的指挥下，骑兵非常强调冲击。手枪重骑兵甚至被要求训练在贴身混战之前一直禁止开火，当近距离射击过后，立即拔剑杀入敌阵。有的时候，前排的骑兵贴近敌人，发射他们的轮簧枪给敌人造成混乱后，向左或右方旋转，而后面跟进的骑兵则立即冲锋杀进对方步兵的阵列。这与之前荷兰著名军事家莫里斯对于"半回旋"战术更积极的修改，基本是一致的。

此后，随着枪械的不断发展，至17世纪中后叶，大部分西欧国家已经普及了燧发枪（尽管燧发枪的发明在16世纪后期）。黑骑士们的重型四分之三黑色板甲达到了防护极限，无法再加强以提供更强的防弹能力。步枪与板甲的长期对决，在这一刻获得了最终胜利。重型骑兵的轻装化在这个时代已经是不可逆了。帝国黑骑士的对手，如瑞典人或法国人单独以头盔、胸甲、铁手套为防护的胸甲骑兵，较手枪重骑兵更能适应战争的需要。1632年的吕岑会战，面对瑞典的胸甲骑兵，帝国黑骑士们仍穿着沉重的四分之三甲。但是，他们大部分逐步放弃了他们的重甲，只保留头盔、胸甲，有的包括手部，形成"半身板甲"，这样他们就与对手的胸甲骑兵已经没有太大区别了。但依然有一部分黑骑士坚持穿着四分之三甲。在1640年，一支被称为"奥尔特·皮科洛米尼"的手枪重骑兵团，727人中，仍有127人穿着四分之三甲，但也许这就是最后的坚持了。

另外，17世纪大量使用"龙虾尾"头盔的还有一种作战方式更为传统、装饰更为华丽的重型骑兵，虽然16世纪后期这种重骑兵就开始享有盛名，他们就是波兰翼骑兵。其使用的"龙虾尾"头盔脊部更高，盔顶拥有管状支持以装饰羽饰。实际上，如前面章节提到的，波兰翼

上图："龙虾尾"头盔

骑兵的前身并非重骑兵,而是 1500 年前后(文件是 1503 年,但很可能在此之前就引进),波兰引进自匈牙利与塞尔维亚的雇佣骑兵骠骑兵。他们是手持长矛、马刀与盾牌,颇有东方元素的冲击型轻骑兵。他们协同波兰军中的,与西欧重板甲骑士一样的波兰重骑兵作战。当时,更令人瞩目的是波兰的传统板甲重骑兵。

但在 16 世纪 70 年代,经过波兰国王斯蒂芬·巴托里的深入军事改革后,原先骠骑兵的筝形巴尔干盾被放弃(但筝形盾上的飞翼图案很可能演变为后来骑兵的羽饰),取而代之的是重型的半身板甲。而他们继续全面重装化,转变为一种冲锋非常强力的冲击型重骑兵。这位波兰国王在 1576 年征召了 1000 名宫廷翼骑兵,并扩大化到逐步取代了波兰传统的中世纪重骑兵。从那个时候直至 1770 年前,波兰翼骑兵巨大的骑矛、身披带有斑点的猫科动物的兽皮、夸张的背部羽饰都被看作是波兰精英骑兵的象征。

比起 16 世纪后期—17 世纪初,德意志手枪重骑兵依然非常重视四分之三重型板甲带来的防护,波兰翼骑兵也是重装的。当然,装甲不算特别厚重,翼骑兵的全身基础盔甲依然是相比较为轻型的链甲。但随着斯蒂芬"重装化"的改革,外形有点类似于古罗马军队环片甲式的层状板甲胸甲,逐步出现在翼骑兵的身体上。这种类似于龙虾形状的板甲至 17 世纪初逐步流传开。

但有意思的是,到 17 世纪中期之后,就连最重装的德意志手枪重骑兵也开始仅装备一件板甲胸甲时,波兰翼骑兵继续坚持使用他们的"龙虾式"板甲。结果,他们在整个西欧重型骑兵装甲轻装化的那个时代,反倒成了最"重装"的重装骑兵。此外,美

上图: 黑骑士在攻击步兵方阵

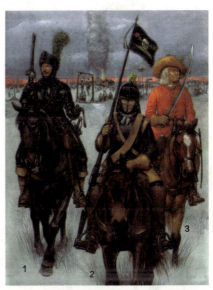

上图: 1. 利沃尼亚的黑骑士;2. 明显轻装化的瑞典手枪重骑兵;3. 芬兰骑兵

观一直是波兰翼骑兵所重视的。他们不会像德意志那样将重型板甲漆成深黑色（但根据现代审美或许黑骑士会更受欢迎），而是尽量闪闪发亮。

16世纪，波兰翼骑兵的头盔还是匈牙利式的锅状铁盔。不过，这种铁盔护鼻与护耳倒都是齐备的。此时，著名的"龙虾尾"头盔还未装备波兰翼骑兵。而真正我们较为熟悉的，装备着"龙虾尾"盔、龙虾层状半身板甲及羽饰的波兰翼骑兵形象，一般是17世纪后期索别斯基复兴后的场景。

波兰翼骑兵的武器，综合了东西方的元素，而马刀很显然是东方化的。有意思的是自奥斯曼帝国向东，直至远东地区的中国明朝，几乎所有地区的民族都钟爱长刃带有弧线的马刀。不过，波兰人也会使用一种刃部较细，刃长可达到130—160cm，被称为"koncerz"的穿甲剑。

这种剑的剑刃更像是矛，甚至没有设计切割的剑刃。剑脊被设计成凸起，拥有一定穿透板甲的能力来对付重装部队。当然，这种形制的剑刃不适合劈砍。除此以外，他们也与西方骑兵一样拥有西式宽剑。

波兰翼骑兵最有特色的武器就是他们被称为"kopia"的骑矛，他们很可能是欧洲对传统骑矛最怀有"最后的情怀"的重骑兵。在其他欧洲国家骑矛逐步被削弱或是濒临消失的状态下，波兰翼骑兵却使用较传统西欧骑矛更巨大，更像是比赛用矛的巨型骑矛。这种巨型骑矛与骑士比武用矛一样是中空的，有具备特色的球形护手，且作为一次性使用的武器，会在冲击后碎裂。大部分骑矛的长度是4.8—5.6米，并且多数骑矛上都会使用彩色的矛旗。作为欧洲"最后的冲击骑兵"的象征，骑矛几乎伴随着翼骑兵的整个历史。到了18世纪早期，翼

上图: 17世纪早期的波兰翼骑兵

上图: 波兰翼骑兵的马刀与骑矛

骑兵们的侍从骑兵们，几乎已经完全抛弃了长矛，使用短管卡宾枪或是大口径卡宾枪，但波兰翼骑兵的主武器依然是骑矛。

虽然波兰翼骑兵带有浓重的传统情怀，甚至一部分翼骑兵还装备着弓箭作为装饰。但作为一种16—17世纪的欧洲骑兵，即使是冲击骑兵，也是不能拒绝火器的。16世纪，翼骑兵在早期轻骑兵阶段是较为排斥火器的。不过，在斯蒂芬改革之后，这种情况就完全不同了，翼骑兵会携带一支到两支手枪。到了17世纪中叶之后，翼骑兵开始使用比轮簧手枪更小，更可靠的利用燧石点火的燧发手枪。

一部分历史学家认为，波兰翼骑兵最具特色的羽箭外观，很可能来源于早期翼骑兵轻骑兵阶段时，左臂盾牌上飞羽的绘画以及固定在盾牌上的羽饰。从16世纪末开始，也许是为了不阻碍骑矛的使用，羽饰被固定在马鞍上。而"经典样式"那种固定在骑手背上，非常华丽甚至有点怪诞的造型，则要到17世纪中期索别斯基对翼骑兵的复兴阶段。这些羽饰在实战中确实是有装备过，但很可能没有这么夸张。而且，根据当时的一些资料，不是所有翼骑兵连队都使用这样的装饰。

前文也提及过"一个没有马的波兰人就像是没有灵魂的身体"这句谚语，展现着波兰人对于骑兵战马育种的重视程度。1565年，波兰皇家马场就已经拥有3000匹不同种的种马。而波兰翼骑兵优秀的战马是他们作为西方"最后的枪骑兵"存在的重要理由。17世纪的波兰马匹育种师，较为良好地平衡了西方的重型战马与阿拉伯马的特点，产生了一些既强壮，也富有耐力与速度的品种。大量的战马不但培育出来提供给波兰骑兵部队，

甚至在出口的禁令下仍不断销售给临近的西方军队，尤其是三十年战争期间的邻国。

虽然现代的马种大波兰马在那个时代还未形成，当时的波兰战马就是混了一定阿拉伯血统的西欧重型马种。一般这些战马的肩高标准是15掌以上，在当时应该算较为高大的战马。波兰翼骑兵的战马则是取其中的最优者。除了战马外，很多波兰翼骑兵都有备用骑乘马及军役马。

如前文多次提到的，17世纪初，当德意志手枪装甲骑兵依然在坚持维护重型板甲的荣誉时，波兰翼骑兵则坚持着传统重装骑兵更为依仗的骑矛冲击技能，并将此发挥至极限。翼骑兵始终保持着良好的骑矛训练。在1683年著名的维也纳会战之后，波兰国王索

上图： 翼骑兵羽饰的可能来源——盾牌上的图案

别斯基在神圣罗马帝国皇帝面前，要求自己的24名翼骑兵分成两组，进行平举骑矛的对冲。他们可以在骑矛即将撞击对方的刹那间拨转马头，这引发了已经大量放弃骑枪的德国人的惊叹。因此，作战中的波兰翼骑兵也往往是浅纵深队形，没有必要超过四排纵深，一般就是三排纵深。进行冲击的时候，骑兵们先是密集队形小跑，在距离敌人100步时开始冲锋，50—60步时全速奔驰纵马狂奔加至最高速，平举骑矛极其猛烈地撞击敌阵。

但由于波兰骑兵喜欢更大的空心的骑矛，事实上与传统的西方骑矛相比减轻了重量，这些骑矛也被诟病作用往往是气势上的，对特别是重甲的敌人造成的伤害是非常有限的，会在撞击下散开或者粉碎。在与瑞典的战斗中，骑矛在面对瑞典胸板甲的时候并没有造成良好的伤害效果。在1627年的战斗中，一名瑞典上校甚至有三根骑矛在他的胸甲上折断。

但在战斗中，翼骑兵骑矛的价值仍是巨大的。一方面，他们在对抗仍没有板甲、使用锁甲或札甲的相对轻装的敌人，如俄罗斯人或是奥斯曼军队，仍是常常有效的。另一方面，即使他们对抗身穿重板甲的重装敌人，他们强大冲锋的主要目的是将对手的队形冲乱冲散，而非直接用骑矛杀死敌人。冲散敌阵后，后阵那些挥舞着koncerz穿甲剑的翼骑兵，以及其他协同作战的波兰兵种，更适合做这些事。

与西欧更注重步兵方阵的侧重点不同，当时的波兰军队依旧是以骑兵为绝对的核心力量，而波兰骑兵及他们的侍从骑兵已经占据了骑兵总数的百分之七十五以上。在斯蒂芬改革之后，波兰翼骑兵在东欧与中欧战场上始终保持着很高的地位。就在法国胡格诺战争的同时期，波兰翼骑兵在东欧战场上击败了新兴罗斯莫斯科大公国传统的波耶封重骑兵，之后又在16世纪末击败了神圣罗马帝国哈布斯堡王朝的军队。17世纪初，他们又击败了瑞典和俄罗斯的军队。1601年在拉脱维亚，以波兰翼骑兵为核心的 2700 名波兰骑兵，在开放地域战场上击败了 4000 名瑞典骑兵，然后将士气受挫而无法撤退的瑞典步兵整编制消灭。后阵的 2000 名瑞典骑兵甚至在强大的波兰骑兵压力面前，拒绝回援陷入绝境的瑞典步兵。

1605 年的科切姆（Kircholm）之战，被看作是波兰翼骑兵最伟大的胜利。虽然瑞典军总人数达到了 11000 人而波兰一立陶宛联军仅 3600 人，但波兰与立陶宛拥有 2600 名训练有素的骑兵，包括强大的翼骑兵。瑞典军队当时还未进行古斯塔夫二世改革，骑兵虽然也有 2500 人，却缺乏训练。当然瑞典骑兵已经使用了卡宾枪及手枪。

波兰人在优势敌军面前先做出了一个假撤退，引诱瑞典人前来攻击。瑞典统帅进行了小心翼翼的追击，他对于翼骑兵的突击已经做了相应的防范部署，用骑兵在步兵前进时保护侧翼——只是也许在翼骑兵面前还不够好。之后，波兰翼骑兵在己方火枪的掩护下，立刻发动猛烈突击，强大的 1000 名左翼翼骑兵瞬间冲垮了瑞典右翼的手枪骑兵，并造成了瑞典步兵阵线的混乱。右翼的 650 名翼骑兵与瑞典军 700 名骑兵交战，又将其击溃。整个瑞典骑兵都被逐出了战场，而且后者逃跑时又冲乱了自己的步兵线，让他们更容易遭到翼骑兵的冲击。

翼骑兵对失去骑兵掩护，混乱且士气低落的瑞典步兵展开再次的冲击，波兰步兵也上前对暴露的瑞典步兵发射火力。瑞典长枪方阵在这一刻被完全突破（这就是最著名的一次翼骑兵冲击步兵长枪方阵非常成功的战例，当然这不是经常发生的），瑞典军队有 7600—8000 人被杀、被俘或者失踪，而波兰全军仅阵亡 100 人，受伤 200 人。

1610 年的发生在斯摩棱斯克附近的克鲁瑟诺村之战，是一次翼骑兵"以一敌五"的战斗。拥有 2 门火炮、6800 名士兵（约 5500 名翼骑兵）的波兰人，面对着拥有 30000 名俄罗斯人与 5000 名西欧雇佣军的高达 5 倍的兵力，且俄军方面还有 11 门火炮。

自信于骑兵素质的波兰翼骑兵首先对俄军营地发动了突袭。有资料声称有的翼骑兵冲锋了 8 次甚至 10 次。一开始，俄军步兵依仗营地工事栅栏，进行火器射击阻止了波兰翼骑兵的冲击。于是俄军趁有利之机尝试使用他们的新骑兵——使用手枪的胸甲骑兵进行了反击。他们一面对波兰骑兵进行齐射，一面进行肉搏，但是被凶悍的波兰翼骑兵在肉搏中挫败。溃退的俄军骑兵也同时造成了左翼俄军的崩溃，紧接着中央阵线，之后是右翼全被波兰骑兵冲垮了。只有那些在左翼抵抗的西方雇佣军撤回自己的营地，利用长枪大方阵才维持住自己的阵线。此战波兰用 400 人（其中 100 名骑兵）的损失歼灭了俄军 5000 人。

接下来在 17 世纪 20 年代，波兰翼骑兵遇上了令神圣罗马帝国同样头疼的对手，即瑞典伟大的军事家古斯塔夫二世麾下的军队，遭到了一系列挫折。瑞典军队经古斯塔

上图：科切姆之战中翼骑兵冲垮了瑞典的长枪方阵

夫改进的步兵方阵、火枪射击方式以及欧洲机动性最强的野战炮兵构成了新的火力网，而使用手枪的瑞典胸甲骑兵也更加坚强。1626 年的格涅夫之战，波兰翼骑兵的冲锋，无法在火力狙击下突破瑞典军队的第二线预备队。不过在 1629 年 6 月 27 日的什图姆之战，欧洲的最后两种重骑兵——2000 名来自德意志地区的佣兵重装甲黑骑士与 1300 名波兰翼骑兵展开了一次漂亮的合作，重挫 5500 名瑞典骑兵，给后者造成很大的损失，还缴获了 10 门瑞典军著名的"皮革大炮"。甚至瑞典统军名王古斯塔夫也差点在战斗中被杀。他在战后还不无感慨，称自己"从未洗过这样的一次热水澡"。

翼骑兵在之后一系列叛乱与内乱中，特别是 17 世纪中叶在乌克兰的哥萨克叛乱中遭到了较大的损失。哥萨克人非常擅长使用他们隐藏在车阵中的火枪手对抗翼骑兵。攻击车阵的话专业化炮兵与步兵比骑兵更加擅长，但波兰人过分依赖他们的翼骑兵，而炮兵与步兵较弱。因此，这些翼骑兵往往只能在开阔地形下包围哥萨克人，逼迫对手进行有条件的投降。

1652 年，巴提赫（或是巴托赫）之战是波兰翼骑兵所有失败中最血腥的一次。哥萨克人联合鞑靼人利用优势兵力包围并击败了他们，战后处死了 3000 名有价值的老兵，其中很多甚至是最精锐的常备翼骑兵。这对于波兰翼骑兵是个巨大的打击。虽然翼骑兵经过重新征召，但有经验老兵的损失是不可挽回的。在这次打击之后，波兰受到了瑞典、俄罗斯、乌克兰的"大洪水"入侵。其中对瑞典正面战场上的连续惨败，尤其 1656 年华沙之战的重大失败让所有波兰翼骑兵刻骨铭心。

波兰军队在艰难地度过这一时期之后，翼骑兵又赢来他们第二次崛起的时刻——著名的波兰名将，后来的国王索别斯基当权的时代。他这样称赞翼骑兵，"他们是波兰军队的中坚力量，没有国家能像波兰一样拥有他们，永远不能。"在富有勇气的索别斯基的改革下，他重整了波兰翼骑兵并建立了新的连队，"与太阳注视过最勇敢的骑兵们在一起"。

1683 年，著名的维也纳之战打响。包括索别斯基麾下重建的波兰翼骑兵，欧洲联军对阵奥斯曼大军（人数记载从 10 万到 17 万不等）。在神圣罗马帝国军队面对奥斯曼大军围攻坚守维也纳的同时，索别斯基会合联军主力，赶到维也纳城下前去解围，而波兰国王则是整个联军的统帅。

联军拥有 70000—80000 人，而整支军队的核心就是波兰翼骑兵。1683 年 9 月 12 日凌晨 4 点，奥斯曼军队首先发动进攻，试图干扰联军的整体部署。神圣罗马帝国军队首先遭到攻击。但洛林公爵统领的神圣罗马帝国军队立即向前推进，与奥斯曼左翼和中央阵线的大军鏖战，顶住奥斯曼军队多次反击之后，仍坚持占据了一些战场要点，特别是海利根施塔特和努斯多夫两个筑有工事的村庄。鏖战至中午，帝国军队已经给敌人造成了很大的损失。虽然处于下风，但奥斯曼军队仍没有崩溃。

奥斯曼统帅穆斯塔法用他的大部分力量发动反击，使得双方仍相持不下，但奥斯曼统帅同时还在用一部分耶尼色里亲兵与精锐西帕希骑兵，对城市继续发动最后的攻击。因为在大炮与爆破的猛攻下，城市眼看就要被攻陷。已经围城多时的奥斯曼军队仍想在决战之前攻占城市。同时，由于神圣罗马帝国军队在与奥斯曼主力鏖战，索别斯基趁机派遣波兰步兵攻击奥斯曼军右翼，让正在攻城的耶尼色里亲兵与精锐西帕希骑兵也无法专心攻击。

重骑兵最后的华彩时代：德意志黑骑士与波兰翼骑兵

与波兰翼骑兵配合默契的德意志黑骑士，实际上波兰军中的雇佣德意志黑骑士数量非常可观

下午4点，波兰步兵夺取了一个重要的村庄戈斯托夫。这里可以作为大规模骑兵冲锋的基地。而神圣罗马帝国军队也在盟军的成功下士气高涨协同攻击。虽然仍遭到了奥斯曼军队的激烈抵抗，但他们之后还是取得了进展。最后，两军都逼近了奥斯曼军队的中心位置，波兰翼骑兵的表演时刻到来了！

在联军步兵的欢呼声中，华丽的大群波兰翼骑兵从树林中汹涌而出。下午4点左右，波兰翼骑兵投入战斗，开始发动极其猛烈的冲锋，

上图：17世纪波兰翼骑兵的盔甲

冲击奥斯曼军队的战线。奥斯曼军队统帅穆斯塔法在波兰精英骑兵的压力下，决定带领禁卫军撤离至主大营南面的指挥所中。但实际上，奥斯曼军队已经有很多人在逃离战场。

联军在晚上6时，启动了最后的重锤，索别斯基命令骑兵分成四组发动总攻击。多达18000名神圣罗马帝国骑兵与波兰翼骑兵冲下了斜坡。有资料认为，这是历史上规模最庞大的骑兵冲锋！

3000名波兰翼骑兵是重锤的锤头。铺天盖地、地动山摇的冲锋瞬间冲垮了奥斯曼大军的防线，奥斯曼军队几乎立刻开始全面崩溃并逃离战场，无数门大炮被丢弃。波兰骑兵们的追杀直贯奥斯曼营地穆斯塔法的司令部，而维也纳城守军也纷纷冲出，加入攻击队伍。1683年的大决战成为历史的转折点，标志着曾经如日中天的奥斯曼帝国在欧洲扩张的结束。虽然紧接着随着索别斯基的去世，翼骑兵很快由于波兰国力的衰落逐步消亡，但作为整个2400年历史中，冲击型重骑兵最后一次盛装表演，翼骑兵大天使般的华美冲锋将永远为人们所铭记。

但无论谢幕战如何华丽，无论是翼骑兵或是其他骑兵，都不能抗拒18世纪的轻装化。他们在这时逐步演变成为拥有较强巡逻与侦察能力的轻骑兵，他们的重甲与长骑矛（当然也包括他们夸张的羽翼）终于在这一时期永远进入了历史，传统的重甲翼骑兵仅保持了检阅的功能。但波兰传统的枪骑兵优势，致使他们在西方绝大多数国家的枪骑兵消失时，仍发展成为没有盔甲，手持轻型骑矛的欧洲最出色的枪骑兵。即使在19世纪的拿破仑战争时期，波兰枪骑兵的骑矛依然在骑兵战中被证明非常有效，并被这位军神所重视。当然，他们当时已经永远脱离了传统重骑兵的行列。

上图：维也纳之战中冲击奥斯曼步兵的翼骑兵

上图：1683 年的维也纳大决战中，波兰翼骑兵在与奥斯曼西帕希骑兵搏斗

上图：维也纳之战中波兰翼骑兵决定性的大规模冲锋

枪炮轰击下的重甲绝唱

火器时代崛起的俄罗斯重骑兵与西方近代胸甲骑兵

扩张战果与阻止溃败敌军的集结，是骑兵的职责。

——拿破仑军事语录

提起现代战争条件下最后的骑兵大战，很多读者可能第一时间想到《第一骑兵军》与《静静的顿河》里所描写的万千骑兵对决的宏大场面。因此，本文就将以俄罗斯骑兵的内容作为《重骑兵千年战史》的最后章节。

俄罗斯的骑兵传统可以从《第一骑兵军》与《静静的顿河》的时代，追溯到 19 世纪拿破仑战争期间的俄罗斯胸甲骑兵，线列战术时代彼得大帝麾下的俄罗斯战列骑兵，1514 年奥尔沙战役作为波兰人对手的莫斯科公国骑兵，1410 年坦能堡之战中为波兰—立陶宛人作战、难以正面对敌条顿骑士团重骑兵的白俄罗斯骑兵，甚至可以追溯至更早的，几个世纪之前的俄罗斯文明起源时期的骑兵。那个时代的俄国人——或者说是原先的罗斯人，与现代人的印象不同，从 9 世纪罗斯人形成各个大公国开始，罗斯人长期并不擅长于骑兵，特别是重骑兵。

第二章曾经描述过，10 世纪后期的斯维亚托斯拉夫麾下的基辅罗斯军队，可谓是东欧平原上一支强大的力量。在黄金时代拜占庭帝国的对手或盟友之间来回做身份变换的他们，打垮了处于克里米亚的可萨王国，也

压制过保加利亚帝国。但这支军队的核心则是拥有维京风格的精英重步兵卫队，及同样拥有较好纪律的巴尔干重步兵。此外，罗斯人的标枪步兵也非常出色。罗斯人的步兵体系甚至在某些程度上，可以对抗当时世界上最优秀的重步兵——拜占庭步兵。

但是，当时罗斯人几乎没有自己的直属骑兵，他们往往依靠附近的游牧部落，比如擅长轻弓骑兵战术的佩切涅格人来为他们的军队提供骑兵掩护。罗斯人最精锐的亲卫队仍是步兵，那些来自挪威和丹麦，更多出于瑞典的"维京卫队"（在 10 世纪末之后转而大量加入拜占庭帝国担任精锐禁军，使用东罗马人的装备并有了更为著名的名称"瓦兰吉卫队"），确实拥有自己的马匹骑乘，

上图：1. 罗斯贵族战士；2. "黑帽"骑兵军官；3. "黑帽"骑兵掌旗手

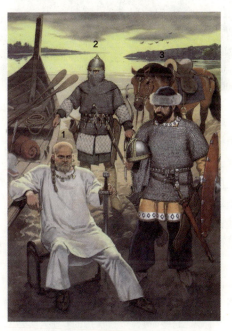

上图：10 世纪晚期的罗斯人精锐部队。1. 斯维亚托斯拉夫大公；2. 有坐骑但往往下马作战的德鲁日纳亲卫队；3. 佩切涅格人辅助军

上图: 1. 罗斯军队指挥; 2. 德鲁日纳亲卫队; 3. 罗斯城市民兵

术训练。东罗马人（拜占庭骑兵）迅速披甲骑乘战马保护自己，紧握骑矛（他们的矛很长），用一阵地动山摇的有力冲击对付他们。而罗斯人甚至不知道该如何掌握缰绳，被东罗马人割草一样地杀死，转身逃向城墙内。"

10世纪后期—11世纪，罗斯人在周边游牧民族，如佩切涅格人的影响下，也逐步开始拥有自己的骑兵。最早这些骑兵是由泛突厥系骑兵来担任，如被罗斯人雇用的南俄草原上的佩切涅格人，或是库曼人。记载中，出现在早期罗斯骑兵编制中的 Chorni Klobuky 骑兵，大意是"黑帽"，名称可能来源于他们的民族服装。该族之后大部分被罗斯人同化在现乌克兰境内。他们中绝大多数都是灵活而熟练的轻装骑射手。这些骑射手中也有一些相对重装的、使用骑矛的骑兵，但总体上依旧以骑射支援为主，罗斯人在重骑兵上不具备任何优势。

但绝大多数情况下都是下马作战。此外，罗斯大公们还拥有德鲁日纳（Druzhina）王公亲卫队，他们的来源主要是斯拉夫人，但也有斯堪的纳维亚人（北欧人）、突厥人等。这些精锐部队拥有自己的战马，但也更多是下马作战。

当时拜占庭帝国的利奥执事曾在皇帝约翰一世击败罗斯人时，对他们有这样的记载："罗斯人大都步行，他们不习惯在马背上作战，因为他们缺乏这些训练。""突围的罗斯人从要塞里骑着马冲了出来，这是他们第一次显示骑马作战，但他们不习惯在马上作战，也没有马

11世纪—12世纪时，之前更多下马作战的德鲁日纳王公亲卫队逐渐转变为较为专业化的骑兵部队。罗斯大公们尽量最大化他们的收入，德鲁日纳也誓言效忠于他们的大公。和西方骑士不同，他们时常作为一支高机动性的力量陪伴大公，担负很大距离与范围的军事行动，很少有地方事务干扰他们跟随大公。这样看，他们更像是阿拉伯世界的阿斯卡瑞贵族骑兵而非西方骑士。

特别要提到的是，不是所有的罗斯土地贵族都以德鲁日纳的身份服役，也并非所有德鲁日纳都是贵族出身。此外，德鲁日纳即使退出军队，也不会失去他们的土地。德鲁日纳是一支小规模的，但是拥有良好装备与高度训练的军队，因此大公会非常谨慎地使用他们。正因为德鲁日纳数量太少，在围城战时，他们如果没有罗斯民兵的支持，几乎什么也做不了。

从装备上来看，德鲁日纳骑兵在这个时期混合了多个文明的军事特点：马具是东方式的，而骑兵战术更加接近于同时代的西方与拜占庭风格。他们更偏重于重骑兵冲击战术，但装备上又偏向于东方，既使用剑，也使用带弧线的军刀，既使用骑矛冲刺，也使用格斗短矛、北欧式战斧及东方式钉锤。对

于装甲，这个时期的考古发现中，罗斯人的德鲁日纳往往拥有高顶的头盔、链甲护颈、筝形大型盾牌，有的拥有腿甲，且东方式的札甲胸甲多于链甲。

之后，随罗斯人势力在11世纪后期走向封建化分裂，12世纪罗斯人的标准封建式骑兵也逐步建立起来。"波耶"是当时东欧地区罗斯人、瓦拉几亚人、摩尔达维亚地区以及后来的罗马尼亚地区高阶贵族的称呼。这些身份类似西欧骑士的"波耶骑士"，构成了罗斯人的重骑兵部队核心，并通过他们对基辅王公们的军事支持，来获得相当大的权力。他们中许多人的权力与声望，最主要基于对于地区的服务情况，以及该波耶贵族家族曾经服务的历史，而较少取决于土地的所有量。

上图：*1. 摩尔达维亚战士；2. 罗斯波耶骑士；3. 诺夫哥罗德民兵*

上图：与库曼骑兵作战的罗斯波耶骑士

但与西方骑士不同的是，由于罗斯人9世纪在拜占庭帝国的影响下皈依基督东正教，之后双方教会之间的联系密切，使整个罗斯社会都呈现出巨大的拜占庭文化特征。12世纪的罗斯波耶重骑兵及一部分德鲁日纳卫队，也呈现出与同时代（或者稍早一些时间）拜占庭重骑兵几乎如出一辙的装备和战术特征。

这个时代的波耶重骑兵，装备着与拜占庭重骑兵一样的全身札甲或锁甲，也会有尖顶金属盔与保护喉部的链甲护颈。11世纪后半叶，拜占庭骑兵逐步取代圆盾的水滴形大型长盾，也在12世纪成为罗斯重骑兵的基本装备。拜

占庭式的骑矛与长剑也是波耶骑士的标准装备，拜占庭重骑兵偏爱的对重装甲目标的打击武器——钉头锤也经常被波耶骑兵所使用。但拜占庭式超重装具装骑兵几乎从未出现在当时罗斯人的骑兵部队中，这既是出于长期面对袭击公国的部落——如基辅公国边境的游牧民族轻装骑射手的需要，也很可能是由于财力问题。

重装的波耶骑士与同时代西方骑士一样，是罗斯公国们的决定性攻击力量，他们的冲击作战攻击效果往往决定了一场战斗的结果。在下马状态，他们就是训练有素的重步兵。那些比一般成员更年轻且有一定地位的骑兵，一般会担任轻装骑射手。他们与实施冲击战术的重装骑兵不同，往往担任警戒、侦察或诱敌任务。在这里罗斯人的轻装骑射手往往会较他们的对手，那些游牧骑兵更重装一些，装备有中型的锁甲甚至札甲。他们虽然主要武器是弓箭，但也可以用战斧、钉锤进行近身肉搏，有的同波耶重骑兵一样也拥有盾牌。

12—13世纪早期，重装波耶骑士装备精良，并不逊色于同时代的西欧骑士，但他们的数量有限并分散在各个罗斯公国之间。当他们在平原上遭遇13世纪最可怕的军事对手——蒙古铁骑时，处于平原地带的基辅各罗斯公国军队遭到了毁灭性的打击与征服。在阿兰人、库曼人这些罗斯周遭游牧民族遭到惨败之际，各罗斯大公的联合大军在1223年的卡尔卡河，同样大败于速不台与哲别统帅的蒙古军队，关于此战在第五章中已经详述。

214

在一些小规模战斗中，罗斯的波耶骑士或德鲁日纳骑兵也能战胜蒙古骑兵。如卡尔卡河前哨战，加里奇的罗斯军队在姆斯季斯拉夫的率领下，也勇猛地战胜了1000名蒙古后卫部队。但当时罗斯军队最依赖的，最具备优秀军事素养的军事单位——波耶骑士的装备与数量，都逊色于同时代的蒙古重骑兵，更何况蒙古还有大量优秀的轻弓骑兵支持。罗斯人整支军队的作战素养、军事纪律及各大公之间的协同，也不可能与当时速不台的蒙古远征军同日而语。因此，人多势众而缺乏协同的罗斯军队，在决战之际被蒙古重骑兵利用这些弱点发动致命的突击，最终惨遭全面失败也不足为奇了。

面对蒙古的军事失败让整个南俄地区，在之后的两百年间一直被拔都建立的金帐汗国所统治。蒙古受制于本族人口不足与政治管理体制的粗糙，没有建立一套严密的官僚制度去直辖罗斯地区。而对于蒙古骑兵不宜展开的北俄地区，蒙古没有进入，只是利用其强大的实力让其作为藩属臣服，向汗国缴纳贡金。另外，蒙古汗国为了易于统治，也有意维持其诸多大公四分五裂的分制局面，任命弗拉基米尔大公，来挑拨罗斯大公之间的关系。

在金帐汗国较为松散的统治下，罗斯重骑兵的主要成员波耶贵族，仍任职于各罗斯公国的最高统治机构中，通过议会（杜马）向大公建言。他们被授予大量的土地，并且作为"波耶杜马"的高阶成员，是基辅罗斯中最有分量的议员。

虽然波耶贵族的机构仍是传统罗斯式

上图：被蒙古统治时期，罗斯重骑兵的装备出现了蒙古化

的，但在作战方式方面，蒙古骑兵对于罗斯骑兵的影响是巨大的。特别在南部公国，重骑兵装备呈现出蒙古的武器及装甲特征。蒙古人到来前的波耶重骑兵，更类似拜占庭帝国不披马铠的快速重骑兵，之后罗斯重骑兵中拥有蒙古式马铠——马面甲（chamfrons）及东方式马身甲的具装骑兵多了起来，整个身穿重甲的骑兵数量也有所提高，链甲和札甲是这个时代罗斯重骑兵的主要重型装甲。罗斯马鞍也有东方化趋势，采用更轻、更高的亚洲马鞍，用马鞭代替了马刺，短的皮革马镫让骑手更容易在马鞍上转动并使用他们的弓。俄国轻骑兵也渐渐东方化，虽然这点在 13 世纪还不普遍。

在被金帐汗国统治的阶段，最精彩的战例或许就是 1242 年的楚德湖会战，也被称为"冰湖之战"。罗斯人的诺夫哥罗德军队在大公亚历山大·涅夫斯基的统帅下，利用冰

上图：冰湖之战中大公亲卫队骑兵正在攻击条顿骑士

216

湖有利地形，大败条顿骑士团以重骑兵为核心的入侵队队。这场作战最主要的成果是罗斯人的步兵取得的，显示了由城镇居民与农民组成的罗斯步兵逐步开始取代德鲁日纳卫队的作用。大公的亲卫骑兵队则充当了预备队，在最后条顿骑士团败退阶段进行了追击。此外，一部分不能确定身份的弓骑兵（有资料认为是突厥裔罗斯人"黑帽"轻骑兵或是蒙古联盟军）也被部署在右翼参与了战斗。而另一些资料显示，从 1269 年开始，罗斯大公们就从金帐汗国招募骑兵加入自己的骑兵部队。

尽管松散，金帐汗国在 13 世纪中后期—14 世纪中叶对于罗斯人的百年统治仍是强硬的，曾经连续征伐反对金帐汗国人统治的罗斯大公。这个时代也没有任何罗斯王公能挫败金帐汗国大军的征伐。但到了 14 世纪中叶之后，金帐汗国分裂加剧，汗庭也陷入了严重的政治动荡，短短数十年间更换了二十多名君王。

在 13 世纪，莫斯科只是诸多罗斯城市中一个不起眼的小镇。但到了 14 世纪早期，莫斯科的伊凡大公率莫斯科—蒙古联军镇压了特维尔（加里宁）王的叛乱。伊凡的成功，使莫斯科的王公们成为蒙古人在北俄罗斯和中俄罗斯的主要附属和管理者。这种"信任"让莫斯科公国势力逐步扩张。

讽刺的是，到了 14 世纪后期，逐步强大起来的莫斯科公国在大公德米特里的统治下，团结了各个罗斯公国，开始反抗金帐汗国的统治。对于罗斯众公国的群起反叛，当时金帐汗国的君王马麦汗当然不会坐视。但在 1378 年的沃扎河之战中，渡河发动攻击的蒙古骑兵却被莫斯科公国军队击败，蒙古指挥官阵亡。这是罗斯对蒙古军队的第一次重大胜利。这种心理效应也鼓舞了罗斯军队，

上图: 罗斯骑兵第一次击败蒙古骑兵

他们认为在顽强的抵抗与坚决的反击下，罗斯人将有可能战胜金帐汗国。

两年之后，金帐汗马麦汗调来了较沃扎河之战庞大得多的金帐汗国军队。这当然不仅有蒙古人，还包括切尔克斯人、奥塞梯人、亚美尼亚人、伏尔加河流域各民族的武装人员和克里米亚地区的意大利热那亚人雇佣军。对于这次征伐，马麦汗声称要让罗斯人的文化与城市彻底毁灭。而罗斯众公国也在莫斯科大公德米特里的号召下，集结了一支非常庞大的罗斯军队。1380 年，两支庞大的军队在顿河的库里科沃展开决战，这很可能是东欧在 14 世纪规模最大的一次开放地域的决战。

原始史料记载的双方兵力数额非常惊人，不足为信。但即使是现代历史学家整理，也大都同意罗斯军队为 50000—60000 人，马麦汗的金帐汗国军队为 100000—125000

人。即使最保守的波兰历史学家，也认为战场上出现的参与直接战斗的兵力达到了 60000 人。

德米特里将自己的军队分成四个部分：第一条战线由精锐部队组成前卫；第二战线则由数量最大的罗斯军队组成，并且这支"大团"也拥有两支部队分布在左翼和右翼加以护卫；在他们之后则是预备队。德米特里的布置对于地形的利用是非常得当的——整个军队的侧翼都被茂密的森林所覆盖，这样一来金帐汗国占据机动性与数量优势的骑兵完全无法迂回攻击。在右翼的森林中，德米特里还隐藏了一支"伏击团"，主要由骑兵组成，大量的波耶骑士被布置在了这里，作为最后时刻的突击力量。同时，也许是预测到这场大决战会非常惨烈，无法迂回的蒙古人很可能正面强攻，将目标锁定在罗斯全军统帅身上，因此统帅德米特里和一名年轻的莫斯科波耶骑士——米哈伊尔·波列洛克更换了盔甲。这个骑士穿着总指挥官耀眼醒目的盔甲，走到统帅应有的位置，举着大公黑白相间的旗帜。

这种预测，经事实证明是准确的，或者说这种策略会更吸引蒙古人进攻罗斯中央阵线。无法迂回的金帐汗国军队在战斗开始后，立即猛烈发起进攻，有传统优势的蒙古重骑兵冲锋突破了罗斯军队前卫，并且突入中心的大团，显然目标就是罗斯军统帅。穿着大公衣甲的米哈伊尔·波列洛克很快就在蒙古军猛烈的冲杀中阵亡。而即使更换了衣甲，总指挥德米特里的坐骑也遭到了两次重创，德米特里本人也在战斗中遭受了多次攻击，严重受伤，多亏他的盔甲质量优良才没有丧命。但战斗结束后，他由于极度疲劳与失血昏迷了过去。

虽然罗斯的先遣团崩溃了，大团也遭到重大伤亡节节后退，但坚韧的防御让金帐汗国军队每前进一步都遭受到了严重损失。罗斯军队虽然处于崩溃的边缘却没有溃退，而后阵的预备队也随即投入战斗，但他们也只能勉强稳住阵脚让大团免于崩溃。经过3个小时的战斗，在付出重大的伤亡代价后，罗斯军队逐渐挡住

上图：德米特里大公的罗斯军队与金帐汗国军激战

上图：具装的罗斯波耶骑士

上图：作为预备队隐蔽的波耶骑士对蒙古军发动猛烈突击

了蒙古骑兵的猛攻。

这个时候，在森林里隐蔽的罗斯军，由精锐骑兵组成的"伏击团"开始全部出动投入战斗，波耶骑士们突然冲向在3个小时激战后伤亡惨重、疲惫不堪的蒙古军队侧翼。这次生力骑兵的猛烈冲锋导致了金帐汗国的全军崩溃。罗斯军队趁势全线反击，追击蒙古军超过了50公里。马麦汗仓皇而逃，他的所有牧群几乎全部被德米特里缴获。德米特里也因为此会战获得"顿河王"的巨大荣誉。

根据现代史学家的整理，马麦汗庞大的军队约有8/9的人员在这场会战中被消灭与俘虏。对于他个人来说，这次决定性的惨败很快让他丧失了对金帐汗国的控制权。不久，

他就被竞争者脱脱迷失暗杀，而后者接替马麦汗继续与罗斯各公国，特别是莫斯科公国的战争。作为胜利者的罗斯军队，代价也非常惊人，损失总人数至今仍在争议中。在贵族方面，则有12名大公和483名波耶贵族阵亡在战场上，相当于整支大军60%的指挥官。

在这场规模巨大，双方单日伤亡数字惊人的血腥鏖战中，与波耶骑士并肩作战的是大量来自各罗斯公国的商人和农民阶层组成的步兵。从普斯科夫到诺夫哥罗德，小商人与工匠都作为步兵与骑兵参战，他们的作用越来越重要。显然，只从罗斯军事精英那里获得军队，不足以应付如此规模巨大的会战。决战中，罗斯军队传统的重骑兵战术依然非

上图：库里科沃大会战中金帐汗国军队被罗斯军击溃

常重要。他们有时会反复地发动冲击，有资料表明往往伤亡人数最多的就是这个阶段。在最初的骑兵冲锋之后，双方才开始正面的短兵相接。

另外值得注意的是，在这场决战中，包括金帐汗国在内，双方骑兵弓箭手单独行动的重要性在下降。这和以往蒙古式重骑兵与轻弓骑兵协同的状态不同。这很可能有地形的原因，也因金帐汗国当时的军队结构，较13世纪蒙古西征军有了变化（比如加入大量的伏尔加河流域各民族的武装和克里米亚热那亚步兵）。14世纪之后，也很少再提及罗斯军队的蒙古式弓骑兵单独作战。

这场会战被俄罗斯史学家赋予极高的意义，而莫斯科公国的威望在诸罗斯公国间愈来愈盛，为之后的俄罗斯帝国打下了基础。客观上说，库里科沃会战确实意义重大，但也被夸大了。因为胜利后的罗斯各公国仍处于分裂状态，在之后面对脱脱迷失统帅金帐汗国军队前来报复之际，莫斯科仍是力量不足的。开始莫斯科守军击退了金帐汗国军队，这是历史上记载的罗斯军队第一次使用火药武器。然而后来，脱脱迷失派遣了军中亲蒙古的罗斯贵族劝说莫斯科投降，称不会劫掠城市。莫斯科人同意后，金帐汗国军队并不遵守协议，进入城市大肆破坏。莫斯科公国

▎**上图：罗斯重骑兵在与金帐汗国重骑兵搏斗**

被迫向金帐汗国继续纳贡。

不过随着逐步衰落的金帐汗国又卷入了中亚之间的战争，特别是与中亚令人生畏的帖木儿帝国之间的战争，并连遭失败，金帐汗国实际上已经逐步丧失了对于莫斯科公国的控制能力。西伯利亚汗国、喀山汗国、克里米亚汗国等先后从金帐汗国中分裂出去，它们之间互相攻伐，而莫斯科公国就趁机不断兼并小公国来逐步壮大势力。到了1478年，当时的莫斯科大公伊凡三世停止了向金帐汗国的纳贡，引来了后者的军队。1480年，著名的乌格拉河对峙中，在没有直接战斗的情况下，金帐汗国的可汗被迫撤军。这次撤军也宣告金帐汗国对于罗斯人统治的终结，之后汗国在20年间也完全瓦解。

莫斯科公国的兼并与势力扩张则在同步进行。1472年，莫斯科大公迎娶了已经灭亡的"千年帝国"拜占庭帝国的公主索菲娅，宣布自己是罗马帝国——东罗马帝国的正统的继承者。之后，他与拜占庭公主索菲娅所生的瓦西里三世继承了大公之位更强调了这一点。在瓦西里三世的时代，实际上整个俄罗斯的统一国家基本形成，而他的继承者伊凡雷帝则加冕为第一任沙皇。

伊凡雷帝对于俄罗斯进行了全方位的改革，他的改革大大加强了军队，让过去处于中世纪战术时代的俄罗斯军队真正进入到文艺复兴时代。但16世纪的俄罗斯军队，相对于拥有强大军队的邻国，如西方的波兰—立陶宛联邦、南方的克里米亚汗国，或是当时如日中天的奥斯曼帝国，仍然难以算是一个骑兵强国。更受益的，其实是罗斯人的步兵与炮兵。

伊凡雷帝时代，俄罗斯军队最大的特点是拥有了专业的火枪与火炮。大约在1550年，

上图： *伊凡雷帝时代新军火枪步兵*

沙皇建立了第一支斯特尔茨(streltsi)新军火枪步兵部队。这支使用火绳枪的步兵部队，明显仿效了奥斯曼帝国的耶尼色里亲兵。之后他们规模不断扩大，到了伊凡雷帝的儿子即位之时，甚至达到20000人。这些火枪步兵射击技艺精湛，枪法精准。斯特尔兹新军中的精锐军团甚至拥有大量的马匹作为行动坐骑。

俄罗斯军队的炮兵也发展非常迅速。在1558年时，英国大使弗莱谢尔就提到过，"没有任何一个欧洲国家像俄罗斯这样拥有这么多火炮，克里姆林宫的皇家军械库中的巨大数量可以证明这一点，所有火炮均为青铜铸造，而且非常地漂亮。他们炮兵还穿戴着锁子甲、头盔和护臂。"这些炮兵与火枪兵一样，也是训练精良，技术精湛。

16世纪，俄罗斯军队的步兵与西方一些国家不同，完全没有建立"长枪与射击"式的长枪与火绳枪组成的方阵。罗斯陆军在过去曾经为拜占庭—蒙古式状态，在这个时代则强烈呈现出与南方奥斯曼帝国非常相似的

特点，无论是战术还是装备。俄罗斯这个时代的骑兵，特别是他们的重骑兵装备，也呈现出非常强烈的奥斯曼军特征。奥斯曼重骑兵喜爱的中亚风格的板链甲，在这个时代也被俄罗斯重骑兵广泛使用。事实上，俄军在1380年库尔科沃大会战时，就使用了早期的板链甲（Kalantar，大块的铁板嵌入锁甲中）。进入16世纪，更精良的bakhterets板链甲将会取代它。

在15世纪末，俄军重骑兵的板链甲开始逐步取代了曾经广泛使用的札甲。与札甲相比，板链甲重量较轻，且关节部位活动灵活。在重点部位，比如胸腹部，这种甲式拥有板甲片加强，防护又超过锁甲。当然，比起板甲甚至是全身板甲，板链甲的防护仍是逊色的。在东欧西线战场上，俄军重骑兵的板链甲与长期的对手波兰重骑兵使用的板甲成为外形上最主要的区别。在正面对抗中，俄军重骑兵较难以对抗身穿全身板甲的波兰重骑兵。这些在上文，如1514年的奥尔沙战役中也有所表现。

俄军中大量的锁甲与板链甲款式发音都来自波斯语，这很可能显示了其来源。如大约使用在12世纪左右的ABaidana链甲衫，就来自于波斯语"badan"。一种被俄军重骑兵在16世纪较为普遍使用的，被称为"bakhterets"的板链甲，胸部部分则是由长圆形的、略弯曲的板甲片水平组装在锁甲部分上。14世纪的板链甲Kalantar，或者在锁甲基础上胸口加装圆形护板的"镜甲"也同样在使用。

16世纪，俄罗斯重骑兵的规模比之装甲非常类似的奥斯曼重骑兵，是有限的。后者除了拥有数量庞大的地方军西帕希重骑兵部队，还拥有数千名装备更精良的卡皮库鲁禁卫军重骑兵。相比较，俄罗斯的沙皇特选军（Oprichniki）虽然被称作"沙皇的鹰犬"，

是沙皇特别挑选的近卫部队，其骑兵部队却大都为轻装，主要是执行内务镇压工作。

因此在这个伊凡雷帝大力加强中央集权的时代，虽然波耶贵族们的权力已经大为下降，但真正作战的主力重骑兵仍是这些贵族领主们提供的重骑兵。这些重骑兵并非都拥有板链甲，最基础的要求是装备着马刀、长矛、头盔及锁子甲，防护上既不如奥斯曼重骑兵，更无法与已经身穿全身板甲的西式重骑兵（如波兰重骑兵）相提并论。

但俄罗斯重骑兵依旧有他们的特点。就在同时代西方板甲重骑兵或是南方的奥斯曼帝国重骑兵在16世纪还较为专注于重骑兵骑矛冲击作战时，俄罗斯重骑兵就如同他们的步兵一样，大量装备了火器。或许是过去长期的骑

上图: *1. 俄罗斯贵族重骑兵; 2. 轻装的沙皇特选军; 3. 随从骑兵*

射传统更容易将弓箭—火枪进行过渡，拥有锁子甲以上的俄罗斯重骑兵通常都会配备火器。16 世纪，俄罗斯重骑兵的火器通常是卡宾枪，政府号召这些骑兵在作战时，尽量使用这种射程较远的火器。但由于经济问题，一些重骑兵仅配备了一对手枪。

由于更加偏重于骑射，就像南方那些虽然给俄罗斯人制造麻烦，但也对沙皇有诸多军事贡献的彪悍哥萨克火枪轻骑兵一样，16 世纪的俄罗斯重骑兵马鞍的前后桥都趋于平缓，以方便骑手前后转身射击或用骑兵刀肉搏。他们虽然装备长矛但显然并非主流武器。而且俄罗斯重骑兵更愿意使用东方式的短马镫而非长马镫，这充分显示了这些重骑兵更愿意远程作战及近战砍杀，而非冲击。对于

砍杀，俄罗斯重骑兵使用的一些武器也非常有特色，一种被称为"索尼亚"（SOVNYA）的长柄大刀（有点像中国同时代的长柄大刀）经常被使用，有时以此代替长矛。副武器则会使用东欧传统的波兰、匈牙利式的曲身军刀，中亚东方风格的、弧度更大的军刀也不罕见，直刃的西式剑也在使用。

俄军重骑兵在这个时代也在为骑射风格培育新的良马。贵族骑兵中最流行的战马是诺盖马，一种有蒙古血统的，但较传统蒙古马高大强壮，且同样坚韧并拥有极佳耐力的良马。它们的平均肩高约为十四又二分之一手（约 1.47 米）。当然比起西欧或波兰重骑兵习惯于驾驭的重型战马，诺盖马的身高与爆发力是逊色些的，但它长途奔跑能力惊人，

上图: 俄罗斯骑兵使用的索尼亚长柄大刀

上图: 沙皇精锐的重骑兵部队

也不需要喂太精细的饲料，较为适合俄罗斯重骑兵这种偏重于远程的战术。因此，同样富有耐力的阿拉伯马也在这个时代大量进口到俄罗斯，并深受沙皇与波耶贵族们的喜爱。俄罗斯地区原产马则被冷落，大部分交给农民们使用。

如前所说，火器的大量使用是俄罗斯骑兵在16世纪的特色，较之逐步谨慎使用火器的西欧或波兰重骑兵，俄罗斯重骑兵的火器相当普及。但由于燧发枪还未装备，轮簧手枪也刚刚出现，传统的火器有诸多缺陷，安装弹药缓慢，也经常走火。有的俄国骑兵就干脆仍使用传统的弓箭。因此俄罗斯重骑兵这种看似先进的状态，并没有在16世纪的西线为沙皇的军队带来太大的收益。就如同西欧早期的德意志黑骑士依然难以抵抗坚决的枪骑兵突击一样。正面对抗中，俄罗斯重骑兵在对抗拥有优秀板甲，使用传统骑矛冲锋的波兰重骑兵时，很容易处于下风。到了16世纪后半叶之后，波兰以更有效率的冲击型重骑兵翼骑兵替代了传统的波兰骑士之后，俄罗斯重骑兵的劣势更是有增无减。

但在俄罗斯东线与南线的作战中，俄罗斯偏重于火枪骑射的方式，在面对仍然习惯于骑马射箭的鞑靼式骑兵时，则发挥出非常大的成效。当时金帐汗国分裂成大量的汗国，很多汗国在金帐汗国灭亡后依然存在。他们利用俄罗斯南部草原过于广大难以防御的地形，多次对俄罗斯发动大侵袭，杀死大量的居民，并掠夺走数量惊人的人口作为奴隶贩卖。这也是一部分汗国，特别是克里米亚汗国的重要收入来源。

由于南部草原地势广阔难以防御，俄国每年都会损失大量的人口。伊凡雷帝决心消灭这些汗国。终于在1552年，俄罗斯这支偏重于

上图: 油画上的《叶尔马克征服西伯利亚》

使用火器的军队灭亡了喀山汗国。在16世纪后半叶,传奇的哥萨克盗匪头目叶尔马克,率领一支以哥萨克火枪兵为主力的"探险队"灭亡了西伯利亚汗国。俄国的陆地殖民也在向东方不断地飞速扩展。逐步成为疆域惊人的大国。

南部的克里米亚汗国,本身兵强马壮,且有南方强大的奥斯曼帝国支持。他们抵挡住了俄军的进攻,并且在1571年反过来趁俄罗斯主力在西线之际攻入俄国境内,火烧首都莫斯科,掠走了近15万人。根据记载,河上飘满了尸体,约10万居民丧生。仅过了一年,克里米亚汗国大汗出动大量军队(根据现代历史学家整理约为60000—70000人),再次攻击俄罗斯,除了擅长弓马的大量鞑靼(对欧亚草原突厥—蒙古系统民族的泛称)骑兵外,还拥有奥斯曼帝国支援的大炮和使用火绳枪的奥斯曼禁军步兵,来弥补克里米亚汗国军队的火器不足。但这次俄军已经有了准备,也集中了数万大军,而且装备的轻重火器数量远超过汗国军队。在1572年8月8日,两军在莫斯科南部的莫洛季村展开激战。对射中鞑靼骑兵不能对俄军的火枪占据优势。而不能正面对抗西式重骑兵的俄军重骑兵,现在却在近战中用马刀与长矛压制住了鞑靼骑兵。俄军数量占据优势的大炮也压制了克里米亚军数量有限火器,给予俄军步骑兵作战很大支持。

最终,一支俄军成功迂回至整个鞑靼军的后方,使用了著名的Gulyay-gorod,一种木制的可供移动的工事。这种工事正面的木盾可以防御弓箭射击,阻止骑兵冲击,并且木盾中有火枪的射击孔,整个工事拥有车轮或雪橇,非常灵活且组装方便。较之同时代中国明朝军队的车阵或是之前捷克名将杰西卡建立的车阵,俄罗斯的车阵更加富有机动性。俄军用这种移动工事包围了鞑靼军,密集的火器射击给予对手致命一击。克里米亚可汗丢弃了他的帐篷和军旗,勉强活着逃出来,他儿子和孙子均在战斗中阵亡。克里米亚约有25000—27000人在战斗中损失,而俄军伤亡数千人。

不过，在东方的成功拓展并不能完全弥补西线的失利。16世纪中后期的利沃尼亚战争俄罗斯遭到了失败。17世纪初俄罗斯帝国进入了"混乱时代"，政局不稳。1610年的克鲁瑟诺村之战，俄罗斯军队面对波兰翼骑兵为核心的波兰军队，在五倍于敌军的状态下，依然遭到了惨痛的失败，之后波兰军队更是攻入了莫斯科。

虽然之后俄罗斯依靠义勇军夺回了莫斯科，但俄国政府深感军事改革必须进行。俄军明智地选择了三十年战争中最成功的国家——瑞典，作为学习对象，将诸多落后的东方战术丢弃，大量新式西方式的作战步兵与骑兵单位被建立起来。对于步兵，新式的由80名长矛手与120名火枪手组成的步兵连被大量组建，而这些连组成了新式的步兵军团——这或许是俄军第一次拥有真正的长矛方阵。大量的外国军事教官，特别是参加过三十年战争，经验丰富的瑞典和德意志人在俄军中担任军事顾问。17世纪的俄军摆脱了奥斯曼帝国式的军制影响，开始从技术上超越这个即将衰落的帝国，与欧洲最先进的军事文化靠拢。

青铜铸炮本来就是俄军的强项，因此炮兵部队继续维持着训练有素的状态，及较大的规模。17世纪30年代，俄军大约装备了151门大炮和7门臼炮。在17世纪70年代，俄军各个城镇共拥有城防火炮3575门。在17世纪末，俄军拥有了300门至350门野战火炮，而沙皇亲军就拥有200门野战火炮。此外，俄军还建立了新的龙骑兵部队，不仅拥有大量轻型火器，且该骑兵部队装备的骑炮就有20门，可快速跟随骑兵行进并进行火力支援。总之，俄军的步兵与炮兵都开始向最现代化的方向前进。

同时，俄国传统的波耶贵族影响在日渐削弱。作为替代，俄罗斯和瑞典、神圣罗马帝

国一样，建立了自己的黑骑士手枪骑兵。这些骑兵来源主要是自由民、低等级波耶成员以及其他相对更穷困的贵族。不服役的修道院和贵族家庭，用传统的封建土地供兵体制来支持这些骑兵的维持费用。当时每个手枪骑兵团拥有12个连，每个连167人，战时的连有时是120人上下。大约在1630年，俄罗斯手枪骑兵还只有7000人，但到了1689年彼得大帝亲政前夕，俄军中的手枪骑兵达到了25个团的29000人。此外，传统的波耶枪骑兵数量少了，但仍然在使用，无论是手枪骑兵还是波耶枪骑兵，他们中都有一部分是重骑兵。

17世纪的轮簧手枪，较16世纪的老式骑兵手枪要可靠得多，已经成为当时大部分欧洲强国的制式骑兵武器。到了17世纪中叶，燧发手枪已经在俄国骑兵中出现，但因为价格问题没有普及，大部分骑兵依然在使用轮簧手枪。在17世纪中叶，与波兰的战争又达到了一个高峰，由于另一强国——瑞典新式方阵及最先进的野战火炮组成的新式军队对波兰沉重的打击，让同样敌对波兰的俄罗斯也取得一定的进展。

因此，当时的俄军不但自己生产手枪，也进口了大量的西方手枪加入这场战争中。

几乎每名俄罗斯骑兵都装备了非常充足的火枪——轻装的骠骑兵被要求配备长矛和一对手枪，龙骑兵也被要求配置一对手枪。新式的手枪骑兵不但要求配备一对手枪，还要装备一把长射程的滑膛枪。对于骑兵副武器，除了非正规军还可能使用弓箭，正规军骑兵几乎全部配备标准的西式骑兵军刀。

虽然整个俄国手枪重骑兵，甚至整个俄军军队的战术与体制已经是西式的，但俄军装备重甲的手枪骑兵——手枪重骑兵仍很戏剧性地继续使用着板链甲，而非那个时代西欧国家偏爱的胸板甲，从外观上还能显现出奥斯曼帝国重骑兵的特征。17世纪的俄罗斯板链甲 bakhterets 较之16世纪更加精密了。为高阶贵族使用的一套制作精美的板链甲，垂直排列的小板甲片层层重叠为12—21排，

上图： 装备了远程卡宾枪的俄罗斯贵族重骑兵及随从

上图： 17世纪装备精良的俄军炮兵

总共大约有 1500 个甲片。这种盔甲非常轻便灵活，只有约 10—12 公斤。同时由于重叠的板甲片及锁甲数层保护，特别是对胸腹部位，提供着非常好的防御。不过这属于非常精良的板链甲，也有很多 bakhterets 的甲片布置相对简单。还有少数的俄罗斯火枪重骑兵从西方购入了一部分胸板甲来穿在最外面。但无论盔甲精致与否，在这个世纪末，俄罗斯地区标准意义上的重骑兵即将走向尽头。

到了 1689 年彼得大帝亲政前夕，事实上俄军中步、骑、炮的战术改革已经基本完成了。从战术和军事装备上，俄罗斯已经超越了曾经如日中天的奥斯曼帝国。彼得大帝则从整个国家的体制上加强了这一点。在他统治时期，波耶贵族对于俄罗斯的政治影响也宣告完结，俄罗斯的步兵、骑兵、炮兵都在向最现代化的方向迈进。与同时代路易十四的法军一样，彼得大帝的重骑兵也抛弃了盔甲，走向了正规骑兵的线列时代。俄罗斯这个庞大的帝国，也在彼得大帝以及之后的叶卡捷琳娜二世，这位女性"大帝"统治下，在 18 世纪迈向世界最强帝国的行列。

18 世纪，骑兵轻装化几乎在整个欧洲盛行。不仅是作为西欧学习者的彼得一世，"太阳王"法国国王路易十四的正规骑兵几乎都是无甲骑兵。即使是当时普鲁士弗里德里希一世（腓特烈大帝）麾下的重骑兵中，唯一还拥有盔甲的胸甲骑兵，也仅仅是有一块涂饰成黑色的护胸甲，背部甲板也趋于消失了，头盔之类的防护装备更是完全替换成为军帽。而且，只

上图：最右为装备着板链甲（镜甲）及手枪的俄罗斯重骑兵

有一件护胸甲的腓特烈大帝胸甲骑兵，如普鲁士胸甲骑兵和奥地利胸甲骑兵，已经是当时欧洲最"重装"的重骑兵，其他欧洲国家几乎没有骑兵在战斗中还会穿胸甲——即使他们仍被称作"胸甲骑兵"。这个时代骑兵更在意的是线列式冲锋队形，几乎所有的骑兵除了典礼要求，都不会穿着胸甲。重骑兵2000年的历史仿佛要在这一世纪终结。

欧洲无甲化重骑兵一直持续至法国大革命时代，骑兵盔甲却在18世纪末至19世纪初，赢来了一次令人惊异的回光返照。首先是以黄铜加固的硬皮头盔又开始在欧洲战场上使用。

真正复兴了重骑兵装甲的是法国皇帝拿破仑。他麾下法军胸甲骑兵使用的并非是硬皮头盔，而是坚固的钢制头盔，胸甲又从仅有前胸防御，恢复成了胸背板整体防御。这是一种经验，在当时激烈的、经常发生机动战斗的骑兵战中，重骑兵的背部防御被证明也是非常必要的。

上图：腓特烈大帝时代的普鲁士重骑兵

虽然这样的胸甲不能真正抵抗当时燧发步枪的射击，但会让远距离射击的枪弹射中盔甲时发生偏转，并阻挡跳弹。更重要的，在骑兵战中提供了针对对方骑兵军刀、骑矛以及步兵步枪刺刀的防御，也给佩戴者带来心理上的安慰效应，让胸甲骑兵更有勇气，更愿意投入战斗，并对敌人进行恐吓。而且在双方线列式骑兵排山倒海的冲锋中，拿破仑式的胸甲也增加了骑兵的冲锋力量。甚至，拿破仑的胸甲骑兵原本打算在近距离也能防御三次燧发枪的射击，然而这无法实现。但当时的军方仍然确认胸甲可以抵御一次远距离的射击。

当然，拿破仑式的盔甲使用是有争议的，比如当时的奥地利胸甲骑兵，就只用前胸甲

上图：拿破仑式胸甲

战场决胜者

枪炮轰击下的重甲绝唱：火器时代崛起的俄罗斯重骑兵与西方近代胸甲骑兵

229

和黄铜加固的皮头盔。拿破仑式的钢铁头盔与整体式胸甲材质当然比传统的板甲工艺要先进，但在这个时代，依然稍微显得笨重，而且在温暖的天气穿着也较热。但是，这种胸甲毕竟提供了更高的保护，而且让佩戴者更为自信，气宇轩昂，对于士气也有一定的提升。

　　拿破仑麾下法国胸甲骑兵是当时欧洲大陆最强，并拥有极佳声誉的重骑兵。在枪弹与炮弹横飞的战场上，他们仍是一支有价值的沉重打击力量。拿破仑的成功致使欧洲国家纷纷对法军胸甲骑兵进行仿效，除了普鲁士与奥地利——他们本身就一直保留着胸甲骑兵。俄罗斯就建立了两个师的胸甲骑兵，但大多数国家只组建了几个团，至于英国组建的几个胸甲骑兵团，虽然是为拿破仑战争准备的，但从未有机会在战场上穿着他们的胸甲，反倒是殖民地锡克军有使用胸甲骑兵的记录，而且这些胸甲中的一部分还是从法国进口的。

　　19世纪最伟大的军事家拿破仑确实对于骑兵有其独到见解。在当时所有的欧洲列强中，他对于大规模骑兵作战是最有发言权的。法兰西第一帝国皇帝从某种程度上"复生"了许多传统的著名骑兵：使用现代线列式冲锋的马穆鲁克骑兵以及用于克制对方骑兵的波兰枪骑兵。然而，皇帝麾下最华丽的，是头戴重盔与使用整体式胸甲的法兰西胸甲骑兵。1806年埃劳战役，上万名骑兵规模庞大的冲锋，几乎让人回忆起重骑兵曾经辉煌的岁月。但这就是重骑兵黄昏中最后一抹阳光了。

　　拿破仑战争之后，胸甲骑兵仍在欧洲大陆为许多国家所使用，甚至直至第一次世界大战前夕。但在这个时代，由于带有刺刀的击发枪的普及，火炮的不断改进，步兵成为"战场上的皇后"，火炮被称为"战争之神"，骑兵似乎在陆军最主要三种兵种中成为最不重要的一种（起码克劳塞维茨的意见如此）。在这个时代，被人怀疑其效用的重骑兵，地位或作用已经完

▌上图：俄罗斯胸甲骑兵与法国胸甲骑兵互相猛烈冲锋

左图: 法军骑兵在埃劳战役铺天盖地的大规模冲锋

上图: 最后一次重骑兵参战照片,1914 年法国胸甲骑兵参加第一次世界大战

全不同于曾经的先辈。多数国家保留他们有很大一部分原因是情节及传统。

1868 年,对骑兵铠甲具有充分情感与文化依赖的奥地利也废弃了他们的胸甲,而对重骑兵最富情节的法兰西胸甲骑兵也即将退出历史。1871 年的普法战争时期,一个团的法国胸甲骑兵,在法国地区的勒宗维尔向普鲁士的步兵与炮兵发起冲锋,在密集的火力射击下伤亡惨重而战果甚微。这也许是记载中,身穿传统盔甲重骑兵的最后一次"有价值的"冲锋。

但这不是法国胸甲骑兵参战的终结篇,甚至 1914 年世界大战前征召之时,还有许多法国骑兵出于情感穿着胸甲参战。对于这种传统的依恋,军方也做了让步,但要求用蓝色或棕色的布加以覆盖,让胸甲尽量不被注意。不过到了残酷的,火力惊人的第一次世界大战战场,几周之内法国骑兵们就主动丢弃了他们所有的胸甲。因为它除了增加负荷不能起到任何正面效用。法国依旧保留着胸甲骑兵建制,他们真正的作用是盛会和典礼上的仪仗而非真正在战场上驰骋冲锋。实际上,真正的两千多年重骑兵的历史,已经在 19 世纪末随着传统骑兵冲击战术的趋于消失而走向尽头。

枪炮轰击下的重甲绝唱:火器时代崛起的俄罗斯重骑兵与西方近代胸甲骑兵

参考文献

中文文献

[1] 奥斯特洛洛尔斯基. 拜占庭国家史 [M]. 陈志强，译. 西宁：青海人民出版社，2006.
[2] 威廉·穆尔. 阿拉伯帝国 [M]. 周术情，等，译. 西宁：青海人民出版社，2006.
[3] 陈志强. 拜占庭帝国史 [M]. 北京：北京商务印书馆，2003.
[4] 司马光. 资治通鉴 [M]. 北京：中华书局，2009.
[5] 朱大渭，张文强. 中国军事通史 [M]. 北京：北京人民出版社，2001.
[6] 毕沅. 续资治通鉴 [M]. 长沙：岳麓书社，1992.
[7] 徐松. 宋会要辑稿 [M]. 上海：中华书局，1957.
[8] 脱脱. 辽史 [M]. 上海：中华书局，1974.
[9] 吴广成，龚世俊. 西夏书事校证 [M]. 兰州：甘肃文化出版社，1995.
[10] 曾公亮等. 武经总要 [M]. 长沙：湖南科学技术出版社，2017.
[11] 马端临. 文献通考 [M]. 上海：中华书局，2006.
[12] 脱脱等. 宋史 [M]. 上海：中华书局，1985.
[13] 脱脱. 金史 [M]. 上海：中华书局，1975.
[14] 徐梦莘. 三朝北盟会编 [M]. 上海：上海古籍出版社，2008.
[15] 李心传. 建炎以来系年要录 [M]. 上海：中华书局，1988.
[16] 岳珂. 鄂国金佗稡编 [M]. 王曾瑜，校注. 上海：中华书局，1999.
[17] 邓广铭. 岳飞传 [M]. 北京：三联书店，2007.
[18] T.N. 杜派. 世界军事历史全书 [M]. 北京市：中国友谊出版公司，1998.
[19] 许全胜. 黑鞑事略校注 [M]. 兰州：兰州大学出版社，2014.
[20] 牟复礼，崔瑞德. 剑桥中国明代史 [M]. 北京市：中国社会科学出版社，1992.
[21] 谢贵安. 明实录研究 [M]. 长沙：湖北人民出版社，2003.
[22] 四库禁毁书丛刊编纂委员会. 四库禁毁书丛刊 [M]. 北京：北京出版社，1997.
[23] 戚继光. 纪效新书 [M]. 北京：中华书局，1996.
[24] 戚继光. 练兵实纪 [M]. 北京：中华书局，2001.
[25] 谷应泰. 明史纪事本末 [M]. 北京：中华书局，2015.
[26] 辽宁省档案馆. 满洲实录 [M]. 沈阳：辽宁教育出版社，2012.
[27] 中国第一历史档案馆. 满文老档 [M]. 北京：中华书局，1990.
[28] 虞世南. 北堂书钞 [M]. 孔广陶，校注. 北京：学苑出版社，1998.
[29]（东罗马）普罗柯比，崔艳红，译. 战史 [M]. 郑州：大象出版社，2010.
[30] 李鸿宾. 唐朝朔方军研究兼论唐廷与西北诸族的关系及其演变 [M]. 吉林：吉林人民出版社，2000.
[31] 石云涛. 唐代幕府制度研究 [M]. 北京：中国社会科学出版社，2003.
[32] 王溥. 唐会要 [M]. 上海：中华书局，1955.
[33] 李林甫. 唐六典 [M]. 上海：中华书局，1992.
[34] 杜佑. 通典 [M]. 上海：中华书局，1988.
[35] 刘昫. 旧唐书 [M]. 上海：中华书局，1975.
[36] 欧阳修，宋祁. 新唐书 [M]. 上海：中华书局，1975.
[37] 李筌. 太白阴经 [M]. 长沙：岳麓书社，2004.
[38] 吴如嵩，王显臣. 李卫公问对校注 [M]. 上海：中华书局，1983.
[39] 董诰. 全唐文 [M]. 上海：上海古籍出版社，1990.

外文文献

[1]. Edward James. The Franks. Oxford: Blackwell press, 1988.
[2]. Guy Halsall. Warfare and Society in the Barbarian West, 450–900. London: Routledge press, 2003.
[3]. Anderson William. Castles of Europe: From Charlemagne to the Renaissance. New York: Random House press, 1970.
[4]. Vegetius, The Art of War Tacitus, The Agricola and the Germania. New York: Penguin Classics, 1970.
[5]. Beeler J. Waifare in Feudal Europe 730–1200. Ithaca: Cornell University Press, 1971.
[6]. Johnston Howard. The Siege of Constantinople in 626. Aldershot: Hampshire, 1995.
[7]. Heer Friedrich. Charlemagne and His World. London: Macmillan Publishing. 1975.
[8]. Karl Leyser. Medieval Germany and its Neighbours, 900–1250. London: Bloomsbury Academic Publishing, 1982.

[9]. Warren Treadgold. A History of the Byzantine State and Society. Stanford: Stanford University Press, 1997.

[10]. Haldon John. Byzantium in the Seventh Century: the Transformation of a Culture, London: Cambridge press, 1997.

[11]. Fred McGraw Donner. The Early Islamic Conquests. Princeton: Princeton University Press, 1981.

[12]. Khalid Yahya Blankinship. The End of the Jihâd State: The Reign of Hishām ibn 'Abd al-Malik and the Collapse of the Umayyads. Albany, New York: State University of New York Press, 1994.

[13]. Clive Foss. "Akroinon", Alexander Petrovich Kazhdan, The Oxford Dictionary of Byzantium. New York and Oxford: Oxford University Press, 1991.

[14]. Warren Treadgold. A History of the Byzantine State and Society. California: Stanford University Press. 1997.

[15]. Walter Emil Kaegi. Army, Society, and Religion in Byzantium. London: Variorum Reprints. 1982.

[16]. John F Haldon. Warfare, state and society in the Byzantine world, 565-1204. London: UCL Press, 1999.

[17]. John F Haldon. Strategies of Defence, Problems of Security: the Garrisons of Constantinople in the Middle Byzantine Period. Oxford: Ashgate press, 1993.

[18]. Dimitris Belezos. Byzantine Armies 325 AD -1453 AD. Greece: Squadron Signal press, 2009.

[19]. Warren T Treadgold. Notes on the Numbers and Organisation of the Ninth-Century Byzantine Army. Greece: Oxford University Press, 1980.

[20]. R D' Amato. The Varangian Guard 988-1453. London: Oxford University Press Press, 2010.

[21]. R D' Amato. Byzantine Imperial Guardsmen 925-1025. London: Oxford University Press, 2012.

[22]. Peter Lorge. War, Politics and Society in Early Modern China, 900-1795. New York: Routledge press, 2005.

[23]. John King Fairbank, Merle Goldman. China: A New History; Second Enlarged Edition. London: The Belknap Press of Harvard University Press, 1992.

24]. Eric McGeer. Sowing the Dragon's Teeth: Byzantine Warfare in the Tenth Century. Washington,D. C.: Dumbarton Oaks Research Library & Collection, 1995.

[25]. John W Birkenmeier. The Development of the Komnenian Army: 1081-1180. Brill: Brill press, 2002.

[26]. (Byzantine Princess), Anna. ΛLVIII-The First Crusade. New York: Penguin Classics.

[27]. John Gillingham. Richard the Lionheart. London: Weidenfeld & Nicolson press, 1978.

[28]. Charles Oman. A History of the Art of War in the Middle Ages. London: Greenhill Books press, 1924.

[29]. S Runciman. A History of the Crusades. London: Cambridge University Press, 1987.

[30]. Elisabeth Van Houts. The Normans in Europe. Manchester: Manchester University Press, 2000.

[31]. Christopher Gravett, David Nicolle. The Normans: Warrior Knights and their Castles. London: Osprey Publishing, 2006.

[32]. Reuven Amitai-Preiss. Mongols and Mamluks: the Mamluk-Īlkhānid War, 1260-1281. London: Cambridge University Press, 1995.

[33]. Helen Nicholson. Knight Templar 1120-1312. London: Osprey Publishing, 2003.

[34]. Roland Anthony Oliver, Anthony Atmore. Medieval Africa, 1250-1800. London: Cambridge University Press, 2001.

[35]. Reuven Amitai-Preiss. Mongols and Mamluks: the Mamluk-Īlkh ā nid War, 1260-1281. London: Cambridge University Press, 1995.

[36]. Stephen R Turnbull. Essential Histories: Genghis Khan & the Mongol Conquests 1190-1400. New York: Routledge, 2004.

[37]. John Fennell. The Crisis of Medieval Russia 1200-1304. London and New York: Longman press, 1983.

[38]. Janet Martin. Medieval Russia: 980-1584. London: Cambridge University Press, 1995.

[39]. D Ayalon. The System of Payment in Mamluk Military Society. London: Journal of the Economic & Social History of the Orient, 1958.

[40]. Michael Winter. The Mamluks in Egyptian and Syrian Politics and Society. Brill: Brill press, 2003.

[41]. ALAN WILLIAMS. THE KNIGHT AND THE BLAST FURNACE. Brill: Brill press, 2003.

[42]. Robert C Woosnam-Savage. Brassey's Book of Body Armor. Washington: Potomac Books press, 2002.

[43]. Ewart Oakeshott. European Weapons and Armour from the Renaissance to the Industrial

Revolution. Guildford and London: Boydell Press, 1980.

[44]. Matthew Bennett. Agincourt 1415: Triumph Against the Odds. London: Osprey Publishing. 1991.

[45]. Jim Bradbury. The Routledge Companion to Medieval Warfare. London: Routlege press, 2004.

[46]. Christopher Gravett. Knight: Noble Warrior of England 1200-1600. London: Osprey Publishing, 1991.

[47]. Baker. Inscribing the Hundred Years' War in French and English Cultures. New York: New York University Press, 2000.

[48]. Anne Curry. The Hundred Years War 1337-1453. London: Osprey Publishing, 2002.

[49]. Douglas Miller. The Swiss at War 1300-1500. London: Osprey Publishing, 1979.

[50]. David Nicolle. Armies of the Ottoman Turks 1300-1774. London: Osprey Publishing, 2012.

[51]. David Nicolle. The Age of Tamerlane. London: Osprey Publishing, 1990.

[52]. Stanford J Shaw. History of the Ottoman Empire and Modern Turkey. London: Cambridge University Press, 1976.

[53]. René Grousset. The Empire of the Steppes: A History of Central Asia. New Brunswick: Rutgers University Press, 1970.

[54]. Suraiya Faroqhi. The Later Ottoman Empire, 1603-1839. London: Cambridge University Press, 2006.

[55]. CJ Peers. Late Imperial Chinese Armies 1520-1840. London: Osprey Publishing, 1997.

[56]. David Edge. Arms and Armour of the Medieval Knight. London: Bison Books, 1988.

[57]. Ewart Oakeshott. European Weapons and Armour. From Renaissance to the Industrial Revolution. London: The Boydell Press, 2000.

[58]. David Nicolle. Fornovo 1495 france's bloody fighting retreat. London: Osprey Publishing, 1996.

[59]. Angus Konstam. Pavia 1525 the climax of the Italian wars. London: Osprey Publishing, 1998.

[60]. Thomas F Arnold. The Renaissance at War. New York: Smithsonian Books, 2006.

[61]. Bert S Hall. Weapons and Warfare in Renaissance Europe: Gunpowder, Technology, and Tactics. Baltimore: Johns Hopkins University Press, 1997.

[62]. Robert J Knecht. Renaissance Warrior and Patron: The Reign of Francis I. Cambridge: Cambridge University Press, 1994.

[63]. Sven Ekdahl. The Battle of Tannenberg-Grunwald-Žalgiris (1410) as reflected in Twentieth-Century monuments. London: Ashgate Publishing, 2008.

[64]. Robert Frost. The Oxford History of Poland-Lithuania: The Making of the Polish-Lithuanian Union 1385-1569. London:Oxford University Press, 2015.

[65]. Joseph Held. Hunyadi: Legend and Reality. New York: Columbia University Press, 1985.

[66]. Anthony Tihamer Komjathy. "A thousand years of the Hungarian art of war". Canada: Rakoczi Press, 1982.

[67]. William P Guthrie. "Battles of The Thirty Years War: from White Mountain to Nordlingen, 1618-1635". Journal of Military History, 2001.2.

[68]. "The Later Thirty Years War: from the Battle of Wittstock to the Treaty of Westphalia", Boston: Journal of Military History, 2004.2.

[69]. Geoffrey Parker, The Thirty Years' War. New York: Praeger press, 1987.

[70]. Richard Brzezinski. Polish Winged Hussar 1576-1775. London: Osprey Publishing, 2006.

[71]. Alan Palmer. The Decline and Fall of the Ottoman Empire. New York: Barnes & Noble Publishing, 1992.

[72]. R I Frost.The Northern Wars, 1558-1721. Harlow: Pearson Education Limited press, 2000.

[73]. Janet Martin. Medieval Russia 980-1584. Cambridge: Cambridge University Press, 1996.

[74]. Robert Payne, Nikita Romanoff. Ivan the Terrible. New York: Cooper Square Press, 2002.

[75]. Philip J Haythornthwaite. Napoleonic Cavalry. London: Cassell & Co press, 2001.

[76]. John R Elting. Swords Around a Throne: Napoleon's Grande Armée. London: Weidenfeld & Nicolson press, 1988.

[77]. Philip Haythornthwaite. Frederick the Great's Army(1) cavalry. London: Osprey Publishing, 1991.

[78]. Rory Muir. Tactics and the Experience of Battle in the Age of Napoleon. Yale: Yale University Press, 2000.